国家海洋软科学项目《我国海岛经济发展模式研究》成果

中国海岛经济发展模式与可持续性评价研究

马 翔 宋静静 著

中国财经出版传媒集团
中国财政经济出版社

图书在版编目（CIP）数据

中国海岛经济发展模式与可持续性评价研究／马翔，宋静静著．－－北京：中国财政经济出版社，2019.11
ISBN 978－7－5095－9402－5

Ⅰ.①中⋯　Ⅱ.①马⋯ ②宋⋯　Ⅲ.①岛－区域经济发展－经济可持续发展－研究－中国　Ⅳ.①F127

中国版本图书馆 CIP 数据核字（2019）第 246327 号

责任编辑：闫　娟　　　　　　责任校对：李　丽
封面设计：孙俪铭

中国财政经济出版社 出版

URL：http：//www.cfeph.cn
E－mail：cfeph @ cfeph.cn

（版权所有　翻印必究）

社址：北京市海淀区阜成路甲 28 号　邮政编码：100142
营销中心电话：010－88191537　北京财经书店电话：64033436　84041336
北京财经印刷厂印刷　各地新华书店经销
787×1092 毫米　16 开　13.75 印张　223 000 字
2019 年 11 月第 1 版　2019 年 11 月北京第 1 次印刷
定价：58.00 元
ISBN 978－7－5095－9402－5
（图书出现印装问题，本社负责调换）
本社质量投诉电话：010－88190744
打击盗版举报热线：010－88191661　QQ：2242791300

序　言

适应新常态、把握新常态、引领新常态，是当前和今后一个时期我国经济社会发展的基本逻辑。2017年中央经济工作会议指出我国经济社会发展进入了新时代，基本特征就是我国经济社会已由高速增长阶段转向高质量发展阶段，高质量发展就是强调新型服务业贡献度、创新、消费、结构优化以及包容性、普惠性增长。但是2018年以来，全球贸易冲突不断，中美贸易摩擦给我国经济社会高质量发展带来了不确定性。在强势美元周期下，人民币汇率贬值压力犹存，这对中国经济社会高质量发展提出了新的挑战，这就需要我们攻坚克难，扎实工作，深入推进经济与社会结构的调整，转换新旧动能，改变经济社会发展模式，促进经济社会迈向高质量发展。经济工作会议就"推动高质量发展"进行了具体部署，亟需加快形成推动高质量发展的指标体系、政策体系、标准体系、统计体系、绩效评价、政绩考核，创建和完善制度环境，推动中国经济高质量发展。

海洋经济作为我国经济社会重要的空间经济之一，肩负着国家海洋强国建设的重任。"十二五"以来，中国海洋经济保持着稳步增长态势，产业结构不断优化，发挥着重要引擎作用。根据国家自然资源部海洋战略规划与经济司发布的《2018年中国海洋经济统计公报》，2018年全国海洋经济生产总值为83 415亿元，同比增长6.7%，海洋生产总值占国内生产总值的9.3%。而海岛作为承接海洋经济发展的独立地理单元，其独特的地理特征与区位优势使其成为推进国家"一带一路"倡议下中国经济实施对外开放的前沿阵地，是中国保护海洋环境、维护生态平衡的关键区域，更是推动国家海洋经济高质量发展的重要增长点。然而，在高质量发展的同时，海岛经济发展面临着环境、资源、交通、技术、人才、政策、管理等诸多约束。过去简单依靠单一要素投入进行海岛开发与利用的模式一去不复返，仅仅追求海岛经济效益忽视海岛生态环境保护的模式一去不复返，仅仅盲目无序地进行海岛开山劈石和围垦造地而不考虑海岛承载力的模式一去不复返。在中国新时代背景下，如何既能在保护海岛生态环境的同时，又能促进海岛经济可持续发展，成为国家海岛经济政策制定部委以及地方政府亟需破解的难题。

解难题在于剖问题，而剖问题源于客观评价。中国海岛经济资源、人口和环境分布具备什么特征？海岛经济的总量、结构、产业、技术、企业等均处于什么境地？海岛经济发展与管理存在哪些正式制度与非正式制度制约？异质性海岛应采取什么样的经济发展模式？有居民海岛如何考虑承载力来布局合适产业？群岛经济发展模式及最优策略如何制订？海岛如何发挥在"一带一路"倡议中的作用？系列问题的破解首先要构建一个科学的中国海岛经济可持续发展的评价体系，通过对海岛经济发展状况综合评价来找寻破解之道。该书正是立足此逻辑，在回顾海岛经济发展模式与可持续发展评价相关文献基础上，采用直觉模糊评价方法构建了中国26个二级指标以及包括气候条件、海洋灾害情况、生物状态、主要污染物、空气质量、海岛交通、防灾减灾设施、公益设施、污染防治、产业结构、经济效益、经济总量、资源利用、生活质量、社会风险和社会保障、人口、教育、卫生、产业、创新等68个三级操作指标的评价体系，评述了梳理海岛经济发展政策，分析了海岛经济模式演化机理，总结了美、日、韩、越、印度尼西亚、菲律宾等国家与瓦努阿图、斐济、萨摩亚等22个海岛国的发展经验，提出了港口物流岛、临港工业岛、清洁能源岛、滨海旅游岛、海洋科教岛、生态保护岛、自由贸易岛、现代渔业岛、综合利用岛、群岛等10类不同功能的海岛经济发展类型及创新模式，并提出了"人岛和谐，保护优先""大岛建、小岛迁""分区分类管理、合理有序开发""开放型、生态型、科技型、产业型、精致型"的世界级海岛2.0以及促进全球海岛经济发展的"八个通"等观点。从书中剖析的海岛案例来看，具有典型性、创新性与实践性，对海洋金融理论研究者及相关政府部门均具有较大的参考价值。

"骐骥一跃，不能十步；驽马十驾，功在不舍"。希望海岛经济研究团队关于海岛经济研究能够延续。中国海岛经济可持续发展评价指标体系尚没有对海岛实例进行评价，指标体系如何从静态评价到动态跟踪评价？如何借助大数据来建立海岛经济生态发展的监管体系？诸如此类问题，需要进一步深入研究。无论如何，海岛经济发展模式与可持续发展评价研究开辟了我们应用经济学学科建设的一个新的研究领域，全书体现了海岛经济研究理论与

序　言

实践的结合，无论是理论体系架构，还是研究范式，无论是研究视角，还是实践案例，无论从研究内容的广度和借鉴经验的宽度，还是剖析的理论深度和对策的精度，都有很强的新意与特色，能让读者比较全面地理解中国海岛经济发展模式和可持续发展评价的内在真谛，是一本在海岛领域难能可贵的佳作。

肖　文

2019 年 8 月 26 日

前 言

海岛作为保护海洋环境、维护海洋生态平衡的重要平台，是推进国家"一带一路"倡议的桥头堡，是发展海洋经济、拓展新空间的重要载体，在捍卫国家权益、保障国防安全上发挥着关键作用。海岛作为海陆统筹发展的特殊单元，其发展水平与质量容易受到海岛资源禀赋、区域优势、地域文化、资金实力、技术研发、人才储备等综合因素影响。中国为了促进海岛经济可持续发展，先后发布了《中华人民共和国海岛保护法》以及《全国海岛保护规划》，并成为中国海岛保护及海岛经济发展的行为准则。

近年来，海岛经济发展越来越重视，继《海岛保护法》和《全国海岛保护规划》颁布实施后，国家海洋局印发了《全国生态岛礁工程"十三五"规划》，又一次推动了中国海岛事业发展。2017年初，发布了《全国海岛保护工作"十三五"规划》，明确了具体发展目标与主要任务，提出了到2020年要实现海岛经济发展的"四新"目标——海岛生态保护开创新局面、海岛开发利用跨上新台阶、权益岛礁保护取得新成果、海岛综合管理能力取得新进展。据中国国家自然资源部数据统计，截至2018年底，中国拥有面积大于500平方米的海岛7 300多个，其中有居民海岛约500个。从海岛区域分布来看，在所有7 300多个海岛中，东海区内海岛数量最多，占总数的66%，南海区次之，约占25%，黄海区和渤海区分别占5%和4%。长期以来，中国海岛经济社会发展特征明显，人口总量小，分布集中，经济总量小，开发比例低，结构单一，基础设施落后，交通不便，有居民海岛老龄化空心化严重。调研数据显示：舟山大双山岛户籍人口1 300人，常住人口100人，平均年龄68岁；葫芦岛户籍人口1 855人，常住人口160人，平均年龄68岁；柴山岛户籍人口1 112人，常住人口129人，平均年龄72岁；黄兴岛户籍人口1 099人，常住人口40人，平均年龄65岁。

近年来中国海洋生产总值稳步提升，产业结构逐步优化。据中国国家自然部核算数据显示，2017 年全国海洋生产总值 77 611 亿元，同比增长 6.9%。第一、二、三产业增加值比例为 4.6:38.8:56.6。在总量提升和结构优化的同时也伴随着低效开发、生态破坏、奢侈生活型、产业碎片化、基础设施落后、交通能源不畅通、人才稀缺等问题，从实践案例来看，这些问题延缓了中国海岛经济发展进程。因此，如何推动海岛经济上升到国家战略高度，如何利用海岛资源，探索行之有效的国外海岛经济生态发展模式、演化及其转型，分析有居民海岛经济生态发展的可行经验及管理体制等关键问题就具有十分重要的意义。但我们要清醒地认识到中国海岛还存在较大的发展空间：在交通运输保障能力与基建水平、海岛开发管理水平与经营能力以及高品质、精细化海岛开发利用、海岛对经济生态发展的促进作用等方面亟须提升，在海岛保护与利用开发方式上要从传统简单数量投入向质量效率发展方式转变。同时，积极吸取国外发达国家在发展海岛经济方面的经验，如美国、日本、韩国、越南、印度尼西亚、菲律宾以及瓦努阿图、斐济、萨摩亚等 22 个海岛经济国家的做法，寻找同其他国家海岛生态经济及管理上的差距并进行比较。

一是海岛经济生态发展模式专业化与精细化差距。比较一：中国深圳前海金融试验区的金融政策开放程度与力度同属于英美法系的开曼群岛、维尔京群岛还有很大差距，体现在金融机构注册、税收、跨境资本流动、境外金融机构境内发债等开放政策远不及开曼群岛、维尔京群岛，对金融机构的吸引力有限，形成不了资金的快速聚集。比较二：从海南省离岛开发的情况来看，其旅游开发、会展业等所取得的收入远远落后于墨西哥坎昆，在海南所举行的会议、展览的层次、重要性和影响也逊于坎昆。海南国际旅游岛开发中的制度障碍还很多；旅游开发投资环境自由度比马尔代夫低，旅游会务硬件设施水平劣于上述国家；旅游服务人员培训工作和服务质量曝出的问题时常见诸报端。比较三：同为工业开发综合试验区，福建平潭的规划科学性、产业集聚效应、规模效应、产业链长度和产业资本和智力密集度未能达到新加坡裕廊岛的水平，平潭对福建的重要性也不及裕廊岛在新加坡所扮演的角色。作为中国重要渔场之一的舟山群岛，生态破坏、渔业资源衰退、自然灾害加剧，海洋牧场选址建设、人工鱼礁投放、渔业资源放流恢复工作的效果同日韩相比，尚不显著，还需积累深海养殖技术和经验。总体而言，中国有居民海岛经济发展模式还处于较低水平，也说明海岛的经济腹地支撑有限。

二是中国海岛经济功能分类管理及立法差距。无论舟山、平潭、横琴等国家级新区的海岛，还是渔山列岛、摘箬山岛、长兴岛、梅山岛、玉环岛、洞头岛、东山岛和南澳岛等海岛，中国国内尚没有对海岛经济类型按照海岛经济功能进行逐一分类，对海岛经济模式也没有统一的界定。目前仅有国家发改委在海洋经济发展规划的提法，按照海洋经济的功能，海岛划分为综合利用岛、港口物流岛、临港工业岛、清洁能源岛、滨海旅游岛、海洋科技岛、生态保护岛、自由贸易岛、现代渔业岛 8 种类型，但每类海岛经济发展应具备的条件及发展路径缺乏描述，对中国国内海岛案例缺乏系统研究。相比较，美国已对其全国海岛进行分类并精细化管理，对特定海岛设立了法律，将海岛作为自然资源类型加以管理。具体而言，针对具有特殊海岛属性及地貌特征的海岛，美国一些州设立了"障避岛政策"，规定了十分详细的政策，如对新建项目，不论是建筑或者活动，有可能影响沿海沙丘或沙滩，应申请办理许可证，必须明确施工现场的详细信息，包括具体位置、污水处理、排水区、建筑轮廓、出入通道等，住宅建筑物不得高于 25 英尺；道路不得穿过沙丘；报废车辆必须从岛上移走，才能购置新车辆；不得人工移动沙子；不得用抛石、沙袋等加固海岸等。

三是政府部门之间协调机制及管理合力的差距。以美国与日本为参照，首先，美国海岛管理协调部门主要有商务部下属的国家海洋与大气局（NOAA）、NOAA 下的美国海洋服务局（NOS）、海岛事务跨部门管理机构（IGIA）、海岸警备队和内政部矿产管理局等，NOS 主要负责促使美国海岸地区的环境保护与经济开发协调。IGIA 主要负责与美国内务部确认与美国海岛事务相关的问题，并向总统提供指定海岛政策的建议。其次，日本海岛管理更多体现协调，主要是内阁总理大臣与都道府县之间的统筹协调。首先内阁总理大臣在听取国土审议会的意见后对拟开发的海岛区域进行社会公示，由都道府县知事制定海岛振兴计划并报告给内阁总理大臣，最后由内阁总理大臣决定是否实施孤岛振兴计划。相比较而言，中国海岛开发涉及国防、发改规划、环保、水、电、海域、消防、林业、旅游等多个政府部门管理，与美国、日本做法在协调机制和政策精细化上尚存差距。虽然设立了国家海洋局，十九大之后国家海洋局合并到了中国国家自然资源部，增加一定范围内的部门协调，但是海岛经济发展中涉及居民海岛土地使用权、海域使有权、矿业权、林权、野生动物狩猎权、取水权等权利行使以及消防、环保、产业规划布局要求，需要更大范围内的政府部门实施行政管理，否则海岛经济发展依然会存在"多龙治岛、群龙无首"的局面。因此，亟须提升中国对有居民海岛进行开发、保护和管理水平以及部门之间协调并形成合力的能力。这种合力没有形成的本质原因在于：

第一，海岛依托的经济腹地差异导致海岛经济没有支撑。人均可支配收入较高，并不意味着海岛开发与利用率高，也与其他因素有关联，例如海岛区位优势与资源禀赋也会制约海岛开发和利用。高品质海岛开发较多的、有居民海岛占比较高的地区，往往都是人均可支配收入相对较高的省市，从"一带一路"沿线国家海岛经济发展历史沿革看，也印证了此项关联性。因此，要缩短中外对有居民海岛经济发展的差距，就要提升海岛的经济腹地实力，结合当下现实，要大力发展湾区经济及港口经济，尤其是海岛依托的湾区经济。可以通过湾区经济、港口经济发展，带动海岛经济发展，由面及点，由点到面，形成海岛经济的"功能互补"后发优势。以宁波—舟山片区为例，浙江省政府提出了甬舟一体化发展战略，注重海陆统筹，合并了宁波舟山港，谋划甬舟跨海高铁。可见甬舟一体化正在海陆统筹寻找经济增长的新动能。

第二，海岛管理的碎片化与资源分散化管理没有形成合力。国家部委职能分工需要有一个相对统一协调的机构，集中对全国海岛开发与利用进行统筹协调管理。具体来说，海岛产业发展涉及渔业的归口国家农业部，如农业部推行的海洋牧场申报涉及了部分海岛；海岛交通基础设施建设又归口国家交通部，海岛前期规划又属于国家发改委，虽然国家自然资源部根据国务院新三定方案赋予的海岛保护管理职责，设立了海岛管理综合办公室，而现有政策更多侧重于海岛保护与使用的合规性管理，但利用政策推动海岛经济的发展，属于国家发改委、农业部等部门。这样管理体制安排及职责分工会导致海岛开发管理碎片化，同时政策资源会存在分散或重复投入现象。

第三，海岛开发机制不够灵活导致海岛经济生态发展没有规模效应。从国内现有海岛经济发展比较好的海岛来看，海岛经济发展比较快的海岛其海岛开发的机制均相对灵活，并且资源统筹的能力较强，例如宁波大榭岛，属于典型的大型企业开发模式，大榭岛集中了大量石化及石化新材料等临港工业企业，亩产值及亩产收入在全国海岛中排名也是遥遥领先，39家总局监控的重点企业国税税收贡献占90%左右，其本质原因在于：企业在大榭岛的土地成片开发建设、化工企业立项、环境测评与保护、海岸线管理、码头建设等方面具有很大灵活性。但大榭岛开发模式具有历史特殊性，从全国海岛经济发展案例来看，大榭岛经济发展模式不可复制。从另一侧面看，中国目前的海岛开发进度慢，很重要的原因在于单纯政府主导开发模式及机制不够灵活，在引入多元化资金建设的开放性和吸引力不足，社会力量和岛上本地社区居民参与经济建设、参与管理、提供服务的积极性和主动性不高。

本书在海岛已有研究课题基础上，整编相关发表论文以及浙江省海岛的调研材料，期许给中国海洋经济相关部门以及海岛经济方面的学者提供有价值信息。从具体内容亮点来看，体现在三个方面：

首先，在已有的文献及国家海洋局制定的《海岛统计报表制度》基础上，从自然条件、生态环境、经济发展、社会发展、民生保障及创新评价6个维度，设立了26个二级指标以及包括气候条件、海洋灾害情况、生物状态、主要污染物、空气质量、海岛交通、防灾减灾设施、公益设施、污染防治、产业结构、经济效益、经济总量、资源利用、生活质量、社会风险和社会保障、人口、教育、卫生、产业、创新等68个三级操作指标的评价体系。

其次，全面系统地提出了10类不同功能的海岛经济发展类型及创新模式，分别为港口物流岛、临港工业岛、清洁能源岛、滨海旅游岛、海洋科教岛、生态保护岛、自由贸易岛、现代渔业岛、综合利用岛、群岛等海岛，并建议推动海岛经济上升到国家战略，采用案例分析方法剖析每一类创新模式发展具备的条件、发展路径以及存在问题。

最后，在总结美、日、韩、越、印度尼西亚、菲律宾等国家与瓦努阿图、斐济、萨摩亚等22个海岛国发展经验基础上，提出了"国际理念相通、国际政策沟通、基础设施互通、海岛产能互通、海岛能源连通、海岛金融融通、人文交流贯通、海岛旅游链通"的"八通"倡议，同时，还提出了"牵头发起全球海岛发展联盟""设立全球海岛研究智库联盟""启动海岛经济发展示范建设"以及财税、金融、人才、产业、开发等政策建议。

目 录

第一章 政策背景及演化机理 …………………………………（ 1 ）
　　第一节 海岛经济模式演化制度及政策背景 ……………………（ 1 ）
　　第二节 海岛经济模式演化形成的文献综述 ……………………（ 9 ）
　　第三节 海岛经济发展的重要性及意义 …………………………（ 14 ）
　　第四节 海岛经济模式演化形成的内在机理 ……………………（ 16 ）
　　第五节 国家"海丝"倡议对海岛经济的影响 …………………（ 20 ）

第二章 可持续性评价：有居民海岛经济发展 ………………（ 23 ）
　　第一节 指标体系构建的基本前提和依据 ………………………（ 23 ）
　　第二节 可持续发展指标体系研究现状 …………………………（ 23 ）
　　第三节 可持续发展指标体系构建 ………………………………（ 24 ）
　　第四节 海岛评价理论的引入 ……………………………………（ 34 ）

第三章 海岛经济发展现状及存在问题 ………………………（ 46 ）
　　第一节 发展现状 …………………………………………………（ 46 ）
　　第二节 存在问题 …………………………………………………（ 50 ）

第四章 海岛经济发展与管理体制经验借鉴 …………………（ 58 ）
　　第一节 美国海岛开发管理及经济发展经验 ……………………（ 58 ）
　　第二节 日本海岛开发管理及经济发展经验 ……………………（ 61 ）
　　第三节 韩国海洋开发管理及经济发展经验 ……………………（ 64 ）
　　第四节 越南海岛开发管理及经济发展经验 ……………………（ 67 ）
　　第五节 印度尼西亚海岛开发管理及经济发展经验 ……………（ 71 ）

第六节　菲律宾海岛开发管理及经济发展经验 …………………（74）
第七节　海岛开发管理及经济发展典型案例 …………………（77）
第八节　典型海岛经济体国家的发展经验 ……………………（80）
第九节　海岛开发保护政策总结与比较 ………………………（94）

第五章　国内现有海岛经济发展类型及模式创新 …………（99）
第一节　生态保护岛模式及创新 ………………………………（100）
第二节　滨海旅游岛开发模式及创新 …………………………（105）
第三节　海洋科教岛开发模式及创新 …………………………（114）
第四节　自由贸易岛模式及创新 ………………………………（117）
第五节　现代渔业岛开发模式及创新 …………………………（122）
第六节　综合利用岛开发模式及创新 …………………………（128）
第七节　群岛开发模式及创新——舟山岛案例 ………………（132）
第八节　清洁能源岛开发模式及创新 …………………………（136）
第九节　港口物流岛开发模式及创新 …………………………（141）
第十节　临港工业岛开发模式及创新 …………………………（148）

第六章　海岛经济发展模式建设的思路与政策举措 ………（153）
第一节　发起蓝色海岛经济发展的全球倡议 …………………（153）
第二节　搭建蓝色海岛经济交流平台 …………………………（157）
第三节　构建蓝色海岛经济管理体制 …………………………（159）
第四节　财税政策保障 …………………………………………（162）
第五节　金融政策保障 …………………………………………（163）
第六节　人才政策保障 …………………………………………（166）
第七节　产业政策保障 …………………………………………（167）
第八节　开放政策保障 …………………………………………（171）
第九节　用海用地政策保障 ……………………………………（172）

参考文献 ………………………………………………………（175）

附表1　中国海洋发展指数（ODI）评价指标体系 …………（185）

附表 2　海岛生态指数（IEI）评价指标体系 …………………………（186）

附表 3　海岛发展指数（IDI）评价指标体系 …………………………（187）

附表 4　中国重点有居民海岛发展主要特征及模式选择 ………………（188）

附录 1　案例：浙江舟山六横岛——打造综合利用岛 …………………（192）

附录 2　案例：宁波梅山岛参与"一带一路"建设行动纲要 ………（196）

后　　记 …………………………………………………………………（202）

第一章

政策背景及演化机理

第一节 海岛经济模式演化制度及政策背景

一、海岛概念与分类

与其他海洋单元相比，海岛具有海陆两相性、结构独立完整性、生态脆弱性、资源独特性以及动力两重性特征[1]。《联合国海洋法公约》第121条明确规定："海岛是四面环海水并在高潮时高于水面的自然形成的陆地区域"。中国在2010年颁布的《海岛保护法》规定："海岛是指四面环海水并在高潮时高于水面的自然形成的陆地区域，包括有居民海岛和无居民海岛。"[2] 同时，据《中国海岛志》描述："海岛指海洋中四面环水、高潮时又高于海平面、自然形成的陆地区域。"而《海洋学术语海洋地质学》定义海岛为："散布于海洋中面积不小于500平方米的小块陆地"。

根据海岛属性方面的不同，海岛有不同分类方法：

首先，按海岛分布构成及形态划分，分为孤岛、列岛和群岛。

孤岛是海岛最基本的组成单元，如福建东山岛、厦门的鼓浪屿等。列岛

---

[1] 马志远，陈彬，黄浩，俞炜炜，等. 中国海岛生态系统评价 [M]. 北京：海洋出版社，2017. 这里的"动力两重性"是指长时间受风和海浪自然动力的作用。

[2] 《海岛保护法》第57条规定：无居民海岛，是指不属于居民户籍管理的住址登记地的海岛。若有居民户籍管理即为有居民海岛，反之，则为无居民海岛。

是群岛中的一种形态，是属于呈线形或弧形排列形态分布的岛群。例如嵊泗列岛、澎湖列岛、七洲列岛等列岛。而群岛是指集合的海岛群体①。例如长山群岛、舟山群岛、庙岛群岛、洞头群岛以及南海海域中的东沙、西沙、中沙、南沙四大群岛，其中舟山群岛面积最大，由大小1 390个岛屿组成，占浙江全部海岛的48.3%，占全国海岛总数的12.6%。

其次，按照与大陆海岸距离的远近划分，海岛可分为远岸岛、近岸岛、沿岸岛和陆连岛。远岸岛是指与大陆的距离超过100千米的海岛，而近岸岛与大陆的距离为10~100千米。距离小于10千米均属于沿岸岛。在沿岸岛中有一种特殊海岛，俗称陆连岛，此类海岛离大陆海岸较近，通常修建了堤坝或跨海道桥等设施与大陆相连以促进交通、经济、旅游等合作。据不完全统计，中国所有海岛中陆连岛和沿岸岛占绝大多数比重，远岸岛占全国海岛总量的比重较低，占比仅仅不足3%，陆连岛约占全国海岛总数的1%。代表如浙江玉环岛、浙江宁波梅山岛、广东东海岛、广西龙门岛、舟山新区本岛等均属于陆连岛。

接着，按照海岛形成成因不同划分，可分为冲积岛、大陆岛和海洋岛。冲积岛又称堆积岛，是江河冲积物堆积形成的海岛，此类海岛地势低平，以浅滩为主，集中在江河入海口处。例如上海崇明岛，海岛所在区域曾是长江口外的浅海。大陆岛是大陆地块延伸到海底并露出海面而形成的海岛，由于地球地壳运动引起海面上升或陆地下沉并导致陆地与大陆分离而形成的海岛。大陆岛是大陆的一部分，地质构造同大陆相似或相联系，一般靠近大陆，地势较高，面积较大。海洋岛是指与陆地无直接联系的、在海洋中单独生成的海岛，主要包括火山岛和珊瑚岛。据1996年我国第一次全国海岛资源综合调查统计，从国内区域分布来看，中国冲积岛个数占比不大，占比约6%。大陆岛个数占全部海岛比例超过九成，中国海洋岛占比不足1%。

四是按海岛特殊用途及其主体功能划分，可分为生态保护岛、滨海旅游岛、海洋科教岛、现代渔业岛、自由贸易岛、综合利用岛、清洁能源岛、港

---

① 陈可馨，陈可刚．我国海岛资源的持续利用［J］．天津师范大学学报，2002（1）．

口物流岛、临港工业岛等[①]（见表1-1）。

表1-1　　　　海岛按特殊的用途及主体功能分类表

类别	定义	举例
综合利用岛	资源禀赋较好、陆域腹地较大、人口分布集中、城市（镇）依托较强、主导功能较为综合、产业门类较多、对周边具有较强辐射带动能力的海岛。	舟山本岛、玉环岛、岱山岛、洞头岛、泗礁岛、六横岛、大洋山岛、灵昆岛
港口物流岛	具有优越的地理区位条件、深水岸线资源和一定陆域腹地空间，以集装箱或大宗商品储运、中转等港口物流功能为主，辅以国际贸易、金融与信息服务、分拨配送、增值加工、博览展示等功能的海岛。	梅山岛、金塘岛、小洋山岛、册子岛、头门岛、上大陈岛
临港工业岛	具有较好的建港条件和充裕的后方腹地空间，以临港型的石油化工产业、重型装备制造业、船舶修造产业、大宗物资加工等工业为主导，兼备一定的生产和生活服务功能的海岛。	大榭岛、衢山岛、大长涂岛、小门岛
清洁能源岛	具有较好的核能、风能、海洋能等能源资源基础，具备大规模能源开发利用或开展清洁能源利用技术示范性研究的可行性，并有良好基础设施接入条件的海岛。	南田岛、高塘岛、大鱼山岛、北关岛
滨海旅游岛	具有优美的滨海自然景观、良好的生态环境、深厚的人文底蕴等海洋旅游资源条件，以发展滨海观光、休闲度假、海洋文化、海鲜美食、休闲海钓、滨海体育、海洋生态等特色滨海旅游业为主，以海洋生态环境保护为辅助功能，兼备一定的生产和生活能的海岛。	普陀山岛、朱家尖岛、桃花岛、登步岛、檀头山岛、下大陈岛、半屏岛
海洋科教岛	适合从事海洋科研、教育、试验等功能的海岛，一般为海洋类高校或科研机构所在地的海岛。	长峙岛、摘箬山岛

---

① 此类划分按照浙江省出台的《浙江省重要海岛开发利用与保护规划》和《浙江省无居民海岛保护与利用规划》思路，按照综合利用、港口物流、临港工业、清洁能源、滨海旅游、现代渔业、海洋科教、海洋生态等8类主体功能，分别予以开发保护。专著对我国海岛经济发展模式归纳总结，借鉴了此分类方法，归纳提出了我国10类海岛发展模式，除了以上8类模式之外，还增加了群模式与自由贸易岛模式。这10类海岛成为我国海岛经济发展的主要模式，也是今后海岛经济差异化发展的主战场，具体阐述见第五章。

续表

类别	定义	举例
生态保护岛	以保护海岛及其周边海域的海洋生态环境、海洋生物与非生物资源功能为主的海岛。	大五峙岛、韭山岛、渔山岛、黄兴岛、南麂岛、铜盘山岛、披山岛
现代渔业岛	具有良好的渔业发展基础，以发展现代海洋捕捞、海水养殖、水产品加工贸易等功能为主，辅以海洋生物资源保护，兼备一定的生产和生活功能的海岛。	东门岛、枸杞岛、大黄龙岛、嵊山岛、鹿西岛、扩塘山岛、鸡山岛

注：资料中各类海岛定义是依据《浙江省重要海岛开发利用与保护规划》中对海岛经济发展模式的分类提法整理而成。

随后，按海岛面积的大小可分为特大岛、大岛、中岛和小岛四类。据统计，中国海岛面积以中小型为主，中国绝大多数海岛面积不超过5平方千米，约占全国海岛总量的98%；超过2 500平方千米的超大型海岛只有中国台湾岛和海南岛，而面积在100~2 500平方千米的大型海岛仅有14个（含中国香港及中国台湾），海岛面积在5~99平方千米的中型海岛有133个，其中中国台湾9个、中国香港6个、中国澳门1个。

最后，按是否有户籍人口划分，分为有居民海岛和无居民海岛。无论有居民海岛和无居民海岛，均具有海岛单元的共同特征，但在权属性质、使用价值、海岛功能上存在差异。无居民海岛所有权属于国家，而有居民海岛所有权属于国家或集体。据统计，中国总计有11 000多个海岛，面积在500平方米以上的海岛有7 300多个。其中无居民海岛约占全部海岛个数的96%，总面积约占中国陆地面积的0.8%。从区位分布来看，面积在500平方米以上的无居民海岛，主要分布于浙江、福建和广东三省，浙江省有2 836个，占总数的42.37%，福建省有1 419个，占总数的21.2%，广东省有796个，占总数的11.89%。无居民海岛分布总体上呈现"南方多、北方少，近岸多、远岸少"的特点。而有居民海岛总量不足600个，占比仅有4%左右。按照中国各省拥有居民海岛数量的排序，浙江省占比最多，其次是福建、广东、山东、辽宁、海南、广西等。

二、海岛与海域等相关概念区别

《联合国海洋法公约》强调海岛有四个基本要素：第一，海岛最基本、最本质的要素是四面环海水，若不是四面都环海水就不是海岛。第二，"高潮时高于水面"是依据陆地边界确定的方法界定海岛。第三，海岛是自然形成，是天然的，并非人工建造，人工填海围垦的不是海岛。第四，海岛的地貌特征拥有陆地区域，海岛不涵盖与之紧密相连的海水海域，明确了海岛的范围及面积。这四个基本要素是判定是否属于海岛的基本准则。据国家自然资源部不完全统计，中国海岛面积约8.6万平方千米，管辖海域面积约300万平方千米。同时，中国《海域使用管理法》规定："中国海域指中华人民共和国内水、领海的水面、水体、海床和底土，其中海域中的内水是指中华人民共和国领海基线向陆地一侧至海岸线的海域。海湾是洋或海延伸进大陆且深度逐渐减小的水域，在分界上通常以入口处海角之间的连线或入口处的等深线与海洋的分界线。海峡是两端连接海洋的狭窄水道，而海峡最主要的特征是流急，特别是潮流速度大"。海峡在军事上和运输上都有重要的意义。世界上有许多著名的海峡，如马六甲海峡、土耳其海峡、英吉利海峡、白令海峡等，在其国家均具有显赫的军事和交通地位。

三、海岛经济内涵与外延

结合研究文献定义归纳，海岛经济是以市场需求为导向，以海岛陆地资源及其周边地理区位为载体，开发、利用和保护海岛的各类产业活动以及与之相关联活动的总和[①]。海岛经济是海洋经济的重要组成部分，它包括为开发海岛资源和依赖海岛空间而进行的生产活动以及直接或间接为开发海岛资源及空间的相关服务性产业活动，其核心是海洋蓝色产业，典型产业有：海工装备、港口物流、现代渔业及水产加工、海岛旅游、海岛科技产业、海岛新能源等产业。海岛经济具备三个特征：第一，海岛资源优势与劣势均很明显，优势主要体现在"渔、港、景"，劣势主要体现于海岛淡水、能源和基础设施的匮乏以及复杂的海域地形。第二，海岛产业选择局限，海岛经济布局很大程度取决于海岛区位条件、资源禀赋与地理位置，是典型的资源型经济，受自然、资源、经济、技术等条件的限制，大多数海岛都是以渔业与滨海旅游为主，辅以少量海岛种植业，第二产业及第三产业相对落后。第三，对陆地经济的依赖性强。大多数海岛面积较小，户籍人口不多，在有限市

---

① 李想姣. 国内外海岛经济发展模式研究 [J]. 中国国土资源经济，2016（6）. 文中指出海岛经济是以海岛陆地资源、周边海洋资源及其地理区位为依托，以市场为导向，"岛—海—陆"统筹协调发展的地域经济类型。

场容量下，海岛经济发展要靠从岛外输入大量的生产及生活要素，同时岛内产品又需要销往岛外，必须立足海陆统筹来发展海岛经济。同时，陆地经济规模与水平会影响相毗邻的海岛经济。据田野调查资料显示，中国海岛经济的区域差距主要体现在两个层面：一是在所属省市区间经济发展水平的差异。例如，经济总量高的浙江、上海、广东等地，其有居民海岛数量及其海岛经济发展水平相对较高。二是同类海岛之间的经济水平差异。据 2018 年国民经济统计公报显示，海南人均地区生产总值 51 955 元，舟山群岛人均地区生产总值 112 490 元，而山东长岛县人均地区生产总值达到了 174 943 元。

四、有居民海岛内涵

按照海岛有无户籍法定人口登记划分，海岛分为无居民海岛和有居民海岛。有居民海岛基础设施和生产、生活配套设施相对完善，一般具有行政建制。有居民海岛作为海洋经济的重要组成部分，具备发展海洋经济的得天独厚的条件与资源禀赋，是开发海洋资源、壮大海洋经济、拓展陆地发展空间的重要依托。充分利用有居民海岛的丰富资源已成为中国众多沿海城市谋划新动能的重要抓手[①]。国家海洋局发布的《无居民海岛保护与利用管理规定（国海发〔2003〕10号）》中界定："无居民海岛是指在中国管辖海域内不作为常住户口居住地的海岛、岩礁和低潮高地"。之后，2009 年颁布的《中华人民共和国海岛保护法》规定："无居民海岛是指不属于居民户籍管理的住址登记地的海岛"。有居民海岛则是指存在有居民户籍管理的住址登记地的海岛，其基本内涵：一是指这些海岛有居民作为常住户口居住地；二是这些海岛是中国固有领土，由中国政府行使主权。可见，户籍作为一个法定属性是判断海岛是属于无居民还是有居民海岛的准绳，即使岛上长期有居民生活，如无户籍人口登记就属于无居民海岛；反之，只要民政登记上有户籍人口，即使在籍人口离岛外出或存在长期无人居住，该海岛也称为有居民海岛。相对于有居民海岛，无居民海岛地域结构简单，生态系统构成单一，海岛环境比较封闭，海岛生物多样但稳定性差。

---

① 课题研究海岛经济发展模式主要以有居民海岛作为研究对象。

五、海岛政策特点与分类

结合研究文献定义归纳，海岛政策是指沿用于指引本国海岛管理工作的行动准则，是海岛开发与利用及海岛经济发展的法令、条例、办法、措施以及法令、方法的系统总称，是国家政治、权益、经济、科技、文化、资源环境、生态保护等多维度多目标的复杂政策集合。从战略意义上看，海岛政策体系关乎海岛管理成效，是国家海洋发展战略的延伸和实现战略目标的重要调控手段。就中国现有海岛管理体制而言，无居民海岛管理采用的是由海洋主管部门集中统一管理，但有居民海岛由于国家和集体双重权属，实行的是集中和分散两者兼而有之的管理模式，海岛生态保护属于海洋与环保部门。

海岛政策作为海洋政策系统中的一个特定领域，具有三个特点：第一，海岛政策具有公益性和社会性。海岛政策不能以牺牲后代人需求以及破坏生态为代价，必须符合人们合理开发、利用和保护海岛资源与生态环境需要，必须体现对国家对社会的公益性与社会性要求。第二，海岛政策的多元性交叉性和渗透性很强。海岛经济发展涉及消防、人防、国防、发改、规划、土地、建设、环保、林业、农业等多个部门，与海岛人口、经济、资源、生态等诸多要素息息相关，海岛政策渗透的深度和广度远超过其他政策领域。第三，海岛政策体系具有多向相关性和整体性，在海岛政策的执行过程中容易产生连锁反应和波及效用。政策执行包括政策宣传、政策分解、物质准备、组织准备、政策路演、全面实施、协调与事后监控等多个环节，且每个环节都容易受到各种各样因素的影响。从海岛政策分类来看：

第一，按照海岛政策纵向层次划分，可分为海岛总政策与基本政策。海岛总政策是立足于国家海洋发展战略及海岛经济可持续发展而制定的宏观政策，是调控海岛经济、社会发展与海岛资源开发利用、海岛生态保护的总原则和行动纲领。而基本政策是以实现海岛总政策目标为导向，从海岛开发和利用存在的现实问题出发而制定的海岛开发和利用行为准则以及调控方式。

第二，根据海岛政策隶属的部门划分，海岛政策可分为财税政策、金融政策、科技政策、行政管理政策、土地政策、产业政策等。海岛财政金融政策是通过财政税收、财政补贴、税收返还、金融信贷及资本市场倾斜等财政金融杠杆来克服海岛经济活动带来的外部不经济性，调节海岛经济活动与自然资源开发利用、生态环境保护之间矛盾的政策。海岛技术政策是指为了更好促进海岛经济、社会、资源、环境和谐发展，提升海岛各类生产要素和使用效益而采取的促进各类涉海主体更多投入研发创新的政策举措。海岛管理政策主要是涉及海岛立法、海岛规则制度、海岛开发与利用的计划、审批、监督、控制的海岛发展行为规范及行政政策举措。海岛土地政策主要是推动海岛经济可持续发展并在海岛土地资源开发、利用、治理、保护和管理方面规定的行动准则，是处理海岛经济发展过程中土地供需矛盾的主要手段。而海岛产业政策是指导海岛产业发展方向，规划海岛产业发展目标，调节各产业间的相互关系及其结构变化的政策。

第三，从海岛管理范围角度划分，可分为全国性政策和区域性政策，区域性政策必须服从于全国性政策，例如地方政策在海岛经济发展中采取的"一岛一策"必须不违背《海岛保护法》及海岛"十三五"发展规划等全国性政策为前提。区域性政策在海岛管理上具有操作性、匹配性和有效性特征，有利于因地制宜地加强海岛管理。据不完全统计，中国先后出台了大量与海岛生态保护有关的法律、法规、部门规章及规范性文件（见表1-2）。

表1-2　　　　　　　　中国部分全国性海岛相关政策

序号	性质	名称	时间
1	法律	中华人民共和国海洋环境保护法	1989
2		中华人民共和国领海及毗连区法	1992
3		中华人民共和国专属经济区和大陆架法	1998
4		中华人民共和国海岛保护法	1999、2009
5		海域使用管理法	2002
6	行政法规	海洋石油勘探开发环境保护管理条例	1983
7		防止船舶污染海域管理条例	1983
8		渔业法实施细则	1987
9		防止拆船污染环境管理条例	1988
10		海洋倾废管理条例实施办法	1990
11		铺设海底电缆管道管理规定实施办法	1992
12		自然保护区条例	1994
13		防治海洋工程建设项目污染损害海洋环境管理条例	2006

续表

序号	性质	名称	时间
14	部门规章	开采海洋石油资源缴纳矿区使用费的规定	1989
15		海洋石油勘探开发环境保护管理条例实施办法	1990
16		海洋行政处罚实施办法	2003
17		海底电缆管道管理规定	2004
18	规范性文件	海洋自然保护区管理办法	1995
19		海洋生物质量监测技术规程	2002
20		无居民海岛保护与利用管理规定	2003
21		倾倒区管理暂行规定	2004
22		海岛名称管理办法	2010
23		无居民海岛使用权证书管理办法	2010
24		无居民海岛使用权登记办法	2010
25		无居民海岛开发利用测量规范	2011
26		全国海洋经济发展"十二五"规划	2012
27		全国海岛保护工作"十三五"规划	2016
28		海岸线保护与利用管理办法	2017

注：只列举了部分政策文件。
资料来源：中国海岛网。

第二节 海岛经济模式演化形成的文献综述

一、海岛经济文献综述

国内外学者对海岛经济的研究集中在调查研究某些海岛经济的现状或者研究某些因素对海岛经济的影响方面。国内学者主要从三个方面探讨海岛经济，也产生了大量成果。一是关于海岛经济的内涵与外延研究文献。顾朝林认为海岛经济发展应有"个性"设计发展，他认为海岛经济早期在于传统农业，兴衰关键在于海岛对外开放与贸易出超程度，并提出了传统农业及农副产品加工子系统、水资源综合开发子系统、供给充足的能源子系统、对外开放的贸易出超子系统、吸引外资与技术的资本供求子系统、以港口为中心的综合交通子系统以及出口导向型工业子系统 7 类海岛经济开发系统①。黄远略等肯定了海岛经济个性化发展的思路，指出海岛经济发展模式设计要结合海岛地域单元和区位环境元素。李永实指出，海岛经济发展要结合海岛的经济水平、资源禀赋、生态环境、人文环境等进行分类发展。王明舜认为，海岛经济发展模式选择上应注重特色发展，提出了可持续发展、生态经济、岛陆一体化 3 种基本模式，并提出了具有国防与权益价值、经济资源价值、生态价值以及社会文化价值 4 种类型的海岛经济发展模式。张耀光把海岛资源分为岛陆自然资源和海岛海域自然资源，认为海岛作为海中陆地，海岛资源禀赋决定着海岛经济发展模式选择。后来学者们继续在海岛独特性的基础上探讨海岛经济发展思路、海岛经济发展模式等问题。张耀光对中国 12 个海岛县进行了综合评价，提出了海岛经济区类型划分方法。之后，他重点以玉环和洞头两个海岛县作为案例，通过对比分析和案例剖析，提出了"陆岛统筹"发展战略思想，该思想对海岛经济发展具有很强的实践意义。

学者们研究海岛经济问题开始出现了分化，涉及海岛经济发展的各个领域。例如：关注海岛经济发展思路及战略（王森；杨荫凯；张耀光等）、关注海岛经济可持续发展问题（陈新军和周应祺；狄乾斌等；王长征和刘毅）、探索海岛经济演进规律（曹忠祥；韩增林等）和空间分异（韩增林等；张耀光等）、研究海岛产业的布局机理和模式（张耀光等；王丹等）等核心问题。具体而言：栾维新等分析指出海岛区域陆海面积、海岛生态系统组成特点、群岛区域基础设施共享可能性、群岛区域产业竞争力等差异决定着群岛发展模式的选择。之后，众多学者开始采用案例研究方法对海岛进行具体分析。张婧等以长岛县为案例，探讨了长岛县产业发展定位及产业布局思路。楼东等研究了舟山海岛经济演进模式和主导产业的选择条件。昝涛等采用图片修整和遥感地理信息分析相结合的方法，探讨了影响海岛城市空间扩张的潜在决定因素。佘丽敏等采取 1980—2002 年 42 个海岛国家（地区）的数据，探寻海岛国家（地区）经济增长速度与增长易变性的关系，从全球视角比较分析了海岛国家的经济增长速度与经济增长易变性之间的关系。

---

① 顾朝林在 1989 年提出的海岛经济要个性化发展，同时提出的 7 类海岛经济开发系统具有前瞻性、系统性与针对性，这 7 类开发系统实际上提出了海岛经济要分类发展的经济学思想，对作者归纳提出的海洋渔业岛、港口物流岛、自由贸易岛等 10 类海岛经济发展模式具有深远指导意义。

二、海岛经济可持续发展研究文献综述

国外学者的研究对象集中在发展中国家的小海岛［贝特（Bater）；克劳福德（Crawford）；格里菲思（Griffith）& 阿什（Ashe）；亨利（Henley）；昆胡尔（Koonjul）］。关注的典型产业如渔业［肖西（Siaosi）等］、农业［迪卡（Dika）等；彭（Peng）等］。随着海岛滨海旅游兴起，学者们开始关注滨海旅游业对海岛经济发展的影响［麦克埃尔罗伊（Mc Elroy）等；罗伊尔（Royle）；谢里夫（Shareef）；泰勒（Taylor）等；邢（Xing）等］。此外，海岛城市化建设［戈达德（Goddard）；斯托里（Storey）］、经济危机［道格拉斯（Douglas）；西塔纳（Seetanah）、灾害（巴尔达基诺（Baldacchino）；蔡（Tsai）等］等因素对海岛经济可持续发展的影响研究也被持续关注。

国内学者研究侧重于三个方面：第一，构建海岛可持续发展指标体系，建立海岛经济可持续发展的评价模型，评价海岛的可持续发展能力（柯丽娜等；郭惠丽等；徐丽雯和柯丽娜；李金克和王广成等）。第二，着力研究海岛的可持续发展状况和影响。如对海岛资源开发保护、海岛经济可持续发展对策的研究（王震、李宜良；黄民生），海岛旅游、土地、生态环境等承载力的研究（崔凤军等；郭静、张树夫；白玉翠；闫淑君等；Cao 等）。同时，国内学者也在不断完善和改进研究技术，如程静跃、张志卫在研究中引进了能值分析，郭丽、任光超在研究中采用 DEA 评价方法，对海岛生态承载能力进行了科学评价，并寻找制约海岛生态承载能力的关键因素。第三，关注海岛可持续发展的法制保障（闫海和宝丽；彭超等）。

三、海岛经济发展模式研究文献综述

国外文献的研究均是从海岛产业类型出发来界定海岛经济发展模式。代表学者分别就海岛渔业［林伯格（Limburg）等；麦克尔罗伊（Mcelroy）］、海岛农业［德雷斯勒（Dressler）等；唐（Tang）等］、海岛旅游业［德巴尔奎克（Dealbuquerque）等］的发展模式进行了深入探讨，并提出了海岛经济发展模式和政策建议。随后，由于滨海旅游业的快速发展，海岛旅游成为旅游消费市场的热门景点，国外学者开始把目光聚焦到海岛旅游业研究上，达尔（Dahl）以热带太平洋封闭小海岛为案例，在分析海岛资源环境的基础上，着力分析了海岛经济发展模式的选择。针对滨海旅游模式，里奇

(Ritchie)从海岛生态环保交通和滨海旅游的角度出发,提出了海岛开发自行车旅游经济模式。之后,钟(Chung)等以韩国济州岛为研究对象,分析了海岛交通费用降低影响海岛旅游的内在机制。洛夫洛克(Lovelock)等以新西兰查塔姆岛为案例进行研究,认为边缘海岛地区海岛经济发展模式可采用"渔游一体化"模式,强调海岛经济发展要渔业、旅游等联动。还有学者认识到了海岛旅游区独特的民俗、遗产文化等资源在海岛旅游发展模式的重要性,提出了"渔文一体化"模式,主张采用海岛旅游目的地开展民族旅游、文化旅游的发展模式[卡里根(Carrigan);谢(Xie)]。

国内学者研究文献立足海岛自身特点,对海岛经济发展模式进行研究。对海岛经济发展模式研究较早的学者如张耀光等提出了海洋牧场发展模式,他综合评价了海洋牧场发展应具备的海岛海域空间资源、环境因子和海洋生物资源,并以长山群岛为案例,系统研究了海洋农牧化生产的发展过程、生产特征。张耀光等又以獐子岛海洋牧场发展模式为案例,剖析了海洋牧场发展模式应具备的条件,并在实践上推动了獐子岛借助资本市场成功实现IPO,獐子岛海洋牧场模式以及企业化运作路径为同类研究和生产实践提供了重要借鉴。李靖宇、吴超、孙蕾以长海县为案例,研究认为"海洋牧场"比较符合中国国情,强调海洋牧场是有计划地培育与管理渔业资源的海洋生态系统最佳发展模式。

在滨海旅游研究方面,李泽等采用"投影寻踪模型+AHP"研究方法,对中国12个海岛县的旅游资源开发潜力进行了横向对比分析。马丽卿对舟山群岛的旅游资源进行了分析,提出了区域联动开发和期限性有序开发两种群岛型开发模式。骆茜等研究构建了海岛型旅游地空间形态模型①。在城乡一体化和城镇化发展战略背景下,林华山基于海岛特征及地区人文特征,提出了以"旅游发展+海岛小镇建设"模式。江海旭等认为海岛旅游发展需要"引进来、走出去",认为长山群岛与塞浦路斯在休闲旅游业具备合作基础,并给出了具体的合作模式、合作内容以及合作战略等建议。此外,在发展模式上,如"岛港组合""屯海"等提法,代表赵鹏军结合港口及时空演替理论,提出了海岛型城镇化发展战略。针对屯海模式,孔志国指出以海岛为中心的屯海是维护海洋权益、促进海洋开发的重要手段。朱德洲对中国

---

① 该模型强调以海岛山体为核心,呈圈状层层向外扩展,形成开发强度从内向外、由低到高再到低的类同心圆的空间组织模型。

12个海岛县的生态经济发展协调度进行横向对比研究，提出了生态保护模式、生态修复模式、战略后备模式和适度发展模式等四种海岛县生态经济协调开发模式。刘书英以唐山湾三岛为例，对海岛保护性开发模式进行了探讨，提出了分级管制开发、资源能源循环利用开发、生态系统综合利用开发的开发模式，同时提出在开发监督管理、硬件支持以及建立灵活高效的行踪管理模式等方面要强化保障。胡啸等借鉴日本屋久岛在经济发展、资源循环、可再生能源利用与生态环境保护方面的经验，从经济、生态与民生三个维度提出了构筑闭环式物质循环型海岛以及强化海洋渔业、生态旅游、海洋文化的良性互动。李想姣在分析了海洋经济产业"三、二、一"结构特征的基础上，从生态经济理论、区域经济理论、产业机构等视角重点讨论国内外现有海岛经济发展模式，并指出在中国海岛经济发展模式选择中，要坚持自愿开发与保护并重，先期制订中长期发展规划，优化产业结构，实现海岛经济与环境的可持续发展。王圣云等研究认为，应按照"岛域主导—岛际主导—区际主导"的顺序进行演化发展，主张岛域、岛际和区际主导式发展模式。

四、海岛管理政策研究文献

国外学者关于海岛管理政策的研究主要针对某一特定海岛、某一特定领域，探讨相关政策的影响或提出政策性建议。如：部分学者关注了海岛固体垃圾、野生动物、森林、淡水资源、土地利用、旅游等。国内学者关于海岛管理政策的研究一方面集中于探讨国外的海岛政策、法律法规等，如田彦苹论述了朝鲜、日本等8个国家的生态环境保护法律制度，然后分析中国海岛立法现状，阐述了中国海岛法实践中存在的问题。哈斯对比分析了中国与日本在海岛生态环境保护的立法模式、法律制度，指出了中国在海岛生态环境保护法律制度体系上存在的不够完善之处。齐连明等阐述了国内外海岛政策或制度的异同，分析了各项政策或制度在实施中的实际效果。肖一亮通过对海南离岛免税与国际上其他地区离岛免税政策在政策背景、内容和成效等方面的对比和研究，分析了海南离岛免税政策以及政策效应。高洋对比了中国与美国、日本、澳大利亚、韩国及印度尼西亚等国家海岛的管理制度，指出中国相关配套的法律法规和政策还有待完善。另一方面，主要探讨中国海岛管理政策存在的问题及对策。如黄文国等综合分析了海南省海岛的利用现状、存在的问题，最后提出了海岛开发对策。李广敏介绍了海岛存在的重要性，并对当前海岛凸显的问题进行分析，同时提出了一些建议。郝新建和王健指出海岛的开发和管理应因地制宜。海岛的开放和利用在决定其开发用途之前，需要进行相当时间的科学调查和论证。李德潮；郭院等；夏淇波和翁里；石蕊；陈娟和刘阳；窦晓燕；张国斌等研究了中国海岛开发、利用、保护中的法律问题。

第三节 海岛经济发展的重要性及意义

一、有利于国家安全战略实施

海岛作为拓展发展外部空间的重要抓手，是维护海岛生态平衡的重要平台，是捍卫国家权益、保障国防安全的战略前沿，促进海岛经济可持续发展有利于促进国民经济实施对外开放格局战略，有利于保障国家海洋权益和国防安全。海岛所起的国防军事作用越来越显著，海岛的面积、区位、资源禀赋等决定着海岛的军事地位，海岛可以建成大陆的海防前哨，部分区位优势明显的海岛可以建成核潜艇的基地或海上机场，充分发挥海岛在国防军事的桥头堡作用。此外，由海岛及海岛群组成的岛弧和岛链，构成了中国海上的第一道国防屏障。代表如舟山群岛、长山群岛、庙岛群岛、南日群岛、万山群岛、西沙群岛和南沙群岛等，都是中国国防的重要要塞，也是中国沿海地区拓展经济发展空间的重要载体。

二、有利于国家海洋权益保护

《联合国海洋法公约》规定，"凡有人居住可以维持经济生活的海岛，可以同大陆一样，划定海里领海、海里专属经济区和按照自然延伸原则扩展到大陆架边缘的更加广阔大陆架。一个开阔海域的小岛可以拥有面积的专属经济区和更加广阔的大陆架，拥有该岛的国家将对所在区域的生物资源和海底矿产资源拥有主权权利"。海洋权益是以一国领域为依托，是一国领土向海洋延伸所形成的权利总和，涉及国家领土安全、海洋航行、海上安全秩序以及国际和平等内容。生态开发海岛有利于国家海洋权益保护，推动构建共同开发和海上合作机制成为中国国家海洋权益，保持周边稳定的有效途径。

通常说中国有300万平方千米的"蓝色国土",其中大部分海岛是结合《联合国海洋法公约》以及中国目前拥有的海岛来计算。例如,南沙群岛海洋权益的拥有不仅涉及群岛主权归属,而且也涉及海岛附近海域的管辖权及自然资源获得。因此,海岛在国家间海域划界中的地位尤为重要,对于相邻或相向国家间的海域划界问题(除非相邻国家另有协议),在划定国家之间中间线时,所有海岛都应予以考虑。

三、有利于海岛合理有序开发

自从中国实施改革开放战略以来,海岛经济取得了迅速发展,取得了丰富的海岛发展典型案例成果。例如,山东长岛已成为中国全国第一个小康县;上海崇明、浙江玉环两县进入全国综合实力百强县行列;东山岛已建成了国家级的经济技术开发区,省级的创汇农业试验区、旅游经济开发区、科技兴海试验区。同时,在海洋经济发展模式上,形成了獐子岛等知名海洋牧场。中国会重点推进近海、黄渤海、东海、南海等区域海洋牧场,在2025年创建178个国家级海洋牧场示范区[①]。但在中国海岛经济快速发展的同时,还要认识到中国海岛开发目前还处于起步阶段。海岛经济的发展有助于海岛合理有序的开发,体现在两个层面:一是海岛经济的发展可以通过"以岛养岛"方式提高海岛发展的综合效益,有助于科学有序地利用好海岛资源,实现海岛保护开发利用综合效益的最大化。二是海岛经济的发展有助于吸引生产要素向海岛聚集,有助于提升海洋科研水平和层次,强化科研技术成果转化应用,从而提高海岛资源的开发利用率。

四、有利于建立统筹管理体制

中国海岛管理体制主要按照无居民海岛统一管理以及有居民海岛统一和分散相结合的管理模式。随着中国海岛经济的快速发展以及海岛开发利用需求的上升,现有海岛资源管理体制出现了弊端。诸如海岛管理牵扯部门多、分工不明确等原因,造成实践中的"群龙闹海"局面;海岛的粗放无序开发导致海岛旅游产品与景点同质化,相关各个部门没有建立沟通机制、缺乏统筹规划与差异化发展。此外,开发过程中海岛资源、生态的严重破坏说明

---

① 根据农业农村部发布公告,截至2018年底共发布了四批国家级海洋牧场示范区,第一批20家、第二批22家、第三批22家、第四批22家,合计共86家。

海岛部门各自为政、互相推诿等矛盾长期存在,海上执法力量缺乏组织协调性,不断涌现的新问题,亟需加快建立统筹管理体制。随着中国海岛经济深入发展,与之配套的管理体制也应随之变革,例如部分省级政府层面可借鉴"河长制"推行"岛长制",以新的管理体制适应新的经济发展局面,解决海岛经济发展出现的新问题。对于整合部门职能,提高行政效率的呼声越来越高,中央政府为适应海岛经济发展的新形势,2013年7月,国家海洋局重组,2018年又并入国家自然资源部,这些机构改革是中国建立统筹海洋经济管理体制最好的佐证。之后,《全国海岛保护"十三五"规划》强调要"建立统筹谋划、系统部署、协调推进的长效机制"。

五、有利于互联互通政策开放

亚太经合组织(APEC)领导人非正式会议第一阶段会议中,习近平主席9次提到亚太"互联互通",他指出:"面对新形势,我们应该加快完善基础设施建设,打造全方位互联互通格局。"国务院总理李克强在博鳌亚洲论坛开幕大会上指出:"实现亚洲共同发展,根本出路在于经济融合,而基础设施互联互通是融合发展的基本条件。"海岛作为四面环海的特殊地理单元,具备良好的建设港口码头、航运条件和区位优势,同时海岛型港口又是"互联互通"政策可实施的有效载体。海岛经济发展兴衰关键在于海岛对外开放与贸易出超程度,而作为"一带一路"倡议实施的理念就是互联互通、贸易畅通,海岛经济发展完全契合了"一带一路"倡议理念,海岛经济的发展有利于推进企业聚集发展,形成海陆统筹的产业集群。同时,海岛资源的合理开发能够拓展资源市场和消费市场,缓解内陆发展的压力以及增强国家经济发展与开放的弹性。

第四节 海岛经济模式演化形成的内在机理

一、地域经济影响机理

地域经济决定着海岛经济发展的宽度。作为临近陆地区域的海岛,是沿海经济拓展外部空间的重要平台,从实践证明来看,海岛经济面临的人口、资源与环境决定着海岛必须走海陆一体化发展路径。国内外地域经济影响着海岛经济拥有众多成功案例,例如新加坡已发展成为国际著名的转口港。国内案例代表如上海大、小洋山岛,具有良好的深水港条件,对上海经济的溢出效益显著。又如,广东南澳岛是东南沿海一带通商的必经泊点和中转站,又是对台和海上贸易的重要通道。还有位于香港、澳门和珠江三角洲之间的万山群岛,还有崇明岛、长岛、东山岛等各海岛都形成了海岛经济发展的特色模式。因此,单一海岛经济体的发展仅仅依靠自然资源发展远远不够,陆岛一体化发展模式的核心是促进经济发展要素在海岛与内陆之间的高效联动,这种高效联动需要完善的产业链协同,发挥海岛经济在开放性与海洋运输的便利化优势,实现岛陆区域经济的互动发展。一方面需要布局优势与特色产业,尤其是海洋战略性新兴产业,提升海洋产业的"亩均效益";另一方面在海岛地理空间上,有效组合陆岛两地的各种产业化生产要素,例如人才、资金、技术研发、中介服务等要素优势,从而实现两者空间上的融合发展。例如,宁波—舟山片区提出的要实现"甬舟一体化"岛陆发展战略。

二、资源禀赋影响机理

资源禀赋决定着海岛经济模式选择。资源优势是海岛开发与经济发展的内在驱动力,不同资源禀赋意味着海岛采取不同的经济发展模式。例如海洋牧场模式,中国海岛鱼类资源丰富,渔业种类繁多,为发展海洋牧场及相关海洋深海养殖产业提供了天然条件,如獐子岛海洋牧场模式。若海岛的主要构成成分是基岩,海岛海域拥有天然航道,岛岸线蜿蜒漫长,且海岛深水岸线占据多数等,这些资源禀赋就会导致海岛不易结冰,海岛港口池水开阔且避风,因此,海岛可选择港口物流发展模式。据国家资源部不完全统计,中国海岛共有337处适合建港。此外,海岛可利用港口条件发展临港生态工业,形成石化油品、船舶制造、海洋渔业等相关海岛产业链,进而形成临港工业岛、现代渔业岛等模式。最后,若海岛相对与世隔绝的地理位置和独特的自然风光构成了海岛丰富的自然旅游资源,使海岛具备发展旅游目的地等条件并能形成稳定的游客流量,这样的海岛适合滨海旅游发展模式。

三、环境保护影响机理

环境保护决定着海岛经济发展的可持续性与平衡性。首先,从海岛经济发展的可持续性而言,海岛生态环境保护是底线,强调因岛制宜和合理规划，依靠法制法规和科技进步构建海岛经济与环境的可持续发展系统，包括自然环境和经济环境两个组成部分，具体而言：在综合评价体系中应综合考虑海岛自然环境的人口承载能力和环境容量，同时，要关注海岛经济体的资源、人力、技术和资本等的综合评价。其次，从海岛经济发展的平衡性而言，要强调海岛经济发展规模不应超过生态环境的承载能力和生态系统的自净能力。以"海底森林"的生态发展模式为例，该模式主张海藻环境、海洋鱼类、海洋水质、海洋温度等综合平衡，实现海岛区域经济的"负碳发展"。中国国内较为典型的案例是山东长岛县的"负碳经济[①]"以及上海崇明岛的"生态科技岛"。国外的成功案例如爱德华王子岛，采取"经济平衡"发展战略，形成了以农业、渔业和旅游业为主，航天业、生物科学等新经济协调发展的产业化格局，最终实现了"人岛和谐"的可持续发展。

四、开放政策影响机理

开放政策的广度与深度决定着海岛经济发展的兴衰。海岛经济固有的局限性决定着海岛必须以"开放姿态"拓展海岛经济发展空间。顾朝林的早期研究提出了海岛经济的兴衰关键在于海岛对外开放与贸易出超程度[②]。从中国经济改革开放及发展历程来看，国家规定参与海岛开发与利用的外资必须经由国务院审批，这些管制约束政策限制了海岛招商引资活动，同时，由于海岛特殊地理单元，难以获得社会资本投入，加剧了海岛经济与大陆地区的经济发展的差距。国家海洋局曾出台一揽子海岛经济发展的扶持政策，明确规定"加快推动海岛的开发和开放"。以浙江为例，浙江省政府发布的《浙江省重要海岛开发利用与保护规划》中强调："以推进海岛开发开放为动力，以维护海洋生态平衡为前提，立足海岛自然资源条件，实施重要海岛分类开发与保护"。可见，海岛经济开放是海岛经济发展的主要驱动力。中国海岛开放政策反映的是人类保护海岛的生存环境和自然环境的共同利益和要求，要求人们合理开发、利用和保护海岛资源与生态环境，既满足当代人

[①] 负碳经济是一种以吸收转化二氧化碳为主要形态，使二氧化碳这一主要温室气体的排放量得到有效控制的经济模式。

[②] 顾朝林. 论海岛经济开发系统设计［J］. 地域研究与开发，1989（2）. 他在论文中提出了"传统农业及农副产品子系统""水资源综合开发子系统""供给充足的能源生产子系统""对外开放的贸易出超子系统""吸引外资、引进技术的资本供求子系统""以港口为中心的综合交通子系统"以及"出口导向型工业子系统"。强调海岛经济"开"则"通"，"通"则"活"，"活"则"兴"。

的需求又不对后代人的需求构成危害。中国早在2011年,公布了首批176个可开放开发利用无居民海岛名录,2011—2017年依法批准开发利用的无居民海岛有26个,在模式选择上以滨海旅游、交通运输和现代渔业为主(见表1-3)。

表1-3　　2011—2017年依法批准无居民海岛开发利用情况

序号	省份	海岛名称	用岛面积/公顷	主导用途	批准年份
1	辽宁省	大笔架山	3.19	旅游娱乐	2011
2		西沙坨子岛	1.42	渔业开发	2013
3		空坨子	0.06	渔业开发	2015
4	河北省	祥云岛	1 492.77	旅游娱乐	2011
5	山东省	桃花岛	0.40	旅游娱乐	2012
6	浙江省	旦门山岛	101.81	旅游娱乐	2011
7		大羊屿	26.54	旅游娱乐	2013
8		扁鳗屿	0.18	公共服务	2015
9		北一江山岛	0.46	公益服务	2017
10		担峙岛	0.38	交通运输	2017
11	福建省	箭屿	1.51	旅游娱乐	2013
12		小岁屿	8.67	交通运输	2012
13		连江洋屿	8.43	旅游娱乐	2012
14		东埔石岛	5.12	工业仓储	2015
15		黄官岛	0.26	旅游娱乐	2017
16		西洛岛	0.64	道路广场	2017
17		火烧屿	3.10	施工期用岛	2017
18		大兔屿	5.09	施工期用岛	2017
19	广东省	大三洲	1.50	旅游娱乐	2013
20		小三洲	1.73	旅游娱乐	2013
21		三角岛	96.51	公共服务	2016
22	广西壮族自治区	大娥眉岭	0.95	交通运输	2011
23		横山墩	0.22	桥梁	2017
24		蟾蜍墩	0.26	桥梁	2017
25		草埠岛	0.41	桥梁	2017
26	海南省	东锣岛	11.36	旅游娱乐	2012

数据来源:中国海岛网《2016年海岛统计调查公报》和《2017年海岛统计调查公报》。

第五节 国家"海丝"倡议对海岛经济的影响

一、互联互通扩展了海岛经济政策合作空间

"互联互通"是 21 世纪"海上丝绸之路"倡议实施的重要内容,包括能源、基础设施、交通物流、对外经贸、金融、人才、技术等领域,"互联互通"需要匹配海上的大通道、大产业与大经济。海岛作为海洋经济的重要地理单元,承担着"海上丝绸之路"倡议建设的重任,海岛经济的发展对提升港口物流集散功能以及信息化运用水平奠定了基础。此外,贸易和资金的"互联互通"能够拓展政府层面合作关系,促进各国政府部门就能源、金融、环境保护、防灾减灾、公共服务、科研、管理等政策和规划进行成分沟通。海岛可以利用其地理单元的相对独立性,通过自由贸易区、保税区等"改革"政策,在贸易便利化、金融管制、投资便利化等层面"先行先试"。在具体合作领域上,要构建一揽子大型合作项目库及备忘录,通过互联互通的制度和统一标准,构建各国政府间长效化的合作机制,需要具有"海岛"物理空间载体去承接和实施开放性的投资项目。

二、国际产能合作延展了海岛产业海外市场

国际产能合作有利于促进海岛优势产能对外合作。在产业布局层面,临港工业岛的支柱产业——船舶制造、临港装备、电子信息、五金、石化能源等,均是中国在实施"一带一路"倡议下,国际产能合作的重点领域。具体而言:首先,以船舶产业为观测对象,国际产能合作可以在巩固中低端船舶市场基础上,扩展中高端船舶、特种船舶以及海洋工程装备市场,提升中高端船舶的研发、设计和制造能力,促进船舶产业港口服务体系的逐步完善。以舟山市岱山岛为例,凭借优越的港口岸线资源,崛起了傲视全球的船舶制造业,具有船舶修造(船配)企业 44 家,其中两家为世界 20 强船企。此外,针对石化产业,国际产能合作有助于充分发挥海岛化工技术和产能优势,在市场需求大、资源条件好的发展中国家,加强资源开发和产业投资,建设石化、化肥等生产线,有助于开展化工下游精深加工,延伸产业链。以宁波大榭岛为例,大榭岛功能定位为世界一流的石化产业基地、中国东部沿

海重要的能源中转基地、中国海岛开发开放示范区、宁波—舟山港重要组成部分。全岛实有各类企业中经营范围涉及石化项目的占到了近三分之一。

三、国际金融合作强化了海岛资本避税作用

国际金融合作是指为降低金融问题累积触发金融风险,国际经济金融组织与各主权国家或各主权国家之间,通过相互间的信息交流与磋商,在金融监管、政策协调、金融行动等方面采取共同步骤和措施集合。国际金融合作在"一带一路"倡议中占据着举足轻重的地位,能够进一步强化海岛减免税政策带来的积极作用,适宜的国际金融合作安排能够动员沿线、沿路各国参与,拉动区内各国政府、金融机构、私人资本的投入。经济发展,金融先行。海岛经济的发展需要更多的资金来源,国际金融合作能够进一步拓宽境外资本流动渠道,促进国际市场金融资源的便利流动和优化配置。中国海岛众多,海岛及其周围海域具有丰富的海产、矿产资源和独特的旅游资源等,但由于海岛经济基础差,建设起步晚,投资周期长等特点,至今很多海岛仍处于相对落后状态。为加快海岛开发,国家规定大部分海岛可享受国家和省有关扩大开放的各项免税和减税政策,相关减免税政策增加了海岛财政收入,解决了海岛资金匮乏的问题,吸引了各国先进技术和设备的流入,刺激了相关部门的配套发展,扩大了海岛经济发展规模。以宁波梅山保税岛区为例,梅山定位于"一带一路"倡议和长江经济带国家重要功能承载区、港口经济圈核心功能区、高水平对外开放新门户、智能经济发展示范区、高端港航物流服务集聚区,随着国际金融合作的深入,梅山保税作用会进一步强化,对境外资本的磁力会大幅增强。

四、国际能源合作强化了海岛港航物流功能

国际能源合作是"一带一路"倡议的重要组成部分。各国能源资源禀赋不均衡,要打破地域壁垒,推动能源资源贸易便利化,降低交易成本,解决部分国家能源供应紧张的局面,关键在于运输。廉价、载运量大、实用的水路运输更具有可操作性。据专家计算,全球经济每增长1%,将每天需要40万桶石油的支持。而作为石油运输的主要方式,水路运输完成了92%的油品贸易。

例如2014年5月,中俄两国在上海达成价值4 000亿美元的《中俄东线供气购销合同》,能源的主要输入方式以水路为主。随着国际能源合作日益增强,"一带一路"沿线国家和地区主要港口的交流与协作会更加密切,大宗能

源和原材料的运输需求大幅增长,国际海上运输航线和航班密度会日益增多,大批能源港口将会出现,能源贸易促使各大港口之间往来更加频繁,从而拓展了海岛港口的发展网络,国际能源合作也带来了海岛仓储、运输、管理等一系列软硬件设施的完善,对增强海岛港口物流枢纽集散功能,完善海岛港口物流国际中转功能具有重要作用。例如,为满足当今世界超大型油轮的靠泊,继宁波大榭港区的实华二期45万吨级码头之后,位于舟山群岛新区册子岛的舟山实华原油码头二期项目45万吨级码头,将于2018年5月建成投入使用,该码头的建成投产将进一步增强宁波—舟山港的原油接卸能力,巩固宁波—舟山港原油中转基地的地位,提升宁波—舟山港的竞争能力。

第二章

可持续性评价：有居民海岛经济发展

第一节 指标体系构建的基本前提和依据

建立海岛经济的可持续发展指标体系，关键在于确定相关的定量指标，能科学、全面地反映海岛经济可持续发展综合情况。主要依据国家海洋局公布的关于海岛统计报表以及现有研究团队对海岛可持续发展评价指标体系。指标体系的构建基本前提及原则在于两点：第一，指标体系要具备科学有效性、灵敏性、代表性与主观性。第二，指标体系构建要具备评价的可操作性、层次性、数据易获得性以及评价动态性。

第二节 可持续发展指标体系研究现状

国内外许多机构和学者对可持续发展评价体系进行了大量而深入地研究，总体上强调系统性的指标体系、社会发展、经济发展、生态环境（生物物理）四类指标。对于地理单元结构相对简单、海岛居民人口、资源和经济规模的限制而不能建立起一个完整的经济、社会发展体系的海岛而言，用这四类指标来评价海岛经济的可持续发展状况并不合适。李金克和王广成从海岛地区的社会经济、海洋产业、资源、环境和发展潜力等5个领域，运用21个指标构建了海岛可持续发展的评价指标体系，但是该指标体系没有涉及教育和管理等方面，也没有给出评价指标体系的具体评价方法。柯丽娜等从生存资源支持、生态环境支持、经济发展支持、社会与智力支持四个层面选取了 26 个指标。最后，郭惠丽等从环境支持系统、资源支持系统、社会经济发展支持系统和智力支持系统 4 个方面选取了 35 个具体指标。2016 年国家海洋信息中心组织团队编制并发布中国海洋发展指数（China Ocean Development Index，ODI）[1]。2017 年，海岛中心联合海洋一所、信息中心和技术中心等单位共同编制完成并发布了《海岛生态指数及发展指数评价研究报告》，提出了海岛生态指数和海岛发展指数两个"指数"，分别构建了 IEI[2] 和 IDI[3] 两个指数体系。为此，综合考虑了海岛经济发展的"生态保护"和"经济发展"两个维度，基于已有的文献及国家海洋局制定的《海岛统计报表制度》（以下简称"报表"），针对有居民海岛，构建更加全面合理的不同类型海岛经济发展指标评价体系，并采用可变模糊集法评价方法，为中国海岛可持续发展评价提供一个新的思路。

第三节 可持续发展指标体系构建

参考已有研究文献及国家海洋局制定的《海岛统计报表制度》（下简称"报表"），经过初步的整理、归纳和筛选，共选取了 68 个相关指标，包括气候条件、海洋灾害情况、生物状态、主要污染物、空气质量、海岛交通、防

---

[1] 中国海洋发展指数是反映中国海洋经济与海洋事业整体发展的综合性指数，由经济发展、社会民生、资源支撑、环境生态、科技创新和管理保障 6 个方面组成（见附表 1）。

[2] 参阅：丰爱平，张志卫. 海岛生态指数和发展指数评价指标体系设计与验证［M］. 北京：海洋出版社，2019. 海岛生态指数（Island Ecological Index，IEI）是衡量一定时期内某个海岛生态状态的综合评价指数，主要反映海岛生态环境、生态利用与生态管理的情况。通过生态指数评价，可直观反映当年海岛生态系统状态，进而对比不同年份生态指数的波动，反映海岛生态系统状态变化情况和保护效果。包括海岛生态环境、生态利用、生态管理三方面内容，并设置负向指标；包含 4 个一级指标，9 个二级指标，10 个三级指标（见附表 2）。

[3] 参阅：丰爱平，张志卫. 海岛生态指数和发展指数评价指标体系设计与验证［M］. 北京：海洋出版社，2019. 海岛发展指数（Island Development Index，IDI）是衡量一定时期某个海岛综合发展状况的评价指数，主要反映海岛经济发展、生态环境、社会民生、文化教育、社区治理总体发展水平。通过发展指数评价，可直观反映当年海岛发展状况，进而对比不同海岛发展指数，反映岛间发展状况差异。指标包含 5 个一级指标，9 个二级指标，18 个三级指标；同时设置了特色保护、海岛品牌创建、资源循环利用等综合成效指标，设置了重大事故等其他指标（见附表 3）。

第二章 可持续性评价：有居民海岛经济发展

灾减灾设施、公益设施、污染防治、产业结构、经济效益、经济总量、资源利用、生活质量、社会风险和社会保障、人口、教育、卫生、产业、创新等诸多方面。在可持续发展评价指标体系构建上，体系分为总体层、系统层和指标层三个层次。总体层代表着海岛可持续发展战略实施的总体态势和效果，表达可持续发展的总体能力。系统层设立了自然条件、生态环境、经济发展、社会发展、民生保障及创新评价等指标，用于评价可持续发展进程中海岛居民生存基础、经济、社会、生态环境和可持续发展潜力的状况。指标层是系统层的支撑指标，指标层的所有指标都由具体的量化指标构成（见表2-1）。

表2-1　　　　　　　　海岛可持续发展评价指标体系

一级指标	二级指标	三级指标	三级指标代码	权重	数据来源
自然条件	地理状况	人均海岛面积			
		人均滩涂面积			
		与大陆距离			
	气候条件	年均降水量			报表
		全年风速大于8级的时点数			报表
		年日照时数			报表
	海洋灾害情况	海洋灾害发生次数			报表
		海洋灾害损失占海岛GDP比重			
	淡水和电力情况	人均淡水资源占有量			报表
		年人均用电量			报表
生态环境指标	生物状态	森林覆盖率			报表
		物种多样性指数			
		物种均匀度			
	近海海水主要污染物浓度	COD			
		无机氮			
		石油类			
		活性磷酸盐			
	空气质量	超净排放水平			
		PM2.5空气质量指数（AQI）			
	资源利用	3A、4A、5A旅游区总数量			
		基本农田保护率			
		清洁能源覆盖率			

续表

一级指标	二级指标	三级指标	三级指标代码	权重	数据来源
经济发展指标	产业结构	第一产业增加值占GDP比重			
		第二产业增加值占GDP比重			
		第三产业产值占GDP比重			
	经济效益	人均财政收入			报表
		万元GDP能源的消耗量			
		人均城乡居民储蓄存款余额			
	经济总量	人均财政支出			报表
		人均进出口贸易增长率			
		GDP增长率			
		人均GDP			
社会发展指标	人口	户籍人口总数			报表
		人口自然增长率			
	教育	九年义务教育完成率			
		人均受教育年限			
	生活质量	户籍人口人均可支配收入			
		户籍人口人均消费额			
		恩格尔系数			
	社会风险和社会保障	公检法立案件数			
		基本医疗保险覆盖率			
		失业保险覆盖率			
		基本养老保险覆盖率			
	卫生	每千人口医院床位数			
		每千人口医生数			
民生保障指标	交通	连岛桥梁数目			报表
		公路网密度			
		港口码头数量			报表
	防灾减灾设施	防灾减灾设施数量			报表
		防波堤长度			报表
		海塘长度			报表
	公益设施	助航导航设施数量			报表
		测量点数量			报表

续表

一级指标	二级指标	三级指标	三级指标代码	权重	数据来源
民生保障指标	公益设施	气象观测设施数量			报表
		海洋监测站总数量			报表
		地震监测站数量			报表
	污染防治	年污水处理率			报表
		年垃圾处理率			报表
创新评价指标	创新资源	R&D 经费占海岛 GDP 的比重			
		R&D 人员占年平均从业人员比重			
	知识创造	每万从业人员发明专利申请数			
		每万从业人员发明专利授权数			
	企业创新	规模以上企业 R&D 经费占销售额的比重			
		规模以上企业主营业务收入中新产品所占比重			
	创新环境	每千人口律师数			
		当地研究与培训专业服务状况			
	创新绩效	知识密集型服务业增加值占 GDP 的比重			
		高技术产业出口占制造业出口的比重			

注：（1）物种均匀度：物种均匀度是指某一群落或生境中全部物种个体数目的分配状况，其反映了各物种个体数目分配的均匀程度。物种均匀度 = H/Hmax，其中 H 为实际观察的物种多样性指数，Hmax 为最大的物种多样性指数，Hmax = LnS（S 为群落中的总物种数）。

（2）物种多样性指数：物种多样性指数本文选取 Gleason（1922）指数，即物种多样性指数 = S/lnA，其中 A 为单位面积，S 为每升海水中的物种数目。

（3）超净排放水平：超净排放是指在现行排放标准下，通过传统技术的优化改进，将燃煤电厂排放标准进一步提高，达到燃机排放标准，即氮氧化物≤50 毫克/立方米，二氧化硫≤35 毫克/立方米，烟尘≤5 毫克/立方米。超净排放水平用现有污染物排放浓度/燃机排放标准浓度衡量。

（4）基本农田保护率：基本农田保护率 = 基本农田面积/耕地面积。

（5）清洁能源覆盖率：清洁能源包括核能、水力发电、风力发电、太阳能、生物能（沼气）、地热能（包括地源和水源）、海潮能等，清洁能源覆盖率指清洁能源发电量与总发电量之比。

（6）恩格尔系数：食品支出总额占个人消费支出总额的比重。

（7）公路网密度：每万人所拥有的公路总里程数。

（8）年污水处理率：经过处理的生活污水、工业废水量占污水排放总量的比重。污水处理率 = 污水处理量÷污水排放总量×100%。

（9）年垃圾处理率：垃圾无害化处理量占生活垃圾总量的比率。

（10）当地研究与培训专业服务状况：职业技能培训机构（包括高等教育）年培训人次/户籍人口数。

一、自然条件指标

海岛的区位优势也必将转化为经济价值而成为一种优势资源。为此设置海岛距大陆的距离指标。为衡量海岛的气候状况，我们设置年均降水量、全年风速大于 8 级的时点数、年日照时数等指标。2017 年，国家海洋局副局长孙书贤在全国海洋防灾减灾宣传活动上表示，中国是世界上受海洋灾害影响最严重的国家之一。据不完全统计，2001—2016 年，中国海洋灾害造成的直接经济损失超过了 2 010 亿元。中国面临的海洋灾害种类繁多，包括风暴潮、海浪、海冰、海啸、海平面上升、海岸侵蚀、赤潮等等。为此，我们设置了海洋灾害发生次数和海洋灾害损失占海岛 GDP 比重指标，包括灾害性海浪、风暴潮、赤潮发、绿潮、海啸等。由于海岛大多数是小而分散的地理单元，丰富的淡水资源可以有效地防止海水倒灌，同时也有利于资源的再生。因此设立人均淡水资源占有量指标。电已经渗透到人类生活的每一个角落。在现代工业、农业及国民经济的其他各部门中，电力也是主要的动力来源。居民对生活用电的需求日益增长。因此设置了年人均用电量指标来衡量电力供给能力（见表 2-2）。

表 2-2　　自然条件指标评价标准及其确定点隶属度

二级指标	三级指标	单位	隶属度				
			0~1.5	1.5~2.5	2.5~3.5	3.5~4.5	4.5~5
地理状况	人均海岛面积	平方米					
	人均滩涂面积	平方米					
	与大陆距离	千米					
气候条件	年均降水量	毫米					
	全年风速大于 8 级的时点数	小时					
	年日照时数	小时					
海洋灾害情况	海洋灾害发生次数	次					
	海洋灾害损失占海岛 GDP 比重	%					
淡水和电力情况	人均淡水资源占有量	立方米					
	年人均用电量	千瓦时					
评级描述			很弱	较弱	中等	较强	很强

二、生态环境指标

海岛属于地域结构简单的独立单元，生态系统具有脆弱性、生物多样性、稳定性差等特征。首先，森林是各种动植物的栖息地，对于生物多样性的保护具有重要的意义，可以设置森林覆盖率指标。其次，保护生物多样性，维护生态平衡是维持海岛经济发展的基础，可以充分发挥持续利用的潜力，保护渔业资源的再生能力，设置物种多样性指数和物种均匀度指标。由于近年来沿岸城镇生活用水和工业废水的大量排放，以及港、湾船只的含油废水的排放严重污染了海岛周围的海水水质，为衡量海岛水质状况，设立海水主要污染物 COD、无机氮、石油类、活性磷酸盐等浓度指标。为衡量海岛资源开发利用状况，设立 3A、4A、5A 旅游区的总量、基本农田保护率及清洁能源覆盖率三个指标。为此，设置中央财政投资总额（万元）、地方投资、企业投资、个人投资四个指标来反映政府及个人为海岛生态修复所做的努力（表 2-3）。

表 2-3　　　　生态环境指标评价标准及其确定点隶属度

二级指标	三级指标	单位					
生物状态	森林覆盖率	%					
	物种多样性指数						
	物种均匀度						
近海海水主要污染物浓度	COD	mg/L					
	无机氮	mg/L					
	石油类	mg/L					
	活性磷酸盐	mg/L					
空气质量	超净排放水平						
	PM2.5 空气质量指数（AQI）						
资源利用	3A、4A、5A 旅游区总数量	个					
	基本农田保护率	%					
	清洁能源覆盖率	%					
	评级描述		隶属度				
			0~1.5	1.5~2.5	2.5~3.5	3.5~4.5	4.5~5
			很弱	较弱	中等	较强	很强

三、经济发展指标

海洋产业可持续发展的总体目标是改善和优化产业结构，科学、合理地进行产业布局，实现海洋产业的可持续发展。为此，设置第一、二产业增加值占 GDP 比重及第三产业产值占 GDP 比重指标，反映海岛的产业结构情况。财政收入是衡量地方政府财力的重要指标，是政府为履行其职能、实施公共政策和提供公共物品与服务需要而筹集的一切资金的总和。在经济学中，"外部性问题"（环境污染、国防）、"公共物品问题"（基建、公共设施）、"垄断问题""信息不对称问题"（专业行业：金融、医疗）以及"社会分配不公问题"需要政府这只有形的手才能解决，地方政府财力决定着其可实施什么样的海岛经济发展计划。财政支出是政府为提供公共产品和服务，满足社会共同需要而进行的财政资金的支付。地方财政支出通常是指地方为实现其各种职能，由财政部门按照预算计划，将国家集中的财政资金向有关部门和方面进行支付的活动。因此，设定海岛人均 GDP（元/人）和海岛 GDP 增长率、人均财政支出、进出口贸易增长率、万元 GDP 能源的消耗量和人均城乡居民储蓄存款余额来反映海岛经济发展的总量和效益（见表 2-4）。

表 2-4　　经济发展指标评价标准及其确定点隶属度

二级指标	三级指标	单位					
产业结构	第一产业增加值占 GDP 比重	%					
	第二产业增加值占 GDP 比重	%					
	第三产业产值占 GDP 比重	%					
经济效益	人均财政收入	千元/人					
	万元 GDP 能源的消耗量	吨/万元					
	人均城乡居民储蓄存款余额	万元					
经济总量	人均财政支出	千元/人					
	人均进出口贸易增长率	%					
	GDP 增长率	%					
	人均 GDP	万元/人					
评级描述			隶属度				
			0~1.5	1.5~2.5	2.5~3.5	3.5~4.5	4.5~5
			很弱	较弱	中等	较强	很强

四、社会发展指标

设置人口、教育、生活质量、社会风险和社会秩序、卫生五个二级指标来反映海岛社会发展的状况。(1) 关于海岛人口状况评价。人口总数对于制订人口计划和经济、社会发展计划，进行人口科学研究，都有十分重要的意义；人口自然增长率反映了人口发展速度，可以用来反映人口对海岛可持续发展的影响。(2) 受教育状况的评价。受教育状况是人口的一个重要特征，也是反映人口质量的一项重要内容。一个国家或地区人口的受教育状况往往标志着该区域的社会经济发展的程度，受教育状况越好的区域，人口素质、社会经济发展水平和文明程度一般也越高。设置九年义务教育完成率和人均受教育年限两个指标。人均受教育年限是衡量全面建设小康社会教育发展水平的指标，可以反映海岛居民精神生活水平。中国一般选用6岁及6岁以上人口平均受教育水平作为判断国民受教育水平的依据。(3) 关于生活质量的评价。户籍人口人均可支配收入是消费开支的最重要的决定性因素，因而常被用来衡量一个地区居民生活水平的变化情况。因此，设置户籍人口年人均可支配收入、户籍人口年人均消费额、恩格尔系数三个指标来反映海岛居民的生活质量水平。(4) 关于社会风险的评价。由于每个人都可能面临生病、早逝、残疾、失业或老年生活发生困难的状况，因而社会保障风险是难以完全避免的。设置公检法立案案件数、基本医疗保险覆盖率、失业保险覆盖率和基本养老保险覆盖率四个指标来衡量海岛居民的社会保障风险。(5) 关于卫生的评价。一个地区的医疗卫生水平对居民的身体健康与生命安全有着重要影响。海岛卫生保障的情况可设置每千人口医院床位数和每千人拥有的医生数两个指标（见表2-5）。

表2-5　　　　社会发展指标评价标准及其确定点隶属度

二级指标	三级指标	单位	Y~Y				
人口	人口总数	万人	0~1	1~5	5~20	20~50	≥50
	人口自然增长率	‰	<0 或 >20	0~3 或 18~20	3~6 或 14~18	6~8 或 12~14	8~12
教育	九年义务教育完成率	%	0~50	50~60	60~80	80~90	≥90
	人均受教育年限	年	0~6	6~9	9~12	12~16	≥16
生活质量	户籍人口年人均可支配收入	万元	0~2.0	2.0~4.0	4.0~6.0	6.0~8.0	≥8.0
	户籍人口年人均消费额	万元	0~0.5	0.5~1.0	1.0~2.0	2.0~4.0	≥4.0
	恩格尔系数	%	59~100	50~59	40~50	30~40	0~30

续表

二级指标	三级指标	单位	Y ~ Y				
社会风险和社会保障	公检法立案案件数	个	40 ~	30 ~ 40	20 ~ 30	10 ~ 20	0 ~ 10
	基本医疗保险覆盖率	%	0 ~ 20	20 ~ 40	40 ~ 60	60 ~ 80	80 ~ 100
	失业保险覆盖率	%	0 ~ 20	20 ~ 40	40 ~ 60	60 ~ 80	80 ~ 100
	基本养老保险覆盖率	%	0 ~ 20	20 ~ 40	40 ~ 60	60 ~ 80	80 ~ 100
卫生	每千人口医院床位数	个	0 ~ 1	1 ~ 2	2 ~ 4	4 ~ 6	≥6
	每千人拥有的卫生技术人员数	人	0 ~ 1	1 ~ 3	3 ~ 5	5 ~ 7	≥7
评级描述			隶属度				
			0 ~ 1.5	1.5 ~ 2.5	2.5 ~ 3.5	3.5 ~ 4.5	4.5 ~ 5
			很弱	较弱	中等	较强	很强

五、民生保障指标

交通作为城市的重要功能，也是人类的基本需求。为此，公路网密度、港口码头数量、连岛桥梁数目三个指标反应海岛的交通情况。中国面临的海洋灾害种类繁多，为此，设置了防灾减灾设施数量、防波堤长度、海塘长度等防灾减灾设施情况指标。海岛居民的生活质量有赖于海岛基础设施的建设情况。气象观测、海洋监测、地震监测有助于海岛提前为海洋灾害做好准备，为此我们设置助航导航设施数量、气象观测设施数量、海洋监测站总数量、地震监测站数量等三级指标。近年来，海岛经济得到快速发展，海岛垃圾和水环境污染问题也随之而来，影响海岛景观，威胁航行安全，海岛生态系统的健康及海岛居民的生活受到严重影响。为此设置污染防治情况二级指标，设置年垃圾处理率和污水处理率指标两个三级指标（见表 2 - 6）。

表 2 - 6　　　　居民生存指标评价标准及其确定点隶属度

二级指标	三级指标	单位					
交通	连岛桥梁数目	个					
	公路网密度	km/万人					
	港口码头数量	个					
防灾减灾设施	防灾减灾设施数量	座					
	防波堤长度	次					
	海塘长度	个					

第二章　可持续性评价：有居民海岛经济发展

续表

二级指标	三级指标	单位					
公益设施	助航导航设施数量	千米					
	测量点数量	千米					
	气象观测设施数量	个					
	海洋监测站总数量	个					
	地震监测站数量	个					
污染防治	年污水处理率	%	0~50	50~70	70~85	85~95	95~100
	年垃圾处理率	%	0~50	50~70	70~85	85~95	95~100
评级描述			隶属度				
			0~1.5	1.5~2.5	2.5~3.5	3.5~4.5	4.5~5
			很弱	较弱	中等	较强	很强

六、创新评价指标

参考《国家创新指标体系》报告，从创新资源、知识创造、企业创新、创新环境、创新绩效五个方面评价海岛的创新发展能力。（1）关于创新资源评价，评价体系设立科研与发展经费占海岛比重这一指标，反映海岛创新资金投入强度。R&D 活动经费投入强度即 R&D 经费占 GDP 的比重，是衡量一个国家、地区和企业科技投入规模和重视程度的最常用、最重要的指标。高科技人才的培养与使用，可以为海岛可持续发展提供智力支持，可以保障科技成果的顺利转化。同时，设立了技术人才占从业人员的比重指标，反映海岛创新人力资源投入强度。（2）关于知识创造的评价。设立发明专利申请数和发明专利授权数两个指标来反映海岛的自主创新能力和技术产出效率。（3）关于企业创新的评价。采用规模以上企业研究发展经费与工业增加值的比例指标来测量企业的创新投入强度，规模以上企业主营业务收入中新产品所占比重指标来反映企业的产品创新能力。（4）关于创新环境评价。司法水平一定程度上可以衡量知识产权的保护能力，但由于缺乏可获得的相应数据，只能选取能间接反映司法水平的律师比例，另外设立当地研究与培训专业服务状况指标。（5）关于创新绩效的评价。知识密集型服务业（KIBS）是指那些知识密集度高，依靠新兴技术与专业知识，具有较明显的客户互动特征的商业性公司或组织。主要涉及金融服务业、信息与通信类、科技服务业和商务服务业等。知识密集型服务业增加值占 GDP 的比重指标反映海岛的知识密集型服务业发展水平，用来测度海岛经济产出中的知识含量大小和产业结构升级水平。高技术产业出口占制造业出口的比重指标反映了海岛高技术产品的国际竞争力和技术创新活动对改善经济结构的作用（见表2-7）。

表2-7　　　　创新指标评价标准及其确定点隶属度

二级指标	三级指标	单位	~				
创新资源	R&D经费占海岛GDP的比重	%	0~0.8	0.8~1.5	1.5~2	2~2.5	≥2.5
	R&D人员占年平均从业人员比重	%	0~1	1~2	2~3	3~4	≥4
知识创造	每万从业人员发明专利申请数	项	0~5	5~10	10~15	15~20	≥20
	每万从业人员发明专利授权数	项	0~5	5~10	10~15	15~20	≥20
企业创新	规模以上企业R&D经费占销售额的比重	%	0~0.5	0.5~0.8	0.8~1.1	1.1~1.5	≥1.5
	规模以上企业主营业务收入中新产品所占比重	%	0~5	5~10	10~15	15~20	≥20
创新环境	每千人口律师数	人					
	当地研究与培训专业服务状况	人次					
创新绩效	知识密集型服务业增加值占GDP的比重	%	0~15	15~30	30~40	40~60	≥60
	高技术产业出口占制造业出口的比重	%	0~5	5~10	10~18	18~25	≥25
评级描述			隶属度				
			0~1.5	1.5~2.5	2.5~3.5	3.5~4.5	4.5~5
			很弱	较弱	中等	较强	很强

第四节　海岛评价理论的引入

由于海岛评价的各个指标价值与指标实际的检测值之间存在模糊隶属关系，结合模糊数学中"隶属度"的定义，采取模糊综合评价法来评价海岛经济可持续发展的状况。具体为：设定海岛可持续发展评价对象 u，根据 m 个指标按 n 个级别的指标标准进行识别，形成多指标、多级别的指标标准区间矩阵（见公式2.1）：

$$Y_1 = \begin{pmatrix} <a_{11} & [a_{11},b_{11}] & [a_{12},b_{12}] & \cdots & >b_{1(n-1)} \\ <a_{21} & [a_{21},b_{21}] & [a_{22},b_{22}] & \cdots & >b_{2(n-1)} \\ \cdots & \cdots & \cdots & \cdots & \cdots \\ <a_{m1} & [a_{m1},b_{m1}] & [a_{m2},b_{m2}] & \cdots & >b_{m(n-1)} \end{pmatrix} \quad （公式2.1）$$

其中：a_{ij} 和 b_{ij} 分别为海岛评价第 i 个指标级别 j 标准值区间的上、下限值。

将海岛可持续发展综合能力分为 5 个等级——可持续发展很弱（1级）、可持续发展较弱（2级）、可持续发展中等水平（3级）、可持续发展较强（4级）、可持续发展很强（5级），单项指标标准值按这5个级别分别确定。可持续发展5个等级分别对应海岛可持续发展标准等级值1级、2级、3级、4级和5级。此时 $n=5$，共有 68 个指标，故 $m=68$。在每个指标、每个级别 j 的指标标准区间范围内，必存在一点 y_{ij} 使得其对于级别 j 的相对隶属度等于1，定义 y_{ij} 为指标 i、级别 j 的指标标准值，将海岛可持续发展评价指标标准区间矩阵 Y_1 转化成多指标标准特征值矩阵（见公式2.2）：

$$Y_2 = (y_{ij})_{m \times n} = \begin{pmatrix} y_{11} & y_{12} & \cdots & y_{1n} \\ y_{21} & y_{22} & \cdots & y_{2n} \\ \cdots & \cdots & \cdots & \cdots \\ y_{m1} & y_{m2} & \cdots & y_{mn} \end{pmatrix} \quad （公式2.2）$$

其中，y_{ij} 根据下述海岛评价对象各指标对各等级优劣的隶属程度公式确定（见公式2.3）：

$$y_{ij} = \frac{n-j}{n-1} \cdot a_{ij} + \frac{j-1}{n-1} \cdot b_{ij} \quad （公式2.3）$$

一、计算可持续发展评价对象对级别的单指标级别隶属度

设海岛可持续发展评价对象 u 指标 i 的特征值 x_i 落入 j 与 $j+1$ 级相对隶属度为1的特征值矩阵的标准值区间 $[y_{ij}, y_{i(j+1)}]$ 内，则 x_i 对 j 级的相对隶属度见公式2.4：

$$\mu_{ij}(u) = \frac{y_{i(j+1)} - x_i}{y_{i(j+1)} - x_i}, j = 1, \cdots, n \quad （公式2.4）$$

根据对立统一可变模糊集定理，级别 j 与 $j+1$ 构成对立模糊概念，因此

得出公式 2.5：

$$\mu_{ij}(u) + \mu_{i(j+1)}(u) = 1 \qquad (公式2.5)$$

二、计算待评对象对级别的综合相对隶属度

设 z_i 是海岛可持续发展综合评价指标 i 对于级别 j 位于 z_l 与 z_r 之间的一点，z_l 为左端点，z_r 为右端点，则 z_i 与 z_l, z_r 两端的多指标广义权距离见公式 2.6：

$$d_j(z_l, z_i) = \left\{ \sum_{i=1}^{m} [\omega_i [1 - \mu_{ij}(u)]]^p \right\}^{1/p}$$

$$d_j(z_i, z_r) = \left\{ \sum_{i=1}^{m} [\omega_i [1 - \mu_{i(j+1)}(u)]]^p \right\}^{1/p} = \left\{ \sum_{i=1}^{m} [\omega_i \mu_{ij}(u)]^p \right\}^{1/p}$$

$$(公式2.6)$$

其中：p 为距离参数，$p=1$ 为海明距离，$p=2$ 为欧氏距离，ω_i 为指标 i 的综合权重。

则可持续发展评价海岛 u 对级别 j 的多指标综合相对隶属度 $v_j(u)$ 见公式 2.7：

$$v_j(u) = \frac{1}{1 + \left[\dfrac{d_j(z_l, z_i)}{d_j(z_i, z_r)} \right]^{\alpha}} \qquad (公式2.7)$$

其中：α 为优化准则参数，$\alpha=1$ 相当于最小一乘方，$\alpha=2$ 为最小二乘方优化准则。

三、计算待评对象的级别特征值

在模糊概念分级条件下，用最大隶属原则对级别归属进行识别，容易导致最后评价结果的错判，应用 Griffith（1993）和 Koonjul（2004）提出的级别特征值公式，充分表达 j 与 $v_j(u)$ 分布列的整体特征，利用级别变量 j 隶属于各等级的相对隶属度信息，作为可变模糊集理论判断、识别、决策的准则（见公式 2.8）。

$$H(u) = \sum_{j=1}^{n} v_j(u) \times j \qquad (公式2.8)$$

再根据 $H(u)$ 值最终判定海岛可持续发展水平，类别判断准则见表 2-8。

表 2-8　　　　　　　　海岛可持续发展评价级别判断准则

等级	可持续发展级别	H 取值范围
1	可持续发展很弱	[0, 1.5)
2	可持续发展较弱	[1.5, 2.5)
3	可持续发展中等	[2.5, 3.5)
4	可持续发展较强	[3.5, 4.5)
5	可持续发展很强	[4.5, 5]

四、评价指标权重确定

评价指标的权重反映了各评价指标属性值的差异程度和可靠程度，直接影响评价结果。从国内外研究文献来看，确定权重的方法主要有主观赋权法、客观赋权法以及两者结合的综合赋权法三类。主观赋权法是根据决策者主管信息进行赋权，主要包括二项系数法、层次分析法、专家调查法等；客观赋权法决策者无任何信息，各个目标根据一定的规则进行自动赋权，主要包括主要成分法、熵技术法、多目标规划法等。主观赋权法反映了决策者的意向，但决策或评价结果有很大的主观性。客观赋权法要依赖于足够的样本数据和实际的问题域，通用性和可参与性差，计算方法也比较复杂，而且不能体现评判者对不同属性指标的重视程度。本书侧重于指标体系的建立，赋权方法以层次分析法为例来确定各指标权重，本书的指标体系也适用于其他赋权方法。在专家打分的基础上，根据层次分析法 1~9 标度对各指标间的重要性进行量化分析。

（一）建立层次结构模型

要使用层次分析法，首先要将所包含的因素分组，每一组作为一个层次，按照最高层、中间层和最底层的形式排列起来。其中，最高层表示解决问题的目的，即海岛可持续发展评价；中间层表示采用某些要素来实现目标所需要的中间环节；最底层则是海岛的各监测指标。

（二）构造判断矩阵并求最大特征根和特征向量

建立判断矩阵是自上而下计算某一层次各因素对上一层某个因素的相对权重，分别构造出 A~B、B~C、C~D 判断矩阵。判断矩阵的数值是根据数据资料、专家意见，标度 1~9，对重要判断结果进行量化（表 2-9）。

表 2 – 9　　　　　　　　　判断矩阵标度及其含义

重要性等级	赋值
i，j 两元素同等重要	1
i 比 j 元素稍重要	3
i 比 j 元素明显重要	5
i 比 j 元素强烈重要	7
i 比 j 元素极端重要	9
i 比 j 元素稍不重要	1/3
i 比 j 元素明显不重要	1/5
i 比 j 元素强烈不重要	1/7
i 比 j 元素极端不重要	1/9

注：{2，4，6，8，1/2，1/4，1/6，1/8} 表示重要性等级介于 {1，3，5，7，9，1/3，1/5，1/7，1/9} 之间。这些数字根据人们定性分析的直觉和判断力而确定，然后计算各矩阵的最大特征值和特征向量。

（三）计算判断矩阵的一致性检验

为检验矩阵的一致性，定义 $CI = \dfrac{\lambda_{\max} - n}{n - 1}$，当完全一致时，$CI = 0$。$CI$ 越大，矩阵的一致性越差。对 1~9 阶矩阵，平均随机一致性指标 RI 如表 2 – 10 所示。

表 2 – 10　　　　　　　　　平均随机一致性指标

阶数	1	2	3	4	5	6	7	8	9
RI	0	0	0.58	0.9	1.12	1.24	1.32	1.41	1.45

当阶数≤2 时，矩阵总有完全一致性；当阶数≤2 时，$CR = \dfrac{CI}{RI}$ 称为矩阵的随机一致性比例。当 $CR < 0.1$ 或在 0.1 左右时，矩阵具有满意的一致性，否则需要重新调整矩阵。

（四）层次总排序

计算 C 层和 D 层对 A 层的相对重要性排序权值，实际上是层次排序权值加权组合。具体计算方法如表 2 – 11 所示。

表 2 – 11　　　　　　　　　层次总排序

层次 C \ 层次 B	$B_1, B_2, \cdots, B_n$ $b_1, b_2, \cdots, b_n$	C 层对 A 层的总排序值
C_1	$c_{11}, c_{12}, \cdots, c_{1n}$	$\sum b_i c_{1i}$
C_2	$c_{21}, c_{22}, \cdots, c_{2n}$	$\sum b_i c_{2i}$

第二章 可持续性评价：有居民海岛经济发展

续表

层次 C \ 层次 B	$B_1, B_2, \cdots, B_n$ $b_1, b_2, \cdots, b_n$	C 层对 A 层的总排序值
...	...	...
C_m	$c_{m1}, c_{m2}, \cdots, c_{mn}$	$\sum b_i c_{mi}$

（五）评价指标主观权重确定

根据上述层次分析法，检验各层次之间矩阵的一致性，通过计算，即可得到各指标的权重（见表 2-12 至表 2-43）。

1. A~B 层判断矩阵

表 2-12　　海岛可持续发展各评价指标权重判断矩阵

	自然条件	生态环境	经济发展	民生保障	社会发展	创新评价	ω_i
自然条件	1						
生态环境		1					
经济发展			1				
民生保障				1			
社会发展					1		
创新评价						1	

2. B~C 层判断矩阵

表 2-13　　自然条件指标各因子权重判断矩阵

	地理状况	气候条件	海洋灾害情况	淡水和电力情况	ω_i
地理状况	1				
气候条件		1			
海洋灾害情况			1		
淡水和电力情况				1	

表 2-14　　生态环境指标各因子权重判断矩阵

	生物状态	近海海水主要污染物浓度	空气质量	资源利用	ω_i
生物状态	1				
近海海水主要污染物浓度		1			
空气质量			1		
资源利用				1	

表 2-15　　　　　经济发展指标各因子权重判断矩阵

	产业结构	经济效益	经济总量	ω_i
产业结构	1			
经济效益		1		
经济总量			1	

表 2-16　　　　　社会发展指标各因子权重判断矩阵

	人口	教育	生活质量	社会风险和社会保障	卫生	ω_i
人口	1					
教育		1				
生活质量			1			
社会风险和社会保障				1		
卫生					1	

表 2-17　　　　　民生保障指标各因子权重判断矩阵

	交通	防灾减灾设施	公益设施	污染防治	ω_i
交通	1				
防灾减灾设施		1			
公益设施			1		
污染防治				1	

表 2-18　　　　　创新评价指标各因子权重判断矩阵

	创新资源	知识创造	企业创新	创新环境	创新绩效	ω_i
创新资源	1					
知识创造		1				
企业创新			1			
创新环境				1		
创新绩效					1	

3. C~D 层判断矩阵

表 2-19　　　　　地理状况指标各因子权重判断矩阵

	人均海岛面积	人均滩涂面积	与大陆距离	ω_i
人均海岛面积	1			
人均滩涂面积		1		
与大陆距离			1	

第二章 可持续性评价：有居民海岛经济发展

表 2-20　　　　　气候条件指标各因子权重判断矩阵

	年均降水量	全年风速大于8级的时点数	年日照时数	ω_i
年均降水量	1			
全年风速大于8级的时点数		1		
年日照时数			1	

表 2-21　　　　　海洋灾害情况指标各因子权重判断矩阵

	海洋灾害发生次数	海洋灾害损失占GDP比重	ω_i
海洋灾害发生次数	1		
海洋灾害损失占GDP比重		1	

表 2-22　　　　　淡水和电力情况指标各因子权重判断矩阵

	人均淡水资源占有量	年人均用电量	ω_i
人均淡水资源占有量	1		
年人均用电量		1	

表 2-23　　　　　生物状态指标各因子权重判断矩阵

	森林覆盖率	物种多样性指数	物种均匀度	ω_i
森林覆盖率	1			
物种多样性指数		1		
物种均匀度			1	

表 2-24　　　　　近海海水主要污染物浓度指标各因子权重判断矩阵

	COD	无机氮	石油类	活性磷	ω_i
COD	1				
无机氮		1			
石油类			1		
活性磷				1	

表 2-25　　　　　空气质量指标各因子权重判断矩阵

	超净排放水平	PM2.5空气质量指数（AQI）	ω_i
超净排放水平	1		
PM2.5空气质量指数（AQI）		1	

表 2-26　　　　　资源利用指标各因子权重判断矩阵

	3A、4A、5A旅游区总数	基本农田保护率	清洁能源覆盖率	ω_i
3A、4A、5A旅游区总数	1			

续表

	3A、4A、5A 旅游区总数	基本农田保护率	清洁能源覆盖率	ω_i
基本农田保护率		1		
清洁能源覆盖率			1	

表 2-27　产业结构指标各因子权重判断矩阵

	第一产业增加值占 GDP 比重	第二产业增加值占 GDP 比重	第三产业产值占 GDP 比重	ω_i
第一产业增加值占 GDP 比重	1			
第二产业增加值占 GDP 比重		1		
第三产业产值占 GDP 比重			1	

表 2-28　经济效益指标各因子权重判断矩阵

	人均财政收入	万元 GDP 能源消耗量	人均城乡居民储蓄存款余额	ω_i
人均财政收入	1			
万元 GDP 能源消耗量		1		
人均城乡居民储蓄存款余额			1	

表 2-29　经济总量指标各因子权重判断矩阵

	人均财政支出	人均进出口贸易增长率	GDP 增长率	人均 GDP	ω_i
人均财政支出	1				
人均进出口贸易增长率		1			
GDP 增长率			1		
人均 GDP				1	

表 2-30　人口指标各因子权重判断矩阵

	户籍人口总数	人口自然增长率	ω_i
户籍人口总数	1		
人口自然增长率		1	

表 2-31　　　　　　　　教育指标各因子权重判断矩阵

	九年义务教育完成率	人均受教育年限	ω_i
九年义务教育完成率	1		
人均受教育年限		1	

表 2-32　　　　　　　　生活质量指标各因子权重判断矩阵

	户籍人口人均可支配收入	户籍人口人均消费额	恩格尔系数	ω_i
户籍人口人均可支配收入	1			
户籍人口人均消费额		1		
恩格尔系数			1	

表 2-33　　　　　　社会风险和社会保障指标各因子权重判断矩阵

	公检法立案案件数	基本医疗保险覆盖率	失业保险覆盖率	基本养老保险覆盖率	ω_i
公检法立案案件数	1				
基本医疗保险覆盖率		1			
失业保险覆盖率			1		
基本养老保险覆盖率				1	

表 2-34　　　　　　　　卫生指标各因子权重判断矩阵

	每千人口医院床位数	每千人口医生数	ω_i
每千人口医院床位数	1		
每千人口医生数		1	

表 2-35　　　　　　　　交通情况指标各因子权重判断矩阵

	公路网密度	港口码头数量	连岛桥梁数目	ω_i
公路网密度	1			
港口码头数量		1		
连岛桥梁数目			1	

表 2-36　　　　　　防灾减灾设施情况指标各因子权重判断矩阵

	防灾减灾设施数量	防波堤长度	海塘长度	ω_i
防灾减灾设施数量	1			
防波堤长度		1		
海塘长度			1	

表 2-37　公益设施情况指标各因子权重判断矩阵

	助航导航设施数量	测量点数量	气象观测设施数量	海洋监测站总数量	地震监测站数量	ω_i
助航导航设施数量	1					
测量点数量		1				
气象观测设施数量			1			
海洋监测站总数量				1		
地震监测站数量					1	

表 2-38　污染防治情况指标各因子权重判断矩阵

	年污水处理率	年垃圾处理率	ω_i
年污水处理率	1		
年垃圾处理率		1	

表 2-39　创新资源各因子权重判断矩阵

	R&D 经费占海岛 GDP 的比重	R&D 人员占年平均从业人员比重	ω_i
R&D 经费占海岛 GDP 的比重	1		
R&D 人员占年平均从业人员比重		1	

表 2-40　知识创造指标各因子权重判断矩阵

	每万从业人员发明专利申请数	每万从业人员发明专利授权数	ω_i
每万从业人员发明专利申请数	1		
每万从业人员发明专利授权数		1	

表 2-41　企业创新指标各因子权重判断矩阵

	规模以上企业 R&D 经费占销售额的比重	规模以上企业主营业务收入中新产品所占比重	ω_i
规模以上企业 R&D 占销售额的比重	1		
规模以上企业主营业务收入中新产品所占比重		1	

表 2-42　　　　　　　创新环境指标各因子权重判断矩阵

	每千人口律师数	当地研究与培训专业服务状况	ω_i
每千人口律师数	1		
当地研究与培训专业服务状况		1	

表 2-43　　　　　　　创新绩效指标各因子权重判断矩阵

	知识密集型服务业增加值占 GDP 的比重	高技术产业出口占制造业出口的比重	ω_i
知识密集型服务业增加值占 GDP 的比重	1		
高技术产业出口占制造业出口的比重		1	

第三章

海岛经济发展现状及存在问题

第一节 发展现状

一、中国海岛经济总体现状

海岛是保护海洋环境和发展海洋经济的重要平台，也是捍卫国家权益、保障国防安全的战略前沿。据中国国家自然资源部发布的《2017年海岛统计调查公报》显示，2017年中国海岛有1.1万余个。海岛分布不均，呈现"两多两少"现象，即"南方多、北方少，近岸多，远岸少"。距大陆岸线10千米之内的海岛数量占总数的70%，10～100千米的占27%，100千米之外的占3%。拥有海岛总面积约8万平方千米，海岛总面积约占中国陆地面积的0.8%，浙闽粤三省海岛数据位居前三位。其中，浙江省占比37%，福建省占比20%，广东省占比16%，其他占比约27%。中国海岛岸线总长14 000多千米，其中面积大于500平方米的海岛7 300多个，大多为无人岛[1]。根据海区分布，面积为500平方米的海岛中渤海区内占4%，黄海区占5%，东海区占66%，南海区占25%。据《中国海岛生态系统评价》显示，从中国海岛地质来看，主要有基岩岛、大陆岛、冲积岛、泥沙岛、陆连岛、近岸岛、沿岸岛、远岸岛、珊瑚岛等，温带海岛绝大多数属于大陆岛，

---

[1] 2012年4月由国家海洋局正式公布的《全国海岛保护规划》中提到，"我国拥有面积大于500平方米的海岛7 300多个，海岛陆域总面积近8万平方千米，海岛岸线总长14 000平方千米。"

北亚热带海岛中长江口北支均为沙质冲积岛，中亚热带海岛大多数以基岩岛为主，南亚热带以基岩岛为主。从海岛地貌来看，中国绝大多数海岛的地貌架构是大陆向海的延伸，基本涵盖了大陆所有的地貌类型。

从海岛生态整治修复强度来看，海岛经济生态保护越来越重要。据《2017年海岛统计调查公报》显示，2017年已建成各类涉岛保护区194个，同期增加8个。保护区结构也日趋合理，从保护区级别来看，国家级保护区占比36%，省级保护区占比30%，市县级占比34%。从保护区类型来看，自然保护区占比45%，特别保护区占比39%，水产种质资源保护区占比6%，湿地公园占比4%，地质公园占比1%，其他5%。此外，还划定68个领海基点保护范围，同比增加37个。2017年全年中国中央财政累计投入资金约52亿元，地方投入配套资金约36亿元，社会出资3亿元，共修复整治海岛生态项目198个。同时，根据《海岛生态指数和发展指数评价指标体系设计与验证》① 对40个海岛的生态评价结果来看，海洋生态优和良的海岛累计占比达到了77.5%，生态一般占比15%，生态环境差的占7.5%。从不同类型的海岛经济发展模式来看，旅游型和未开发型海岛生态指数要强于工业型海岛与农渔业型海岛；黄渤海地区海岛强于东海、南海；无居民海岛生态指数要低于有居民海岛。

从中国国内12个海岛县市区② 经济发展水平来看，海洋产业以海洋旅游业、海洋水产品加工业、海洋渔业和海洋船舶工业为主，约占海洋产业总产值的71.6%。产业结构进一步优化，海洋船舶工业总产值约406亿元，同比下降了60%，海洋旅游业总产值约897亿元，同比增长了5%；海洋渔业总产值约605亿元，同比增长了16%。在12个县市区中，固定资产投资额前六位的是平潭、定海、普陀、岱山、东山和玉环；财政收入前六位的是崇明、玉环、定海、普陀、平潭和岱山。同时，根据《海岛生态指数和发展指数评价指标体系设计与验证》③ 对30个海岛发展的评价结果来看，海陵岛、梅山岛、广鹿岛等30个海岛发展指数超过了82.4，说明近年来海岛经济取得进步，但总体水平处于中等水平。此外，工业型海岛发展指数明显

---

① 丰爱平，张志卫. 海岛生态指数和发展指数评价指标体系设计与验证［M］. 北京：海洋出版社，2019.
② 12个海岛县市区分别为长海、长岛、崇明、洞头、定海、普陀、岱山、嵊泗、玉环、平潭、东山、南澳。
③ 同①。

高于旅游型和农渔业型海岛。

从海岛淡水、电、码头及防灾情况来看，海岛经济发展的综合配套设施逐年改善。截至2017年底，全国已查明有淡水供应的海岛665个，其中有居民海岛452个，约占有居民海岛总数的92.4%，但淡水基础设施建设和保护力度仍需加强。同时，截至2017年底，全国共有801个海岛实现电力供应，其中有居民海岛441个，约占中国有居民海岛总数的90.2%。此外，海岛已建成码头1 363个，比2016年增加77个，海岛上已建成机场12个，岛上建成投入使用254个避风港，海岛居民出行与防灾能力逐步改善。

从海岛户籍人口结构来看，海岛人口老龄化是延缓海岛经济发展的要素之一。人口老龄化特征反映出海岛绝大多数青壮年选择离岛创业或就业。以舟山群岛新区的典型海岛为例，据调研数据显示：截至2017年底，舟山大双山岛户籍人口1 300人，常住人口100人，平均年龄68岁；葫芦岛户籍人口1 855人，常住人口160人，平均年龄68岁；柴山岛户籍人口1 112人，常住人口129人，平均年龄72岁；黄兴岛户籍人口1 099人，常住人口40人，平均年龄65岁。课题组调研了交通相对不便利的舟山六横悬山岛，据悬山岛所在村的村支书介绍，截至2019年上半年，悬山岛马跳村人口仅有2 000人，常住人口仅有200多人，平均年龄65岁。

二、中国海岛开发利用情况

中国海岛地处太平洋和欧亚大陆之间的过渡地带，遍布温带、亚热带和热带海域，生物种类繁多，不同区域海岛的岛体、海岸线、沙滩、植被、淡水和周边海域的各种生物群落和非生物环境共同形成了各具特色、相对独立的海岛生态系统，拥有丰富的海岛自然资源。在开发利用上，主要体现在港口物流、海岛旅游、临港工业、海洋渔业等领域开发利用，具体而言：

从海岛港口资源开发和利用来看，中国港口型海岛众多，具有丰富的港口资源，其中部分港口深水岸线逼近岛岸，适宜发展大型深水集装箱港。舟山群岛、厦门岛和海南岛已建成万吨级以上的泊位。舟山港及宁波梅山岛都属于深水良港，还有待开发的舟山六横岛也适合开发深水港口资源。全国大概有近50个港口，其中舟山港有万吨级泊位20多个；东面是白石头的厦门港位于厦门岛，有万吨级泊位20多个；海南岛建成近20个港口，泊位140多个。

从海岛旅游资源开发和利用来看，以海岛旅游为代表的海洋旅游占据着中国国内旅游市场较大比重。据《中国海岛旅游目的地竞争力指数研究》数据显示，中国2017年的海岛旅游人次已经达7亿人次之多，占中国总旅游人次的14%。从海岛旅游的区域划分上看，2017年去东海的游客最多，达到5亿人次，占比70%，其次是南海，达到1.46亿人次，占比20%。在所有省份中，接待海岛游游客最多的是福建，其次是上海、广东、浙江、山东、海南、辽宁、广西、江苏、河北。接待外省海岛游游客最多的是河北省，外省游客占比为71.59%，其次是广西，外省游客占比为70.15%。最受游客欢迎的海岛前五位的基本都是厦门岛、崇明岛、舟山群岛、鼓浪屿、达濠岛。

从海岛临港工业布局来看，海岛产业仍以海洋水产品加工业、临港船舶工业、新石化、清洁能源等产业为主。以宁波大榭岛为例，大榭岛是浙江省重要的临港产业基地。截至2018年底，工业总产值达666.8亿元，同比增长11.1%，海岛全社会固定资产投资35.9亿元，同比增长54.1%，其中工业投资27.3亿元，占全部投资总额的76%。2018年全年进出口贸易总额337.4亿元，其中出口贸易109.6亿元，同比增长3.9%；进口贸易227.9亿元，同比增长25.5%。税务总收入160.1亿元，同比增长17.9%。此外，全年全社会用水总量3 302.8万吨，同比下降12%，但大工业用水1 896.7万吨，同比上升41.6%。又如舟山六横岛，作为现代化综合产业集中区，六横依靠现有的港航条件优势，已经形成了以船舶修造业、港口物流业、大宗物资加工、海水综合利用、海洋新能源等海洋产业为主体的产业格局。

从海岛现代渔业发展来看，受渔船燃油补贴政策取消和海域生态保护政策强化影响，"渔民"身份逐步转变为社区"居民"，传统渔业养殖及捕捞装备和技术在逐步转型升级，近海养殖已由近海、浅海向外海、深海不断延伸。同时，海水养殖业充分利用海岛丰富的港湾条件和滩涂资源、引进优良品种、建立稳定的供销渠道，养殖业规模在逐年增大的同时效益也不断提高，很多沿海省份海岛已经发展为沿海重要的现代渔业养殖基地。例如，宁波渔山列岛定位于国家级海洋牧场，是国家级海洋生态保护区，也是鲍鱼、海参等海珍品、石斑鱼等名贵鱼养殖基地，"十三五"计划投资12亿元用于海岛渔业基础设施及养殖项目的建设。又如三亚蜈支洲岛，也是定位为海洋牧场与滨海旅游岛，该岛四周海域海水清澈透明，有着生态保护很好的珊瑚礁，是国内最佳潜水基地，是世界上为数不多的没有礁石及鹅卵石混杂的海岛，海岛盛产夜光螺、海参、龙虾、马鲛鱼、海胆、鲳鱼及五颜六色的热带鱼。海岛海洋牧场规模已达1 000亩，总投资金额达3 832万元。现有各类水泥鱼礁1 578个，23 700空立方，船型礁19艘，11 760空立方。

第二节　存在问题

由于海岛特殊的地理单元及分布不均衡性和异质性特征，中国海岛经济发展存在区域发展不平衡问题，部分地区海岛数量在减少，自然环境遭到了破坏，开发方式粗放，海岛有效保护强度不够。根据调研，主要可以归纳7个方面的不足：海岛开发和利用战略思想共识不统一、海岛经济发展战略认识还需继续提升、海岛开发占比低且高品质海岛不多、交通设施运输保障与基建水平有限、海岛开发管理与经营能力有待提高、海岛开发与利用机制不完善导致海岛利用效率偏低等。

一、海岛开发与利用战略思想共识不统一

十九大报告提出要加快建设海洋强国，表述置于"中国现代化经济体系"，并没有延续十八大报告在"大力推进生态文明建设"部分阐述。"十九大"报告对海洋经济表述的转变说明今后海洋经济要强调"发展"。海岛经济作为海洋经济的重要组成部分，其发展亟需统一思想认识，必须建立海岛生态保护及高质量高品质开发与利用的底线思维，强调海岛绿色产业布局和亩均效益以及世界级海岛2.0①发展目标。据调研，中国国内海岛要不要开发与利用？如何开发与利用？海洋经济发展什么？通过什么样的路径？采用什么样模式？中央、地方政府以及社会层面对海岛的开发和利用战略思想

---

① 华高莱斯董事长李忠在"花博会发展契机下的生态岛可持续发展建设"国际高峰论坛上提出了世界级海岛2.0时代，认为奢华型生活岛不可持续，主张从奢华型生活岛向生态型创新岛发展。在论坛上还提出了"美国纽约的罗斯福岛，走的是魅力住区+康奈尔科技园的发展模式，正在从纽约的桃花源转型为科技创新试验场；美国的夏威夷不仅是世界级旅游岛，更是海洋科技研发的全球中心；苏格兰奥克尼群岛是世界文化遗产，也是全欧洲海洋能装置的测试场；日本久米岛既是世界级的浮潜圣地，也是全球领先的深层海水研究中心；而印度尼西亚的巴厘岛，大家都知道是举世闻名的度假胜地，但现在也聚集了大量数字游牧民（Digital Nomad），成为了世界知名的创业园区和科技圣地"。李忠提出的世界级海岛2.0更多强调基于生态的国际一流人才的科技创新。这里强调的世界级海岛2.0不限于生态型与科技型，更有开放型、产业型和精致型特征。

并不统一。国家层面立足海岛开发和利用的"保护中发展",强调"保护";而地方层面立足"发展中保护",强调"发展"。从中国海岛开发与利用的历程看,1985年国家开始研究海岛开发与利用,随后在1988年先后启动了三批海岛开发、保护和管理试点,接着中国启动编制无居民海岛管理制度以及海岛保护规划,制定海岛法律制度和海岛经济社会发展政策,开始对海岛特别保护"建章立制"。随后,2012年和2016年分别颁发了《全国海洋经济发展"十二五"规划》及《全国海洋经济发展"十三五"规划》,进一步明确要将海岛作为"海洋第二经济带"的战略地位。但由于中国长期存在"重陆轻海"思想,使得各级政府对海岛开发和利用的认识依然停留在国防安全和生态保护层面,而没有清楚地认识到海岛在海洋经济发展中的价值和地位,忽视了海岛是保护海洋环境、维护生态平衡的重要平台,是海洋开发向深海发展的重要基地。

二、海岛经济发展战略认识还需继续提升

十九大报告明确提出了要加快建设海洋强国,海洋经济发展已成为国家战略,但海岛经济目前仍没有官方统一的文字表述以及发展规划,尤其是边远海岛经济如何发展还处于探索研究阶段。从地方政府发展需求来看,发展海岛经济的重点在沿岸岛、近海岛,对边远海岛的发展重视程度远远不够。海岛作为中国海洋国土的重要组成部分,是特殊的海洋资源和环境的复合区域,海岛的开发与利用是中国海洋建设的一个重要组成部分。中国对海岛的开发与利用的程度将直接决定着中国海洋经济未来发展的进程与成败。从海岛经济发展现状来看,中国海岛相对分散,面积狭小,地域结构简单,资源构成相对单一,其中约九成的海岛为无居民海岛,仅有的约10%的有居民海岛经济文化发展水平落后(见表3-1)。在国家海洋战略中关于海岛经济的发展战略与现实迫切需求还有一定差距,并没有真正从"国家海洋战略"层面,对海岛如何开发与利用进行重新重视、梳理和设计,尚未从战略角度去思考、争取、利用和开发海洋。

表3-1　　　　　　　　中国海岛开发利用情况

省份	海岛总数/个	有人居住/个	开发比/%	高品质海岛数/个	占全部海岛比/%
浙江	3 061	189	6.17	24	0.8
福建	1 546	102	6.60	11	0.7

续表

省份	海岛总数/个	有人居住/个	开发比/%	高品质海岛数/个	占全部海岛比/%
广东	759	44	5.80	19	2.5
山东	326	35	10.74	37	11.6
辽宁	265	31	11.70	4	1.5
海南	231	12	5.19	5	2.2
广西	651	9	1.38	6	0.9
江苏	17	6	35.29	5	29.4
上海	13	3	23.08	3	23.1
河北	132	2	1.52	1	0.8

数据来源：《2015年海岛统计统计调查报告》。

三、海岛开发占比低与高品质海岛少并存

根据《2017年海岛统计调查公报》显示，浙江、福建、广东三省在海岛数量上居前三位，分别占37％、20％、16％。有淡水储备或供应的海岛667个，其中有居民的455个，主要分布在浙江、福建、广东、上海等9个省市，有居民海岛数量最多的三省为浙江、福建和广东，岛上户籍人口数量位居前三的分别是福建、浙江和上海，其中人口数量超过10万的海岛有厦门岛、崇明岛、海坛岛、东山岛、东海岛、达豪岛和氽山道岛；无居民海岛截至2017年底共批准开发利用48个，面积约1 666公顷，应征收海岛使用金约5亿元，其中，旦门山岛是中国第一个依法确权发证的无居民海岛，大洋屿是第一个以市场化配置方式出让的无居民海岛，扁鳗屿是第一个依法确权的公益性海岛。从海岛开发数量看，中国海岛开发规模严重偏低。截至2017年底，各省市对现有海岛开发比例较低，其中拥有海岛最多的浙江、福建、广东，开发比均不到10％，分别仅有6.17％、6.60％、5.8％，即使开发程度较高的江苏与上海，开发比也只有35.29％和23.07％，广西与河北两地仅在1.5％左右。从开发品质来看，除了江苏、上海、山东高品质海岛数占比超过10％外，其余省市高品质海岛数量占比严重偏低，其中海岛数量靠前的浙江、福建、广东三省高品质的海岛占比分别为0.7％、0.7％、2.5％，与其拥有的海岛数量极为不匹配。

四、交通设施、物流与基础设施保障不足

首先，要开发和管理有居民海岛，需要一定的经济腹地、基础设施以及

良好的区位属性作支撑。中国绝大多数有居民海岛存在较为明显的短板。首先，由于海岛天然具备的既区隔又往往地域狭小的地理特性，其与大陆主经济体的交流联系渠道主要是各型船舶、海面或海底桥隧等。例如，浙江省舟山群岛，过去仅有船舶交通工具到舟山，目前已经有甬舟跨海大桥，并在筹建跨海高铁，结束舟山无铁路的历史。同时，舟山还在建设直达上海以及六横到宁波的跨海大桥，这些基础设施的建设对有居民海岛极其重要。浙江省"十二五"海岛基础设施建设中，规划安排了117个项目，规划投资526亿元，其中交通项目就22个，投资达到了117亿元，占总投资的22.2%，其中舟山占全省的54.94%。广东"十二五"海岛基础设施占比为16.6%。其次，基建水平制约了海岛开发管理活动，尤其以水、电供应问题最为突出。对于海岛的供电供水问题，中国目前的工程保障能力还很有限，仅仅是在舟山、平潭、西沙等部分海岛上新建了一批试验性的水、电保障设施，其主要形态都是孤立的，呈点状分布且配套性较差。缺水缺电问题在绝大部分离大陆较远且不具备就近引水、接电工程实施条件的小型海岛上，是很严重的。绝大多数有居民海岛的码头靠泊设施、生产生活垃圾处置回收设施水平落后，居住条件也有待提高，未达到宜居的标准，这些都限制了中国有居民海岛的开发。

五、海岛开发管理及其经营能力有待提高

据田野调查发现，在中国现有条块分割体制下，政府各部门分工不同，各自职责范围不同，职责交叉。由于海岛的分散性、自然条件的多样性和自然灾害的频发性等特征决定着海岛经济发展问题具有复杂性、综合性与孤立性，现实中海岛经济单纯依靠海洋主管部门一个部门很难形成海岛经济发展的聚集效应。即使中国政府规定了在海岛管理和处理问题上由海洋行政主管部门起主导作用，但由于海岛日常管理的复杂性、艰巨性和管理成本大，实际上形成了理论上有人管而实际无人管的局面。正因海岛管控的不到位与不深入，导致中国在海岛开发利用过程中存在着海岛开发和利用的无序、粗放式开发现象，例如海岛机械作业挖沙沙场、炸岛碎石用于填海，这些"短视唯利行为"对海岛岛体破坏极大，且短期很难恢复，并有逐年加剧的趋势。同时，个别海岛被随意占有、使用、买卖和出让，不仅造成国有资源性资产流失，而且由于种种理由海岛资源并没有得到科学合理和有效的利用。

从交通基础设施和保障能力较好的有居民海岛调研来看，海岛开发管理情况不容乐观,地方海岛管理能力和力量薄弱,海岛开发与保护合力尚未形成,中央和地方海岛管理事权划分边界尚不清晰。海岛开发利用是一项系统工程,涉及国防、发改规划、环保、水、电、海域、消防、林业、旅游等政府部门管理,每个部门的条条框框叠加管理导致了海岛开发成为一项周期长、收益不稳定的风险投资。与此同时,无序管理导致违规违建开发的案例时常发生,经营能力欠缺导致海岛开发与利用过程中出现生态破坏问题,政府的多头监管体制也无法充分协调,存在监管盲区。正如中国国家海洋局印发的《全国海岛保护工作"十三五"规划》中指出的:"某些海岛的开发利用过程中发生了生态破坏事件,典型生态系统退化严重;海岛治理体系和治理能力同现代化的要求尚有一定差距,精细化海岛开发利用方式尚未形成,海岛业务支撑能力尚需提高,法律法规及标准体系仍需完善,海岛资料系统性不够,基础研究不深入,海岛分级保护和管理体系尚需完善,地方海岛管理能力和力量不足,保护合力尚未形成"[①]。

六、海岛对腹地经济发展的作用尚需提升

从经济发展水平来看,中国有居民海岛对经济发展的促进效应尚未有效发挥。但随着海洋经济及海洋产业逐步形成规模,在国家"一带一路"倡议背景下,海岛在国家开放及对外经贸合作中将扮演重要的作用,海岛对自贸区、保税区等平台的溢出效应逐步显现。但海岛要发挥在国民经济中的重要节点作用,须具备三个条件:一是良好的经济腹地,有产业的支撑;二是完善的基础设施,衣食住行相对比较便捷;三是具有区位、资源禀赋及人口要素等先决条件。这三个条件中,关键在于具有良好的经济腹地及产业支撑,但海岛的独立地理单元、自然灾害、投资约束等因素严重制约着海岛经济发展及对大陆经济的溢出效应的释放。

截至2017年底,有居民海岛对经济发展的促进效应发挥较好、开发利用率较高的主要是江苏、上海与浙江。江苏、上海两地有居民海岛占比为35.29%和23.08%。从各省横向对比来看,人均可支配收入相对较高的省份,其海岛开发和保护的强度较高,即开发比相对较高,但海岛总数具有规模效应,会抑制海岛开发比,如浙江、福建两省(见表3-2)。以浙江省为例,在浙江省发改委制定的海岛开发和利用发展规划提出的100个重要海岛

---

① 详见中国国家海洋局印发的《全国海岛保护工作"十三五"规划》。

中，92%的海岛进行了不同程度的开发和利用。金塘岛、梅山岛、大小门岛等海岛已成为浙江省主要港区；宁波大榭岛定位临港工业岛；舟山六横岛定位综合利用岛，朱家尖岛、普陀山、大鹿岛等重点发展特色旅游；南麂岛、西门岛、披山岛等强调海岛海洋生态保护；渔山列岛重点布局现代渔业，定位国家级海洋牧场（详见附表4）。

表3-2　　　　　中国大陆海岛在沿海省、市、区分布

沿海地区	海岛总数（个）	有人居住岛（个）	开发比（%）	海岛陆地面积（km²）	岸线长（km）	人均可支配收入（元）
浙江	3 061	189	6.17	1 940.39	4 792.73	38 529
福建	1 546	102	6.60	1 400.13	2 804.30	27 608
广东	759	44	5.80	1 599.93	2 416.15	30 295.8
山东	326	35	10.74	136.31	686.23	24 685
辽宁	265	31	11.70	191.54	686.70	26 040
海南	231	12	5.19	48.73	309.05	20 653
广西	651	9	1.38	67.10	860.90	28 324
江苏	17	6	35.29	36.46	67.76	32 070
上海	13	3	23.08	1 276.19	356.13	54 305
河北	132	2	1.52	8.43	199.09	28 249
天津	1	0	0	0.015	0.56	34 074

注：海岛是统计面积在500平方米以上的海岛，人均可支配收入是2016年数据。

七、海岛开发机制不完善导致利用效率低

目前中国海岛开发与利用是一项系统工程，需要政府强有力规划、财政对交通及水电网等基础设施先期投入、社会资本积极参与、营运主体、合理的搬迁政策以及有效的投融资机制设计。从调研的海岛来看，中国海岛开发与利用仍处于初级阶段，缺乏一个完善的、"多元参与"的开发与利用机制。已有开发活动的海岛上，基本上布局海岛旅游、海岛民宿、海洋养殖与渔业捕捞、临港工业及其他传统海洋产业，在开发过程中，海岛、滩涂、岸线、海域等要素缺乏统一的规划，重复开发与无序开发并存，极大地影响了海岛资源的可持续利用。以拟进行"全岛"民宿开发的舟山六横悬山岛为例，悬山岛是舟山六横的一个地理单元独立副岛，有3个自然村，岛上仅有200多名老人，村住宅陈旧，自然景观一般，海水比较浑浊，有海滩，有2

家村民开发了民宿,入住率较高。同时,海岛交通不便,需要两次轮渡抵达。类似悬山岛这样的海岛要进行以民宿为主体的开发和利用就需要政府编制民宿发展规划加于土地控制,同时需要政府进行绿岛、绿植、沙滩、污泥、道路、水电等基础设施建设,在此基础上,需要专业化的社会资本以及能够"自带流量"的民宿营运主体、合理的"岛民"搬迁政策以及有效的民宿投融资模式及方案设计,需要考虑政府、岛民、社会资本、民宿营运主体等多方利益。在此基础上,选择合理的民宿投融资模式及方案。实践调研结果发现:对不具有明显旅游资源禀赋或不属于海岛旅游目的地的海岛而言,在开发和利用上缺乏任何一方参与或者任何一方缺乏意愿,海岛的开发和利用就很难推进。

据对主要省市的海岛进行田野调查发现,中国海岛开发和利用手段还属于粗放型、有数量但质量和效率均不高,海岛资源利用深度和产业链长度不够,高品质、精细化海岛开发利用机制尚未形成,缺乏专业化海岛投资主体以及运营主体。据统计,全国各省市拥有高品质有居民海岛数据前五位的是山东、浙江、广东、福建和广西,但从占全部海岛的比例来看,居前五位的是江苏、上海、山东、广东和海南。从中国各省拥有的高品质有居民海岛情况来看,绝大多数区域高品质及精细化海岛占比不足3%,仅有江苏、上海和山东占比超过了3%,说明从整体上看,有居民海岛经济发展情况还相对滞后(见表3-3)。

表3-3　　　　　各省市拥有高品质有居民海岛情况

省份	高品质海岛数	海岛名称	占全部海岛比
浙江	24	大榭岛、小洋山岛、梅山岛、金塘岛、普陀山岛、朱家尖岛、桃花岛、花岙岛、东极岛、徐公岛、册子岛、舟山本岛、嵊泗本岛、洞头岛、六横岛、头门岛、大门岛、嵊山岛、枸杞岛、南田岛、梅山岛、大榭岛、虾峙岛、大陈岛	0.8%
福建	11	粗芦岛、琅岐岛、吉钓岛、平潭岛、东山岛、大嶝岛、小嶝岛、厦门岛、鼓浪屿、湄洲坞、海坛岛	0.7%
广东	19	海山岛、东海岛、达濠岛、南澳岛、上川岛、下川岛、桂山岛、威远岛、海陵岛、施公寮岛、黄毛洲、特呈岛、土港岛、盘皇岛、丰头岛、大三门岛、担杆岛、大洲岛、外伶仃岛	2.5%

续表

省份	高品质海岛数	海岛名称	占全部海岛比
山东	37	田横岛、小管岛、大管岛、竹岔岛、灵山岛、斋堂岛、沐官岛、竹岔岛、刘公岛、崆峒岛、女岛、三平岛、褚岛、千里岩、大河口岛、汪子岛、岔尖堡岛、沙头堡岛、养马岛、杜家岛、砣矶岛、小黑山岛、南长山岛、北长山岛、庙岛、大黑山岛、小黑山岛、大钦岛、小钦岛、南城隍岛、北城隍岛、鸡鸣岛、镆铘岛、南黄岛、南小青岛、鲁岛、麻姑岛	11.6%
辽宁	4	大长山岛、蚂蚁岛、哈仙岛、葫芦岛	1.5%
海南	5	永兴岛、永暑岛、北港岛、海甸岛、新埠岛	2.2%
广西	6	涠洲岛、斜阳岛、簕沟墩岛、麻蓝头岛、龙门岛、沙井岛	0.9%
江苏	5	达山岛、平山岛、车牛山岛、永隆沙、兴隆沙	29.4%
上海	3	崇明岛、横沙岛、长兴岛	23.1%

注：高质量海岛就是资源有条件、生态有保障、经济有特色、岛民有收入、民生有保障、社会有创新。具体而言，高质量海岛经济发展就是需要考虑自然条件、生态环境、经济发展、社会发展、民生保障及创新评价。数据根据作者阅读参考文献整理而成。

第四章

海岛经济发展与管理体制经验借鉴

本章节系统梳理并比较分析了美国、日本、韩国、越南、印度尼西亚、菲律宾六国海岛开发管理体制机制及美国夏威夷、亚速尔群岛、太平洋群岛、所罗门群岛、马尔代夫海岛的海岛经济发展案例经验，总结了瓦努阿图、斐济、萨摩亚等22个小岛国海岛经济发展与管理经验，最后，归纳提出了集中立法模式、集中管理、分类管理、"旅游+"等可借鉴的做法。

第一节 美国海岛开发管理及经济发展经验

一、注重通过分散立法加强开发与保护

美国海岛立法采取分散立法的形式，海岛的开发和利用管理需要根据美国不同的法律规定进行审议，由于海岛的多重自然资源属性，海域、海湾、海岸线、滩涂、海洋渔业、海岛林业、海岛矿产等资源禀赋不同，美国海岛往往被划归于某一类海洋自然资源系统中进行管控，相关法律有《环境保护法》《自然资源法》《美国海岸带管理法》《美国外大陆架土地法修正案》等。例如《美国海岸带管理法》《美国外大陆架土地法修正案》就将海岛视为海岸带或自然保护区的范围内，而《美国海洋资源与工程发展法》将海岛土地视为一般土地进行管理，海岛土地可以转让、继承或抵押，在海岛所有权性质上可以联邦所有，允许存在私人岛。美国涉海的法律规定均可适用于海岛开发和保护。具体而言：美国联邦政府将土地分为公园野生动物避难

所、森林、公共土地及荒野五个相互独立系统,每个系统之下存在许多子系统。每个子系统都有对应的法律,例如《美国海岸带管理法》《美国外大陆架土地法修正案》《联邦土地政策与管理法案》《国家公园和公共土地法案》《美国海洋资源与工程发展法》等。从美国已有法律来看,美国海岛立法采取的是分散立法形式。

二、各沿海州均出台了海岛管理政策

从美国拥有海岸线的各州来看,24个州针对海岛颁布了各自的法律规范与政策体系,从海岛行政管理、自然资源与环境保护、建设层高、污水处理、道路交通等方面对海岛进行了管理。例如《美国康涅狄格州海岸管理条例》把海岛视为海湾的组成部分;《德克萨斯州自然资源保护法》把海岛视为特定自然资源类型组成部分。《美国康涅狄格州海岸管理条例》《加利福尼亚州海岸管理条例》都明确条例适用于沿海海岛。以美国罗得岛州为例,先后出台了《海岸开发法》《港口设施建设法》等十几部海岛相关法律。针对具有特殊海岛属性及地貌特征的海岛,美国部分州设立了"障避岛政策",规定详细管制政策,如对海岛新建项目,应提前申请办理许可证以及有效建筑许可证及废水处理许可证,必须明确施工现场的详细信息,包括具体位置、污水处理、排水区、建筑轮廓、出入通道等。具体而言:海岛住宅建筑物不得高于25英尺;不得人工移动沙子;不得用沙袋等加固海岸等。可见,美国海岛权属依据不同的自然资源类型遵循不同的法律规定。

三、拥有分工明确的海岛管理体制

从部门参与情况来看,美国政府参与面较广,涉及的海岛管理部门有美国商务部下属的国家海洋与大气局(National Oceanic and Atmospheric Administration, NOAA)、海岸警备队、内政部矿产管理局及NOAA下的美国海洋服务局(National Ocean Service, NOS)等。此外,美国在1999年还设立了海岛事务跨部门管理机构(Interagency Group on Insular Areas, IGIA),同时,还强化海岛外来人口的管理,实施了"重审签证"的管理政策,参与机构还有美国内政部、司法部、外交部及劳动部等部门。NOAA是美国海岛资源和环境保护、海岛防灾减灾、海岛科学研究等事务的主管部门。NOS主要负责促使美国海岸地区的环境保护与经济开发协调,确保美国海岸带安全、健康、有生产力。

内政部矿产管理局负责管理海岛上的矿产资源,主要职责依据《外大

陆架土地法》负责外大陆架矿产资源的勘探、开发与环境保护。IGIA 主要负责与美国内政部确认与美国海岛事务相关的问题，并向总统提供指定海岛政策的建议。IGIA 成立后实施一揽子项目，包括针对经济薄弱海岛实施的美国联邦贸易计划行动，通过开放经济政策吸引新的投资者。

四、引进外国投资与平台搭建助推海岛开发

美国在海岛开发及利用上，尤其是海岛旅游开发方面，十分强调外国投资平台建设。在引进国外投资政策上，美国通过稳定的外资政策、优惠的条件吸引外商直接投资，延伸海岛整个旅游度假产业链。具体而言：到美国关岛投资 50 万美元以上，就可办理投资移民签证；在餐饮特许经营、水上公园、水族馆、文化中心、主题公园、度假饭店及公寓、高尔夫球场、会展场地、航空公司、网络及商务等建设项目中均有优惠政策，而且很多项目在 25 年内减退税程度可达 100%。针对海岛在鱼类产品加工、船坞修理、替代能源等领域的发展，给予税收优惠政策。如美属萨摩亚政府对投资目录内的企业免收企业所得税。此外，美国十分注重海洋生态保护区（MPAs）的建设，通过对 MPAs 实施闭环管理，在有居民海岛配套社区管理方法，极大地促进了海岛经济发展。

五、实施行之有效的规划及许可听证等制度

美国政府引入了有效海岛规划以及许可制、听证制，完善了海岛开发和利用的决策机制。从海岛规划上看，出台各类海岛利用规划包括美国联邦规划、州规划、地方规划及区域规划等，有助于强化对海岛土地、资源以及海域等的控制，为社会资本引入提供了发展空间。从许可制度来看，可以有效对开发运营主体资质进行评估并筛选出优秀的开发运营主体。从听证制度来看，海岛开发和利用可以符合大多数的利益诉求，尤其是岛民的核心利益。美国海岛开发与利用都是自下而上式"人性化"的管理，并结合基层社区管理方式，在制定海岛发展规划的过程中，实施严格的流程化管理，海岛岛民能够广泛参与，政府主要通过公告、召开听证会形式，让岛民提意见，一般要通过半数以上岛民同意方可依法由本级议会或行政机构批准。但在海岛开发管理上，美国不限于采用单一许可证制度，同时还采用了转移开发权等创新型海岛土地管理方法，既可以永久地保护重要生态区，也可以让无法开发的海岛得到经济补偿。

第二节 日本海岛开发管理及经济发展经验

一、注重通过集中立法模式强化开发与保护

日本在海岛开发与管理上采取的是集中立法的形式，制定了海岛专门立法，国土基本法与海岛专门法构成了日本海岛法的基本框架，同时，土地法、环境保护法、森林法等法律形成对日本海岛法形成有益补充。海岛本身就是一个相对独立而完整的行政区域，有自身的一套综合管理法律体系，日本的特定类型海岛可以分为三种：具有战略意义且经济落后的海岛、需要生态保护的海岛和有居民的海岛。日本海岛立法的经验在于：一是分类管理，通过立法和规章制度支持某一类海岛开发和利用。具体而言：日本先后颁布了《离岛振兴法》及《离岛振兴法实施令》，该法案主要针对边远且经济落后的孤岛或离岛，主要目的是为了改善海岛基础条件及振兴产业而采取的特殊政策。据不完全统计，日本拥有 262 个离岛，面积达 5 256.85 平方千米，占日本本国面积的 1.4%。二是通过立法调整某个海岛或列岛。日本通过了《小笠原诸岛振兴开发特别措施法》以及《小笠原诸岛振兴开发特别措施法实行令》，主要目的在于针对地理位置特殊性的海岛，制定综合海岛振兴开发计划，促进原居住岛民的归岛，提高居民的稳定生活与福利水平（见表 4-1）。

表 4-1　　　　　　　　日本离岛基本情况

类别	海岛数量		海岛面积		海岛人口		摘要
	个	占比	平方千米	占比	万人	占比	
1. 指定离岛	262	3.8%	5 256.85	1.4%	43.3827	0.3%	离岛振兴法
2. 小笠原诸岛	4	0.1	68.8	0.02%	0.2723	0.002%	特别措施法
3. 奄美群岛	8	0.1	1 231.24	0.3%	12.6483	0.1%	特别措施法
4. 冲绳离岛	40	0.6	1 018.16	0.3	12.6483	0.1%	特别措施法
5. 法对象外有人离岛	108	1.6%					
6. 无人岛	6 425	93.8%					
合计	6 852	100%	377 914.8	100	12 776.8	100	本土（北海道）

注：1~4 属于法对象有人离岛，数据出自《2017 年版日本离岛统计年报》。

二、海岛开发有序管理与开放政策相结合

日本海岛开发经验在于实施了有序管理以及开放海岛政策，具体体现在：海岛开发和利用的决策机制上，由内阁总理大臣听取国土审议会意见，并进行海岛信息公示，然后制订海岛开发和振兴计划，相关计划报告给内阁总理大臣，最后由内阁总理大臣审议孤岛振兴计划是否实施，最后由都道府县知事负责海岛开发和振兴计划的具体实施。日本海岛土地利用基本计划主要根据《城市规划法》《农业振兴区域整治法》《森林法》《自然公园法》和《自然环境保护法》等法律制定的各种计划。日本还出台了《孤岛振兴法》《小笠原诸岛振兴开发特别措施法实行令》《奄美群岛振兴开发特别措施法》等明确了海岛经济发展与开发管理分工层次，保障海岛经济稳步可持续发展。以日本冲绳岛为例，由于受美军长期驻军对海岛发展的不利影响，冲绳岛与其他地区经济发展差距越来越大。为此，日本针对此情况，对冲绳岛制订了专属的经济发展计划，并形成了分工有序的开发管理体制，在发展战略上，着重凸显国际港口与推进地区的国际化，包括实施了自由贸易区和对船舶零收费计划以及旅游促进计划等政策。

三、采用"以人为本"的吸引返岛定居政策

为了增加外来人口到岛上定居，扩大了离岛振兴法的适用对象，《日本离岛振兴法》提出要采用"增加离岛的灵活性财政拨款"提法，为离岛居民提供援助。该振兴法包括两个重点：一是推动海岛经济的相关举措，能够根据自身地理区位与自然禀赋，直接对市县村提出的海岛经济活动交流计划进行财政补助，包括海岛基础设施、绿化植被、公共教育、旅游观光设施以及文化交流活动等，并为各都道府县实施海岛经济振兴对策作为资源分配的依据。同时，安排专项资金支持建设海岛公共交通、淡水供应、通信网络、医疗教育、工商业等服务设施以提升海岛居民公众福祉。例如，公共交通的资金来源于国土交通省都市地域整备局下海岛振兴科以及地域整备局的科室、国土交通省下的局处等。在海岛公共政策体系上，为了防止海岛人口减少，还创建了离岛特区制度税收与海岛经济可持续发展的放松管制，政府帮助连接离岛航路，建设直升机坪等方面的公共服务平台。

四、强化对特殊属性的海岛实施振兴计划

日本出台《奄美群岛振兴开发特别措施法》，主要包括三个内容：一是振兴海岛经济的举措上强调"质量"和"效益"，提出了高效利用有限的农种土地，综合治理并再使用废弃耕地，引进先进的动植物养育收割机，疏通农产品销售物流配送渠道，同时，对从事低技术含量劳作的农民给予免费的专业知识培训。在海岛林业上，突出海岛森林健康保护与对森林景观的引导。在滨海旅游业上，采用"视力治疗岛""体育岛""民居岛"等海岛主题特色岛吸引游客。在海岛商业与工业上，采用销售特色产品和开放特色博物馆来打造出"奄美品牌"，并用商业来推动工业以及海岛特色产品的加工制造工业发展。二是对当地环境进行保护的措施，制定严格的游客行为规范，提高游客对自然风景和珍稀野生动植物的保护公共意识。三是培育奄美群岛振兴的多样化的支援机构，例如岛内自治体、奄美群岛振兴开发基金、奄美大岛商会等机构，形成以政府为牵头，并由多民间主体共同参与的群岛开发模式。

五、开辟全球首个海洋牧场养殖发展模式

日本于1971年提出了"海域牧场"设想，该做法是在某海域内采用一套规模化的渔业养殖设施以及系统化的管理体制，利用深海生态环境，有计划有目的地进行海上放养的大型人工渔场。在配套技术上，建设人工孵化厂，投放人工鱼礁以及先进的鱼群控制技术等。日本海洋牧场归纳起来在于利用沿海地域，投放鱼苗及供给鱼生存所需的饲料。同时，海洋牧场可以利用海水流冲入海岛、半岛及沿海，可形成天然的生化池，鱼类会在这些天然的生化池中繁殖生长。在海洋牧场高科技应用上，日本借助海洋牧场使用了海洋渔业高科技，以真鲷、牙鲆、黑鳝等珍贵海产品作为养殖驯化对象，开发建设了音响驯化型海洋牧场，改进及创新了传统海洋牧场养殖模式，为海岛经济发展提供了一种典型发展模式。

第三节 韩国海洋开发管理及经济发展经验

一、采用海岛集中立法模式强化开发型立法

韩国大陆土地资源有限,人口比较密集,是世界上人口最稠密的国家之一。因此,韩国十分重视对海岛,尤其是边远海岛的开发利用。韩国沿海分布了 3 358 个海岛,面积共 3 757.12 平方千米,有居民海岛 482 个,面积为 3 681.25 平方千米,开发利用率达到了 14.35%。韩国海岛立法与日本相近,采取的是集中立法模式,形成了以土地基本法律为基础,以海岛专门法为主体的海岛立法格局,但海岛专门法只对海岛地区开发管理事宜做出了具体规定。韩国海岛的特别法主要是《海岛开发促进法》及其实施令,该法的宗旨是"整备、扩充海岛的生产及生活基础设施,改善生活环境,从而谋求海岛居民的收入增多和福利提高",是典型的开发型海岛立法。该立法的主要内容包括:海岛的范围及制定程序、开发计划的制定及实施、行政管理机构的建立及其职能等,但是对于海岛所有权、土地征用、土地权利流转等问题没有规定。因此,海岛的权属及流转问题与一般土地无异,同属于土地法的管辖范围。此外,韩国还针对独岛等特别海岛,针对独岛等海岛的自然景观与生态环境的保护问题立法,出台了《关于独岛等岛屿地域生态系统保护的特别法》,目前已成为韩国环境保护的重要组成部分。此外,还出台了《韩国国土规划及利用法》《韩国海岸带管理法》《韩国独岛可持续利用法》《韩国西海五岛特别支援法》等(见表4-2)。

二、海岛管理体制从分散到半集中再到集中管理

20 世纪 50 年代,韩国成立了海务厅,具体负责管理海洋事务,1961 年海务厅解体,由内务部、海洋警察厅、海运港湾厅、水产厅等 13 个涉海部门,分别管理不同方面的海洋事务,承担 50 多项海洋管理体制改革,形成了按照行业分散管理海洋事务的模式,造成了各部门间常常发生管理交叉的问题,行政执行效率低下。到了 20 世纪 90 年代,韩国政府酝酿着海洋管理体制改革,1996 年韩国将海洋警察厅、海运港湾厅、水产厅以及建设交通

表 4-2　　　韩国海岛开发与保护管理涉及法律政策

序号	法律政策	序号	法律政策
1	海岛开发促进法	11	海洋污染防止法
2	独岛可持续利用法	12	自然公园法
3	独岛等海岛地区生态保护法	13	自然环境保护法
4	韩国公有水面管理及围填法	14	森林保护法
5	领海及毗连区法	15	森林资源构成及管理法
6	国土规划及利用法	16	湿地保护法
7	海洋环境管理法	17	文化财产保护法
8	海岸带管理法	18	港湾法
9	海洋开发基本法	19	第二次海洋水产发展基本计划
10	海洋生态系统保护及管理法	20	韩国21世纪海洋发展战略

部等职能部门的部分职能合并，成立了海洋事务与渔业部，又称海洋水产部，开启了海洋事务综合管理的新阶段。2008年，韩国总统李明博上台后，撤销了海洋水产部，成立了国土海洋部，由原来的建设交通部与海洋水产部的海运部合并组成。2013年，朴槿惠决定恢复海洋水产部，再次将海洋水产部划作一个独立部门。海洋水产部的成立，使得韩国得以采用更加协调的综合方式制定海洋政策，海洋水产部是一个包含所有涉海部门职能的超级机构，职能包括：港口与航运管理、渔业管理、海洋环境管理、海洋政策管理、海洋科学技术发展、海上安全与溢油应急反应和水文事务局及其他涉海机构。韩国集中管理模式，解决了按照行业管理造成的效率低下问题，为了促进海岛开发，韩国安全行政部还设立"海岛开发审议委员会"，该委员会由20名以内的委员构成，包括1名委员长，2名副委员长。

三、提出了"个性化+岛片开发"的发展思路

韩国先后发布了《韩国海洋渔业发展法》《韩国海岸带管理法》《21世纪韩国海洋战略》等，其中《21世纪韩国海洋战略》是韩国领域最高综合计划，是指导韩国海洋与渔业发展的战略纲领性文件，提出了韩国海洋与渔业发展远景和基本目标，提出了100个具体计划，以及7个特定目标，以实施"蓝色革命"为基础，以建设海洋强国为目标，涉及权益海岛管理以及保护海岛环境等相关内容。为了推动海岛的开发与产业发展，提出了"要将海岛按不同类型进行个性化开发"，并把海上旅游作为海洋经济发展重点

推进项目,积极应对海岛垃圾处理问题。2010 年,第二个《21 世纪韩国海洋战略》针对海岛开发与保护,提出了发展海岛生态旅游,开发多种交通工具,完善水电等基础设施,实现航道多元化,改善可达性交通。同时,在第一个战略提出的"海岛个性化开发思路"基础上,进一步提出"根据海岛特色开发完中心海岛后,开发邻近海岛,组成海岛观光带",吸引民资与扩大海岛旅游宣传。

四、采用了"分类管理+许可管理"的管理方式

韩国对海岛的开发管理是主要针对有效管理无人岛的,并没有针对有居民海岛进行分类管理,并把无人岛划分为保护型无人岛、准保护型无人岛、可利用无人岛、可开发无人岛。在分类管理的基础上,针对不同管理类型的无人海岛,提出了不同的许可管理要求。例如,针对绝对保护型、准保护型无人岛提出了严格的保护要求,明确了 11 项禁止开发活动。针对可利用型与可开发型海岛,规定海洋娱乐活动、游览目的观光,保护自然环境为目的的生态教育、海岛开发项目等活动,在取得许可证之后方可从事活动,涉及海岛开发项目的,需按照要求编制规划,并报批后方可进行。针对特殊海岛,韩国还制定了《韩国西海五岛特别支援法》,规定为了改善西海五岛上的居民生活条件,安定生活、提高福祉,制定西海五岛的综合基本计划,具体包括:具体支援事项、构成居住条件的事项、海洋观光资源开发及产业振兴事项、生活环境改善的事项、有关社会投资基础设施项目事项等。同时,在财政保障上,《韩国西海五岛特别支援法》还规定,国家级地方自治团体为有效执行西海五岛居民等综合开发计划,对可开发项目的实施者给予资金补助、融资及政策协调等帮助,对入住居民进行税费减免等支援。此外,还对岛上居民生活补贴等财政政策给予保障。

五、实施海岛的全沿海"海洋牧场模式"战略

韩国在海岛经济发展模式上也积极学习 20 世纪 70 年代日本海洋牧场的做法,在全沿海推行海洋牧场"蓝色粮仓"发展战略。建设之初,海洋牧场管理体制上按照政府统筹的分阶段实施策略,具体而言由韩国海洋研究院及旗下的海洋牧场管理与发展中心具体复杂管理运营,之后又移交韩国国立水产研究院负责管理。在海洋牧场建设实施过程中,分阶段设立了基金会和管理委员会、建设海洋牧场、后期管理及牧场评估等环节。以

韩国庆尚南道统营市海洋牧场为例,该牧场是韩国建成的首个海洋牧场,渔业资源恢复效果明显,但育苗过度增殖放流也破坏了韩国周边海域的渔业生态环境。韩国统营海洋牧场的成功经验在于:提出了基于海洋生态系统的可持续发展海洋渔业生态养殖方式,该生态系统由环境观测中心、鱼苗放牧区、育苗培育区、成鱼繁殖区、外侧垂钓区等多层次系统构成,并形成了相对成熟的海洋养殖技术支撑体系。之后,韩国在统营海洋牧场经验及教训的基础上,将该模式复制到全海域的海洋牧场,如全罗南道的丽水、忠清南道的泰安、庆尚北道鲍郁进和济烈等 4 个地区海洋牧场,此外韩国的东海(日本海)和韩国南部海域(对马海峡)海洋牧场示范基地均取得了很好成效。

第四节 越南海岛开发管理及经济发展经验

一、建立了中央到地方、部委三方配合管理体制

越南拥有 3 000 余个近岸和离岸海岛,为了促进海岛开发管理,越南共有 15 个行业部门参与直接管理或者负有管理职责,也存在职能与工作任务交叉情况。之后在 2008 年 8 月,越南设立了越南海洋与海岛管理总局,隶属于越南自然资源与环境部,负责海洋和海岛的综合管理。该局下设 6 个行政单位和 5 个事业单位,明确规定了自然资源与环境部、海洋与海岛管理总局、国家有关部委、沿海各省人民政府的主要职责。为了建立从中央到地方、各级、各部委之间在海洋与海岛环境保护和资源综合管理中的配合机制,增强沿海直辖市、省人民委员会和相关组织、各部委、各机关之间的配合责任,强化海洋与海岛环境保护和资源综合管理效果,明确了制度建设、规划编制、基础调查、污染防治、宣传教育以及国际合作等方面的合作主要内容。

二、采用了"分类管理+许可管理"的海岛管理方式

分类管理是越南海岛管理方式中的重要手段之一。在颁布的《至 2020 年越南海岛经济发展总体规划》中有具体体现。越南海岛管理部门将其主

张管辖的 3 000 余个海岛,根据海岛功能不同,大致分为普通有居民海岛、重点海岛及岛群、具有国防战略意义的小型海岛三类,其中重点海岛及岛群又划分为重点发展经济的海岛和发展经济及安全保障相结合的海岛两种。越南按照分类,实施了分类管理,针对每一类别,又实施了许可证管理(见表 4–3)。对普通岛采用环境保护与经济发展相结合;对重点经济发展海岛,开发利用具有资源禀赋的工业推动经济发展;对经济发展与保障安全相结合,除了发展经济之外,也强化国防基础设施建设。

表 4–3　　　　　　　　　越南海岛分类规划要求

海岛分类		分类规划要求		
		开发利用	保护、科学研究等公益性	国防安全
普通海岛		交通、水电、通信等基础设施;发展渔业、旅游业	预防+限制+严控污染+环境保护与经济发展相结合	全面国防战线,实现经济发展与国防结合
重点经济发展海岛	富国岛	高端旅游+旅游服务业	富国岛—土朱岛海洋保护区、逐步减少海岛附近海域捕捞船只数量	
	昆岛群	高质量旅游+生态农业+远洋捕捞+搜救中心	保护昆岛森林公园、修缮历史遗迹	投资建设升级与基础加固
	云屯岛群	旅游+清洁工业+出口商品生产工业	海岛树木保护与再生,建设龙湾保护区	
经济发展与保障安全相结合	姑苏—青邻岛	远洋捕捞+海上养殖+清洁工业+岛民需求服务	减少渔船数量与产量,保护渔业资源,提高森林覆盖率,建设姑苏岛保护区	东北部海域基地,海岛防守能力,战备能力
	吉婆—吉海岛群	高级疗养+生态旅游+海产品工业+手工艺行业	严禁大规模生产+保护红树林+保护树林公园	东北海域基地,岛上防守区域,独立作战能力
	李山岛	海产品+旅游业+升级海岛经济+形成重点旅游区	李山岛海洋保护区	巩固国防安全,优先保障供电
	富贵岛	渔业后勤服务中心与搜救中心,发展远洋渔业	建设富贵岛海洋保护区	中南部基地,长沙群岛中转地

续表

海岛分类	分类规划要求		
	开发利用	保护、科学研究等公益性	国防安全
具有战略意义小型海岛，如陈岛、白龙尾岛、昏果岛	推广"建设年轻海岛"模式，增加无人岛上居民，优先发展旅游与渔业，移民计划、避风港、搜救中心	建设海岛保护区	国防安全潜力监控海洋与海岛现代化基础设施

注：根据作者阅读资料整理。

三、注重海岛经济发展的基础设施建设

越南在《至2020年越南海岛经济发展总体规划》中就海岛基础设施建设提出了至2020年的具体工作任务，要求加快基础设施的建设速度，并吸引投资，既要考虑海岛基础设施社会经济发展，又要考虑国防安全服务性。具体的做法包括：一是优先发展军民两用工程，重点发展连陆工程及海岛之间对各海岛经济发展具有决定性作用的主要交通线，加快升级扩建港口，达到停靠1 000吨级以下船只的能力，使海岛成为连接海岛与陆地的交通枢纽；二是重点发展电力供应和电力传输网络，推动风能、太阳能、潮汐能、沼气能等清洁能源发展与推广应用，针对有条件海岛建设海底电缆管道，满足供电需求。三是针对面积较大、居民较多或战略位置重要的海岛新建和扩建水库，对面积较小的海岛采取"雨水收集+地下水"方法，对面积较大的海岛采取"深度调查海岛地下水储量开采计划"方法。针对地理位置重要且具有国防保障的海岛，采用海水淡化技术确保足够的淡水用于社会经济发展。四是完善有居民海岛的通信网络。在有居民海岛集中建设固定总机、国际互联网接入系统等通信基础设施。

四、明确海洋水产业等优势产业作为海岛经济重点

根据越南海岛经济总体规划要求，越南政府将海洋水产业、旅游业和服务业等优势产业确定为推动海岛产业发展的重点。在具体政策上：一是立足发展海洋水产业，要求继续合理转变生产结构，注重深海养殖以及海洋渔业服务，引导近海、沿海捕捞业向远洋捕捞结构性转变。二是重视发展海岛旅游业，要求强化与沿海城市和旅游区的联系，持续发展海岛旅游，并将海岛旅游确定为未来海岛经济发展具有突破性质的重点方向，通过培育若干典型

海岛形成具有区域和世界影响力的生态旅游区。三是立足发展现代渔业服务业，推动远洋捕捞业发展，建设若干海岛渔业服务中心，为在各海域开展捕捞活动的船只提供后勤保障服务，通过发展海上搜救中心，保障海上活动人员和工具的安全。四是立足自身资源禀赋发展海岛经济。根据海岛的自身条件与能力发展临港工业、海产品加工、船只维修、旅游工艺美术商品生产等直接服务海岛居民生产生活的行业，尤其是清洁能源项目。支持持续发展生态农业，在有条件的、面积相对较大的海岛优先发展庄园种养模式，开展"农业观光旅游+海岛民宿"等产业融合方式。

五、建立制度、人才、科技、资金等完善保障机制

在制度上，以《2020年越南海洋战略规划》为指导和依据，对现有涉岛政策文件进行梳理、检查和修订，完善相关政策措施，补充和制定鼓励政策，支援各类企业对海岛基础设施的投资建设，继续执行海岛开发的优惠政策。其次，积极开展海岛社区化建设，吸引和鼓励人民岛海岛长期定居。建立幼儿园到高中的正规教育体系，并发展职业教育，有条件的海岛建设培训基地和职业教育中心，同时提升基地的培训能力，形成海岛劳动力培训模式。制定海岛的工资、补贴与其他待遇方面的优惠政策，提高海岛与陆地的人才交流。接着，在科技方面，重点鼓励企业在海岛应用节能环保技术和新工艺，加强新能源的应用；着重开展海岛资源基础调查和科学研究工作，建立完善海岛基础数据库，对海岛主要资源基础调查的开发能力和科学研究工作进行评价。最后，在财税方面，针对需要优先建设的海岛、岛群和行业领域，吸引国内外各类企业的投资资金，强化在海洋旅游、海洋服务、海水养殖、海产品加工等领域的招商引资工作，加强官方发展援助资金对发展海岛经济的支持。改革外商投资机制，制定配套政策，采用PPP、BOT等多元化投融资模式，创造便利化条件吸引外商直接投资。

第五节　印度尼西亚海岛开发管理及经济发展经验

一、采用高层协调与集中管理的综合管理模式

印度尼西亚被称为"千岛之国",拥有 17 508 个海岛,约有 6 000 个海岛有居民居住,此外,印度尼西亚还拥有面积较大的五大海岛,包括苏门答腊岛、爪哇和马都拉岛、加里曼丹岛、苏拉威西岛、巴布亚岛。海域内分布"马六甲海峡、巽他海峡、龙目海峡、翁拜海峡",特殊的地理位置决定了印度尼西亚海上执法管理的重要性。2000 年后,印度尼西亚改变了过去的海洋分散管理体制,采用了高层协调与相对集中管理的综合管理方式,成立了统一管理海洋事务的海洋事务与渔业部,负责管理海洋和渔业事务,管理保护和合理、可持续地开发利用海洋资源,内设 8 个业务司,其中关于海岛管理设置了"海洋、海岸带与海岛总司",具体负责印度尼西亚海岛的管理,165 号总统令进一步明确了将"提高海岛经济价值,让更多海岛纳入管理范畴"。2005 年印度尼西亚设立了海上安全协调委员会,直接对总统负责、受总统领导。2007 年第 21 号总统令,宣布成立国家海洋事务高层协调机制——国家海洋委员会,由国防、运输、能源、财政等相关涉海部门及相关专家、企业和非政府组织代表组成,具体负责印度尼西亚海洋政策与战略制定以及协调政府的涉海事务,并就国家海洋政策问题向总统提出建议。

二、采用集中立法模式并建立完善海岛政策体系

印度尼西亚政府十分重视运用立法手段加强对海岛资源的保护与开发利用,不断建立和完善包括海岛管理在内的涉海管理政策体系,发布了一系列政策法规,其中《海岸带和小岛管理法》是目前印度尼西亚规范和管理海岛资源保护与开发利用的重要立法,基本建立了海岸带和小岛综合管理体系(见表4-4)。

三、强化分区规划与空间规划在海岛的保障作用

印度尼西亚政府对海岸带和小岛的战略规划每五年进行一次修订,规划

表 4-4　　　　　印度尼西亚海岛管理相关立法一览表

序号	年份	政策名称	内容
1	1967	印度尼西亚外资法	给予免征资产发行印花税、固定资产免征销售税、船舶登记免征过户税、企业所得税减免、两年内免征股东红利税
2	1997 2009	印度尼西亚环境保护与管理法	排污许可证制度、污染者负担制度、公民参与知情制度、环境影响评价制度等较为先进的制度
3	2000	自由贸易区和自由港的第2号政府条例	设立若干适合外资发展自由贸易区和自由港，赋予一定自治权
4	2007	海岸带和小岛管理法	不大于2 000平方千米海岛规定海岸带、小岛规划内容，包括战略规划、分区规划、管理规划与行动规划
5	2007	印度尼西亚空间管理法	突出群岛特征，明确空间管理、空间规划、空间利用及监管等内容
6	2007	关于巴淡自由港和自由贸易区的第46号	免去进口税、增值税、奢侈品税和国产税，印度尼西亚出口中心

有效期为20年，此规划作为国家编制战略规划的重要组成部分。一是在分区规划上，通过运用工程技术确定有开发潜力且可利用的资源空间以及可直接为沿海生态系统提供支撑力空间，确定了区域为单位的资源利用方向，科学规划了海岛开发的区域结构和空间布局，可分为可活动区域、不可活动区域和被许可后活动区域。分区规划中需要充分考虑区域生态系统的承载力，要有利于区域内多种资源的开发利用和保护，分区规划由地方政府组织编制，包括省和市县两个层级。规划也按照空间分布明确公共利益区、保护区、国家指定战略区和海上通道的空间分配，设定海洋空间利用率指标要求。在空间规划分类，并进行了精细空间规划，包括海岛空间规划、群岛及国家战略规划分类。二是在空间规划组成上，又包括空间结构与空间模式两部分，空间模式规划涉及海岛生态保护区、生态开发区的分配，主要涉及环保、社交、文化、经济、国防、安全等，针对环境保护，要求规划中所确定的森林区域面积应至少占河流区域面积的30%。三是海岛空间利用管理，为控制空间利用，在海岛分区、批准、许可、刺激、抑制、制裁等方面制定规则，对符合空间规划部署的行为做出奖励，包括减税、补偿、交叉补贴、奖金、空间租赁等。

四、注重海岛产业开发与基础设施建设相结合

印度尼西亚政府十分注重海岛经济建设与发展规划，具体做法有：一是形成海岛经济发展的"经济走廊＋工业中心"组合模式，2011年印度尼西亚提出了《六大经济走廊①发展规划》，强调互联互通，提高科研水平以及人力资源综合素质，兴建机场、道路、桥梁、电厂、铁路等基础实施。二是加快网络、通信、物流等领域基础设施建设，加强岛际间联合，使各岛产业中心都能直接参与国际市场竞争。三是注重人才培育，为六大经济走廊提供人力资源支持。在海岛产业开发上也注重平台搭建，例如产业示范区建设。印度尼西亚尤其重新能源产业开发，印度尼西亚是世界地热能源储藏量最大的国家，地热资源约占全球四成，但印度尼西亚地热能源开发利用仅有4%，主要原因在于缺乏社会资本参与及公共财政资金的支持。此外，政府各个部门的协同配合机制也较为薄弱。四是发展旅游产业。印度尼西亚著名景点不胜枚举，包括诗之岛、龙目岛、巴坦岛、班达群岛等海岛都具有独特的魅力。在举措上，印度尼西亚政府长期重视开发旅游景点、新建饭店、培训人员和简化手续。在旅游便利化手续上，2015年6月，印度尼西亚政府宣布正式对包括中国在内的30个国家的游客实施免签证的政策；在硬件服务质量上，印度尼西亚政府主要是新建旅游宾馆。

五、设立海岛经济开放平台吸引外资开发海岛

印度尼西亚政府为了增强国际竞争力、增强国际交流、吸引外资，设立了若干适合外资发展的自由贸易区和自由港，赋予该区域一定的区域自治权，鼓励在区域内开展贸易、航运、工业、交通、银行、旅游等经济活动，并实行免进口税、增值税、奢侈品税和国产税。例如，巴淡岛享受着有限的自由贸易区地位；实施着包括对所有出口型企业免除进口税、收入税、增值税等优惠投资政策；以出口为主的制造业，贡献着巴淡岛经济增长收入的七成。为创造良好的投资环境，印度尼西亚政府还投入巨额资金，着力提升巴淡岛的基础设施水平。巴淡岛成为自由贸易区后，极大地改善了印度尼西亚

---

① 六大经济走廊分别为：爪哇走廊——工业与服务业中心；苏门答腊走廊——能源储备、自然资源生产与处理中心；加里曼丹走廊——矿业和能源储备生产与加工中心；苏拉威西走廊——农业、种植业、渔业、油气与矿业生产与加工中心；巴厘—努沙登加拉走廊——旅游和食品加工中心；巴布亚—马鲁古群岛走廊——自然资源开发中心。

区域投资环境，成功吸引 600 家外企入驻，吸引了上百亿美元的外资。为了推动东部地区或偏远地区的海岛经济建设，印度尼西亚政府还设立多个综合经济发展区，在此区域给予优惠政策，包括给予 30% 的投资补助、加速折旧与摊提、亏损结转可延长 10 年、降低股息税等。另外，出台优惠的外商投资政策，包括：对显著增加国家外汇的、投资于除爪哇省以外地区的、投资数额或者风险较大的、投资于政府重点鼓励投资领域的企业给予两年期满后再延长一年的免税期。

第六节　菲律宾海岛开发管理及经济发展经验

一、采用"高层协调 + 多方参与"的多层次管理模式

菲律宾是典型群岛国家，全国拥有 7 100 个海岛，其中吕宋岛、维萨亚岛和棉兰老岛、萨马岛等 11 个主要海岛占全国总面积的 96%。菲律宾海洋管理体系比较完善，采用的是高层协调、国会监督审议，以菲律宾环境与自然资源部为首的政府各涉海部门分工负责和地方政府及民间组织积极参与的多层次管理模式。2010 年，菲律宾政府建立了比较完备的海洋事务委员会，在外交部下建立了执行机构——海事和海洋事务中心，并有独立的编制与经费预算，2011 年被废除后并入海监委。菲律宾的海洋管理部门包括两个系统：一是包括总统、国会、内阁等国家最高立法与行政机构在内的最高决策系统，负责制定海洋战略发展方向；二是海上和海洋事务内阁委员会、海洋事务研究共同体以及其他规划系统，负责国家海洋发展规划的制定和管理等相关工作。此外，在海洋执法上，建立了一套以海岸警卫队为中心，其他部门相配合的执法管理体系。

二、强调地方政府主体地位与海岛权属分散管理

菲律宾现有的海洋立法具体体现在《菲律宾宪法》《菲律宾地方政府法》《菲律宾渔业法》等法律中。其中，《菲律宾地方政府法》明确要求将菲律宾的环境与自然资源管理部门职能进行管理职能下移给地方政府机构，赋予地方政府在海岛开发和利用的主体地位。此外，菲律宾关于海岛的开发

与保护等相关内容分散于相关管理体系中,有点类似美国的做法。例如,菲律宾的海岛环保管理主要由环境与自然资源部内设的环境管理局负责,在全国13个行政区均设有分局(见表4-5)。

表4-5　　　　　　　　菲律宾海岛管理相关立法一览表

序号	政策名称	内容
1	宪法	海洋战略的基本方向与发展方针
2	地方政府法	海洋权利下放给地方政府
3	渔业法	支持海洋渔业可持续发展
4	污染控制法	污染物管理化,废水处理系统
5	环境法典	国家环境保护管理框架,包括空气质量等
6	环境影响评价系统法	专门组织建立体系和评估影响评价报告
7	投资者租赁方案	商业用地不超过75年,要求仅能做投资用途使用
8	BOT法	支持海岛基础设施建设

三、通过政策奖励私营部门参与海岛基础设施建设

菲律宾海岛基础设施建设是遵循《准许私营部门投资、建造、经营和维护基本建设的法律》,即BOT法(见表4-5),并把私营部门作为海岛基础设施不可或缺的力量,还提出"除法律提供的金融激励之外,还包括最低限度的政府管制、程序以及具体的支持私营部门的投资环境"。根据该法规定,私营部门可以承担由公共部门投资和经营的海岛基础设施建设项目,对建设主体,该法规定可以由菲律宾人承包,也可以由外国承包商承包。对于难以吸引资金的工程项目,规定"可直接从政府拨款获得部分资金,或外国政府或组织的官方发展援助ODA获得资金,但该资金不得超过项目成本的50%",且项目发起人要提供资产平衡表。法令中,还规定多种具体项目参与形式,例如BOT、BT、BOO、BRT等类型,赋予私营部门极大自主权,通过政府担保的形式在很大程度上也保障了建设主体的权益,地方政府的基础设施建设机构可以通过项目参与形式与任何预审合格的项目发起人就任何财政上可行的基础设施工程或发展项目的融资、建设、经营与维护签订合同。从政策上看,菲律宾政府对私营部门参与海岛基础设施给予极大的支持,明确了私营部门参与的具体方式与利益保障,也强调了对建设项目的监督管理。

四、搭建了关于小海岛开发的专门管理政策体系

菲律宾国会发布了《关于调整菲律宾小海岛开发与管理以及其他活动的管理条例》，又被称为《2010小海岛发展与管理条例》，目的就是促进小海岛的可持续利用、开发、管理与保护，以充分推动经济发展与生态稳健。首先，对小海岛进行了明确界定，即指完全被水包围并与其他陆地隔离，在海水高潮线以上，面积不超过 50 000 公顷的陆地区域。其次，为了推动小海岛可持续发展，该法令建立了一个小海岛开发的管理框架，包括：清查与评估小海岛的资源状况、小海岛资源环境承载力评价、资源开发影响因素识别、管理机构的整合计划、气候适应、利益相关者在开发活动中参与等内容。此外。法令还建立"小海岛发展和管理董事会（SIDMB）"，由各省主管部门牵头担任董事会的主席，成员包括小海岛所在的地级市市长、旅游机构的代表、国家经济和发展局的代表、环境资源管理部门代表以及能够影响小海岛管理政策和发展计划的当地政府部门代表。SIDMB主要承担以下职能：一是制定和修改小海岛利用和发展政策；二是整合和协调所有参与小海岛开发利用的相关法律和政策；三是为保持小海岛的资源环境承载力，对已批准的开发活动进行管理；四是确保小海岛开发与保护能够与其他法律一致，并能够覆盖国家综合保护区系统管理法令等；五是审批和监督与框架一致的特别工作计划、行动计划和项目的实施。

五、设立经济特区模式发展与管理海岛经济

菲律宾政府设立经济特区主要是为了在其国内适宜的战略地区，采用有效措施合理吸引具有高生产力的国内外投资机构，加速国家工业与经济发展。该法明确了第一批经济特区的名单，重点提到了具体海岛经济发展，例如萨摩岛、巴丹半岛、奥若拉省领海和小岛以及近郊的地区等。除了名单中列出的地区，法令中还规定其他经济特区应符合的条件，如政策的支持、基础设施的保障、地区空间的战略重要性等。特区内经营是该法规的一个重要方面，具体包括：一是制定发展战略，明确了经济特区发展战略的优先性与重要性；二是开展资源调查，要求对经济特区内的物质、自然资源和发展潜力进行充分调查；三是明确鼓励措施，包括财政机理、国家和地方税收免除、收益分配、一条龙管理服务等方面；四是针对限制产业产品销售、特区区域征用、土地租用和转化、运输管理、环境保护等方面提出了具体管理要

求。此外,对经济特区的发展,该法明确了资金的保障来源,具体包括:按照要求被吸收或转移进管理署的出口加工区、工业园区和其他经济区的年度补贴、拨款和其他资产;经济特区土地、建筑及其他财产出租的有关收益;管理署根据本法授权进行征收的费用、收费及创收手段的收益;管理署被授权在国内外发行债券的收益、征收的许可费、预付租金等。

第七节 海岛开发管理及经济发展典型案例

一、美国夏威夷:强化个性化、特色化与精致化发展

夏威夷群岛是波利尼西亚群岛中面积最大的一个二级群岛,位于太平洋正中部,拥有由8个主要海岛(基保4大4小)以及124个小岛和环绕在各岛附近的礁岩、尖塔组合而成。夏威夷每年旅游收入占到当地产值的六成,海岛经济增长率始终高于美国经济平均增速。夏威夷十分注重海岛经济发展模式的个性化、特色化与精致化发展,主要体现在四个层面:一是基础设施先行,夏威夷建立了四通八达的基础设施,到周边海岛的交通工具丰富,可以选择乘坐小飞机、公共汽车、快艇、游船等。二是拥有优质的海岛旅游服务体系,夏威夷海岛政府管理部门重视旅游服务建设,包括旅游便利化平台搭建、旅游产品、旅游公共设施建设等,由于夏威夷的旅游服务质量较高,海岛重游率很高,政府每年拨出资金在全球范围内进行旅游促销,并及时根据游客动态需求改善旅游设施与服务。三是强调独特海岛文化,由于夏威夷的多种族裔文化特征导致了海岛在艺术、文化、实物、庆典以及历史上具有多元化元素,为夏威夷增添了丰富的文化底蕴。此外,一批知名旅游项目还把各个海岛的风土人情融合在一起。四是注重海岛软环境建设。

二、亚速尔群岛:利用 MPAs 获得渔业与保护双重效益

海洋保护区(Marine Protected Areas,MPAs)作为国际社会关注的重点问题,现在已经成为部分国家和国际组织视为海洋生态系统管理和保护海洋生物多样性的最佳工具。MPAs 设立过程比较复杂,涉及生态层面与社会经

济、社会政治层面,这些因素具有高度不确定性,会对 MPAs 标准产生影响。葡萄牙亚速尔群岛陆地面积为 2 247 平方千米,分为东部群岛、中部群岛和西部群岛,人口约 32 万人,由 9 个火山岛组成。20 世纪 80 年代末,亚速尔群岛自治区设立之后,世外桃源式的海岛人文景观及自然景观得到了挖掘与有效利用,海岛开发活动以及旅游业快速发展。为此,科学家提出了建立 MPAs。葡萄牙的 MPAs 主要包括:基于相关利益者视角的社区主导的 MPAs 与政府主导的 MPAs。在建立 MPAs 的过程中,选取通过采访亚速尔群岛的一个海岛——利益相关者进行访谈评价,结果是 40% 地方利益相关者将 MPAs 视为社区进行海洋环境保护的成功案例。以科尔武岛为例,通过社区主导的 MPAs,一方面,当地社区通过非正式保护机制,自主创建了海洋保护区,保护区内严格禁止捕鱼、居民配合度高并自觉承担执法责任;另一方面,通过成立 MPAs,吸引了多个欧盟基金项目落地。

三、太平洋群岛:海洋资源区域合作管理

太平洋群岛是一个群岛套群岛的"万岛群岛",陆地面积达 104 万平方千米,约占大洋洲陆地面积的 11.6%。太平洋海岛人口共有 580 多万人,占大洋洲总人口的 23.3%。为加强合作,太平洋群岛出台了全球最为成熟领先的合作方案。太平洋岛国论坛渔业局(FFA)、太平洋共同秘书处(SPC)等专门机构为成员国提供了专业技术咨询。同时,还规定了外国渔船入渔最低合作条件(HMTCs)、按日计费入渔模式(VDS)、EFA 渔船监测系统(VMS)。此外,太平洋海岛国家的渔业管理合作意愿是建立中西太平洋渔业委员会(WCPFC)的关键前提。区域合作战略的必要前提是尊重全部利益方的知情意愿,这需要所有太平洋海岛国家从区域合作视角出发,并拥有测算和追求本国利益的能力与信心。区域合作有利于在中短期内建设海洋治理能力,并通过建立资源合作管理机构帮助解决太平洋群岛地区的长期问题,主要分两步:第一步在于能力建设和改善政府渔业管理过程;第二步在于建立区域合作管理机构。此区域合作管理模式能够有效减轻各国管理负担,对数个太平洋小海岛发展中国家专属经济区内的鱼类资源进行管理。区域合作管理方案的目的不是将多个专属经济区合并为一个,而是将数个目标相似的海岛国家的机构与基础设施资源相整合。

四、所罗门群岛：海洋资源社区化管理创新

所罗门群岛位于澳大利亚东北方，是南太平洋的一个岛国。陆地总面积为28 450平方千米，由瓜达尔卡纳尔岛、新乔治亚岛等海岛组成，最大的是瓜达尔卡纳尔岛，面积为6 475平方千米。全国人口约57万人，国民以种植业、海洋渔业和黄金开采为主。面临人口增长、气候变化与资源退化，所罗门政府将保护近海海洋资源作为确保食品安全的核心策略，作为国家战略的近海渔业和海洋资源管理，强化社区化自适应资源共同管理以实施海洋资源社区化管理（CBRM），所罗门群岛CBRM由国际非政府组织（NGO）推动，但CBRM的制度化不存在通用模式，而是显著取决于社区环境。持续制度化与社区积极支持取决于CBRM进程早期发生的事件类型，主要有三种类型：一是采用社区成员认为合法的管理体制和决策程序极为重要，没有合法性很难获得或维持CBRM转型、变革。二是通过促进社区参与、提高社区资源保护意识以及加强对话以获取社区CBRM理念支持，推动CBRM转型与变革。三是选择和调整使用现状的规则、尊重资源所有权、引导全社区参与规则执行，能够加强社区成员对规则的配合度与认可度。

五、马尔代夫群岛："四个一"与"三高一低"发展模式

马尔代夫被誉为"人间最后的乐园"，被形容为"99%晶莹剔透的海水+1%纯净洁白的沙滩+100%的马尔代夫"。马尔代夫群岛共有1 190个大大小小的海岛，其中有居民海岛共有220多个。从海岛管控手段来看，马尔代夫海岛生态开发模式坚持"一岛一特色"，实施"三低一高"发展管控模式，即"低层建筑、低密度开发、低容量利用、高绿化率"。从海岛经济发展经验做法来看，马尔代夫群岛采取的是"四个一"模式："1家投资开发公司+1家酒店+1种风格与文化+1套完备休闲娱乐设施"，"四个一"模式依靠这样"小、清、静"的开发特色，获得了极大的成功，"四个一"模式的关键在于海岛开发要绝对服从环境保护。从海岛开发主体来看，在海岛生态环境保护基础上，采用灵活的私人开发主体，吸引社会资本参与海岛开发利用及保护工作，形成了"投资本土化+管理国家化"的海岛经济发展特点。从海岛配套政策上看，马尔代夫政府具有强烈的保护意识，政府当局制定了严格详细的环境管控法令，酒店必

须配套垃圾压缩及焚烧装置等。

第八节 典型海岛经济体国家的发展经验

一、瓦努阿图:"隔二连三主导型+避税岛型"

瓦努阿图位于南太平洋西部,努阿图属美拉尼西亚群岛,由80多个海岛组成,其中68个海岛有人居住。瓦努阿图人口不到30万人,80%人口聚居在7个海岛上。在海岛经济发展经验上,主要体现在六个方面:一是强化"一产+三产"作用,农业、畜牧业、离岸金融业和旅游业是瓦努阿图的经济支柱,人均国内生产总值约为2 891美元。旅游业是瓦努阿图最大的外汇收入来源,也是其支柱产业,增加值约占国内生产总值的三分之一。二是瓦努阿图发挥港口码头、机场等枢纽在海岛经济发展中的纽带作用。维拉港是瓦努阿图首都,位于埃法特岛西南端,是天然的良港,是国际、国内海运及航运中心,瓦努阿图有两个渗水码头,即维拉港和桑托港,岛间运输船舶的最大吨位为200多吨。各主要海岛都有机场,维拉港有国际机场,可直飞所罗门群岛、新喀里多尼亚、澳大利亚、新西兰、斐济等地。三是酋长文化在海岛经济发展中为主导角色。据统计,瓦努阿图仍有75%的人口生活在部落之中,酋长在瓦社会生活中扮演重要角色。瓦没有建立酋长等级制度,酋长地位较弱,统一部落普遍存在多个酋长,一旦摆脱自己部落的纽带关系,换到其他部落其权力就不被认可。酋长在土地、文化、语言、捕鱼、打猎等传统习俗问题上有最终话语权,掌管辖区土地的所有权、小争端和治安问题的行政司法权和负责辖区人民的美拉尼西亚教化。四是在吸引外资上,瓦努阿图享有"避税天堂"的美誉,同时强化与亚洲国家或地区开展合作,例如歌诗达邮轮"大西洋号"吸引了大量中国的游客;马勒库拉公路修复项目一期工程建成后将显著改善该岛的交通和物流条件,促进当地经济发展,为当地居民带来便利。五是以酋长制度为代表的美拉尼西亚文化与基督教的强烈内在共性支配海岛经济和谐发展。

二、斐济:"自然资源主导型+一、二、三产联动型"

斐济是一个太平洋岛国,位于南太平洋,多为珊瑚礁环绕的火山岛,主

第四章　海岛经济发展与管理体制经验借鉴　　　81

要有维提岛和瓦努阿岛等。属热带海洋性气候，常受飓风袭击。由 332 个海岛组成，其中 106 个海岛有人居住。海岛经济发展的经验主要体现为三点：一是斐济陆地总面积 1.83 万平方千米，水域面积 129 万平方千米，森林覆盖面积 93.5 万公顷，约占全国土地面积的一半，有开采价值的约 25 万公顷，出产优质硬木和松木。有 2 个金矿，还有少量铜、银资源，铝矾土、石油资源已在勘探中，渔业资源丰富，盛产金枪鱼等海产品。这些丰富的自然资源支持着斐济的经济发展，使其成为太平洋岛国中经济实力较强、经济发展较好的国家之一。同时，斐济拥有兰巴萨港口、劳托卡港口、苏瓦港，其中苏瓦港是斐济最大的海港，又是南太平洋的航运中心，这使得斐济的海岛经济具有经济腹地与港口优势。二是斐济通过财税政策与外经贸政策，建立了宽松的经济政策环境，促进海岛投资和出口，重点扶持本岛民族经济与私营企业的发展，逐步引导斐经济发展成富有活力的外向型经济。三是注重一、二、三产联动，糖业和旅游业是国民经济的两大支柱，工业依托一产的糖业、椰子及森林木材资源，发展以榨糖为主，其次是椰子加工，木材加工和黄金开采等，其中糖类占出口总值的 70%，形成了相对健全的一、二、三产联动的海岛经济发展格局。

三、萨摩亚："隔二连三主导型"

萨摩亚原名"西萨摩亚"，为波利尼西亚群岛的中心，由乌波卢（Upolu）、萨瓦伊（Savaii）两个主岛和附近的马诺诺、阿波利马、努乌泰雷、努乌卢瓦、纳木瓦、法努瓦塔普、努乌萨菲埃、努乌洛帕等 8 个小岛组成。萨摩亚曾经是世界上最晚日落的国家，如今却是最早日出的国家。萨摩亚的经济以农业为主，盛产椰子、可可、面包果、香蕉等农产品，主要出口渔产品、脑努汁、啤酒、椰奶、脑努果、芋头等加工产品。小型轻工业、农产品加工业及海岛旅游业是萨摩亚的主要经济支柱。在海岛资源上，森林面积占全国面积近五成，专属经济区水域 12 万平方千米，盛产金枪鱼。萨政府为了推动海岛经济发展，主要致力于农业、旅游、私营经济、基础设施、教育和医疗等领域的建设。据萨摩亚财政部和国家统计局发布的数据，2015—2016 财年（2015 年 7 月 1 日—2016 年 6 月 30 日），萨摩亚按照现值计算的 GDP 总额为 20.55 亿萨摩亚塔拉（约合 8.22 亿美元），较上财年的 19.49 亿塔拉增长 6%；人均 GDP 为 10 877 塔拉（约合 4 350 美元）。在现有经济基础与自然资源逐步减少的背景下，萨摩亚政府十分注重旅游业发展，发展海岛旅游、旅游业是萨摩亚主要经济支柱之一和第二大外汇来源。

四、密克罗尼西亚联邦:"自然资源型+对外开放型"

密克罗尼西亚联邦位于中部太平洋地区,是西太平洋岛国,陆地面积705平方千米,人口10.56万人,属加罗林群岛,由607个大小海岛组成,其中4个主要大岛为:波纳佩岛(Pohnpei)、丘克岛(Chuuk)、雅浦岛(Yap)和科斯雷岛(Kosrae)。首都帕利基尔位于最大的海岛——波纳佩岛,东西延伸2 500千米,海岸线长6 112千米。海岛为火山型和珊瑚礁型,山地较多。海岛农业、渔业、旅游业作为经济的"三大支柱"。从海岛农产品及渔业资源来看,海岛盛产椰子、胡椒、芋头、面包果等农产品;海洋渔业资源丰富,以金枪鱼最为著名。密联邦如同其他的小岛国,人口稀少,土地缺乏,资源稀缺,经济发展机会有限,且市场规模小,海洋科技研究能力薄弱,缺乏足够资金且离现代商业市场的距离较远,对于外部市场的震荡和自然灾害的防御能力较低。在这种背景下,密通过海岛开放与文化交流,吸引美日中等国援助,提高海岛产品出口附加值。具体举措有:(1)总统于2008年1月成立联邦贸易促进委员会(NTFC),副总统担任主席,其他成员来自联邦政府部门、州政府、私营经济,非州政府参加方以及行业代表(农业、渔业和服务业)。NTFC在制订贸易政策、协商贸易协议以及执行贸易政策和贸易协议上起到重要作用。(2)引导联邦协商贸易并执行贸易协定等,如美国的COMPACT,太平洋岛国贸易协定(PICTA)、经济伙伴协定(EPA),PACER,中国等。例如,密通过加入南太平洋地区贸易和经济合作协定(SPARTECA),可以进入澳大利亚和新西兰市场,已经从地区贸易促进计划中受益。正如密克罗尼西亚总统彼得·克里斯琴所说,各海岛在进一步保护与传承各自文化的基础上紧密合作并加入全球化进程中,要建立新的经济高速发展公路,弥补经济发展不平衡的缺陷,海岛经济格局会更加开放、包容。

五、巴布亚新几内亚:"自然资源主导型+注重互联互通"

巴布亚新几内亚岛位于澳大利亚以北、太平洋西部、赤道南侧,被誉为"跨越赤道的神奇国度"。整个海岛总人口约1 130多万人,2014年人均GDP约2 192美元。在经济发展模式上,巴布亚新几内亚岛主要依靠自然资源以及基于互联互通的国际合作。从自然资源禀赋来看,巴布亚新几内亚岛盛产薯蓣、芋头、西米和香蕉以及咖啡、可可、椰乾、棕榈油、茶和橡胶等农产品,在海洋渔业上以金枪鱼、匙指虾为主。从矿产资源来看,海岛拥有丰富的矿产,据统计,金、铜产量分别列世界第11位和第10位,石油、天然气蕴藏丰富。其中铜矿储量约2 000万吨,黄金储量约3 110吨,原油储量约6亿桶,铜金共生矿储量约4亿吨。此外,还有海底天然气和石油以及铬、镍、铝矾土等自然资源。在具体项目上,海岛将开发2个大型石油和矿业项目(总投资额约200亿美元,相当于1年的GDP),将成为拉动经济增长的强劲动力。例如瑞木镍钴项目、巴布亚液化天然气项目。其次,注重国际合作以及基础设施建设的互联互通。在APEC会议上,巴新政府高度关注互联互通议题,重点推动讨论信息和通信技术(ICT)及交通基础设施问题,并研究如何推动岛国通过ICT、宽带、航运、航空等方式与亚太其他地区相连接。更好的互联互通是巴新政府促进经济增长的最优先关注,巴新政府此前已积极协调其他APEC成员支持互联互通议程。但是由于过度依赖外资,导致海岛新经济产业的90%被外商掌控,形成了新经济和社会发展不平衡。

六、汤加:"自然资源主导型+海岛土地租赁模式"

汤加王国位于南太平洋西部,共有173个海岛,形成了海岛群,其中有居民海岛36个,占全部海岛的20.8%。汤加王国与巴布亚新几内亚岛情况相似,主要依靠海岛自然资源。从海岛农业经济来看,海岛农产品主要有芋头、木薯、南瓜、香草等。从工业经济情况来看,海岛工业产值占比不足5%,主要有小型渔船制造、饼干和方便面制造、食用椰油和固体油脂的加工和包装、金属废料加工等产业。从矿产资源上看,根据加拿大鹦鹉螺矿产公司进行矿产资源勘探发现,海岛铜、锌及金、银等含量较高,矿石采样中11.9%为铜、59.8%为锌,金、银含量分别为28.6克/吨和673克/吨。汤加严格控制海岛土地使用,海岛土地只租不卖,让海岛经济发展管控有力。汤加王国是君主制国家,保守的土地政策和严格的宗教文化很大程度上抑制了外商投资热情,降低了汤加商业运行效率,限制了汤加经济的发展。汤加宪法规定,一切土地归王室所有,汤加公民自出生之日起便可申请不超过8英亩的土地永久持有,该土地只能被赠予和继承,外国人只能在当地租赁土地,但是不得买卖土地,租赁年限不得超过99年。

七、库克群岛:"隔二连三型+离岸金融开放型"

库克群岛位于南太平洋,是由15个海岛组成的群岛,是新西兰自由联合国,整体海岛经济以滨海旅游业、种植业、海洋渔业以及离岸金融为主,尤其是渔业资源与滨海旅游业对群岛的贡献度较高,滨海旅游业约占其经济的四成。从经济属性来看,库克群岛与汤加王国、巴布亚新几内亚岛的经济发展情况一致,还属于自然经济,财政收入还是主要依赖境外外援,其中60%来自新西兰与澳大利亚。从海岛自然资源来看,库克群岛海床锰结核资源丰富;农产品方面盛产椰干、香蕉、柑橘、菠萝、咖啡、芋头、芒果和木瓜等农产品,种植业以黑珍珠养殖盛名。从海岛工业经济来看,主要有水果加工及生产香皂、香水、服饰的小型工厂,还有纪念硬币、邮票、贝壳及手工艺品的特色作坊。从旅游业发展政策上看,库克群岛强调吸引私人资本开发旅游业。从海岛经济政策开放来看,库克群岛设立了金融服务发展局,在法律、信托条例、语言沟通等方面具有政策优势,尤其在多元化离岸信托计划等离岸金融业务上对外资具有很强吸引力。同时,库克群岛积极出台开放政策与法令,在免税政策方面库克群岛设立国际信托可免税;在政策法令上,出台了世界最早最全的境外资产保护信托法令。

八、纽埃:"自然资源型+私人部门开发型"

纽埃位于新西兰东北方向2400千米处,属波利尼西亚群岛,同时也是世界第二大正在上升的环形珊瑚礁,被称为"波利尼西亚之礁",是新西兰的自由联合国家,与新西兰关系极为密切。

纽埃拥有海岛陆地面积258平方千米,专属经济区390平方千米,2014年统计数据显示其户籍人口规模为1311人。纽埃与库克群岛、汤加王国以及巴布亚新几内亚岛经济模式相似,主要依靠自然资源禀赋。该海岛国主要产业为农业、旅游业和渔业,拥有可耕地2.1万公顷,盛产芋头、椰子、香蕉、柠檬和薯类等农产品,家禽养殖以猪和牛为主。从海岛外经贸来看,纽埃以出口鱼、芋头和蜂蜜为主,食品、饮料、机械和建筑材料为其主要进口产品,主要贸易伙伴是新西兰。从工业经济来看,工业占比很小,海岛拥有小型水果以及渔产品加工厂。但由于工业经济薄弱,生活用品匮乏,所以该国严重依靠新西兰援助和侨汇,海岛人口外流严重。新西兰是纽埃的最大援助国,援助额占纽GDP的50%以上。在接受援助的同时,纽埃积极发展私营部门和旅游业，通过扩大出口获取更多的外汇收入。同时，纽埃通过进一步精简工作人员来提高公共设施建设的能力。

九、牙买加：“全球化的对外开放型”

牙买加位于加勒比海西北部，是加勒比海其中的一个岛国。牙买加至东隔牙买加海峡，与海地相望，北距古巴约140千米。为加勒比第三大岛，海岸线长1 220千米。牙买加的面积在西印度群岛中，仅次于古巴及海地而居于第3位。该岛国拥有3个郡：康沃尔郡、米德尔塞克斯郡、萨里郡。在海岛经济方面，滨海旅游业、矿业、农业和信息技术服务业是牙买加的经济支柱，其中以旅游业为核心的服务业收入占牙GDP总值的六成，人均国内生产总值达到6 000美元。该岛国成立了两个经济团体，分别是牙买加商会和牙买加投资贸易促进署。除此之外，牙买加生活费用较高，贫富悬殊。据牙买加统计局数据显示，2018年9月牙买加居民消费价格指数为255.6，而牙买加央行2018年4月公布的通胀率为3.2%。在海岛经济发展举措上，牙买加注重四股力量的全球化，分别是国际货币基金组织、旅游业、通信业革命和社会企业，这四股力量中的任意一股都可能无法刺激国家发展，但四股力量形成的合力却有可能带来改变。IMF的改革计划传授了治国理政所必需的规则，而牙买加政府想要从规则中获利则需要发展有活力的私营经济——他们选择旅游业和通信业来连接外部世界。其中，旅游业不仅带来了全世界的游客，还让牙买加人学会了用法律和秩序来迎接八方来客；通信业则加强了人与人的连接，宽带的普及则让牙买加能利用其最重要的资源——英语和与美国东海岸的零时差，推动本国知识工作外包市场的发展，如会计和法务工作。最后，牙买加利用从国际交流中学会的社会企业模式来处理最严重的两大问题：贫困和犯罪，通过培训、发放微贷等商业模式改造贫困地区的人们，使他们能自食其力。

十、特立尼达和多巴哥：“能源资源型+对外开放型”

特立尼达和多巴哥共和国是位于中美洲加勒比海南部、紧邻委内瑞拉外海的一个岛国，是英语加勒比最大经济体。全国拥有21个海岛，人口规模为122.75万人，由两个主要大岛——特立尼达岛与多巴哥岛组成。海港城市西班牙港是其首都。其在海岛经济发展的经验及做法包括：一是能源资源禀赋丰富程度决定着海岛经济发展宽度。特立尼达和多巴哥拥有丰富的石油资源，有世界著名的天然沥青湖，石油蕴藏量估计为 3.5 亿吨。二是实施开放政策。主动融入美洲自由贸易区（Free Trade Area oftheAmericas，FTAA）。三是注重利用外商直接投资。特多已同中国、美国等国签署了双边投资协定，与中国、加拿大、法国等国签署了避免双重征税协定，以吸引更多外来直接投资。四是实施合作共赢的外交政策，确定外交为"2020 国家发展战略"服务，以促进特多经济发展为核心任务，积极拓展和中国、印度等国家的经贸合作。五是拥有优良的深港港口条件，特立尼达和多巴哥港口是深水良港。此外，其机场、公路、铁路等交通设施均比较齐全，市区东部的皮亚尔科机场是加勒比海地区的主要机场。

十一、巴巴多斯："农业资源型 + 离岸金融开放型"

巴巴多斯位于东加勒比海小安的列斯群岛最东端，海岛小巧玲珑，面积仅有 430 平方千米，是世界上人口密度最高的国家之一。从海岛人口种族分布来看，黑人占据大多数，白人和混种人约占 5%。英语为通用语言，大多数居民信奉基督教。据巴巴多斯公布的数据显示，2018 年一季度巴巴多斯经济增长乏力。受到旅游产业产出下降、建筑工程延迟开工、国内需求疲软、蔗糖收获季延期开始的影响，巴巴多斯 2018 年一季度经济增长率为 -0.7%，同比下降 3.9 个百分点。其海岛经济发展经验包括：一是巴巴多斯传统产业为制糖业。该国盛产甘蔗，种植面积占全岛耕地面积的八成以上。二是注重旅游业发展。旅游业是巴巴多斯的经济支柱产业和最大外汇来源，每年的旅游业收入占国内生产总值的 1/3。据巴巴多斯公布的数据，2018 年一季度旅游业带来外汇收入 3.785 亿美元，同比增长 2.1%。美国、加拿大以及拉美的巴西、委内瑞拉、哥伦比亚和阿根廷等国人民去巴巴多斯旅游免签证。同时，巴巴多斯的交通十分便利，大型国际机场及美国、英国万吨游轮每月定期开往巴岛。三是与库克群岛模式一样，对外资限制较少，离岸金融业得到了很好的发展，巴岛为全球著名离岸金融中心。鼓励国外资本在滨海旅游、工业制造业、IT 行业、金融服务、电信等领域开展直接投资。四是在外交政策上，奉行独立自主和不结盟的外交政策，主张意识形态多元化、多边化和不同政治制度国家间"和平共处"。

十二、格林纳达："隔二连三主导型 + 对外开放型"

格林纳达位于东加勒比海向风群岛的最南端，南距委内瑞拉海岸约 160

千米,和特立尼达、多巴哥隔海相望,东临大西洋,东北是巴巴多斯,海岛由主岛格林纳达及卡里亚库岛、小马提尼克岛等三个海岛组成岛群,其中主岛格林纳达面积占到了九成。海岛属热带海洋性气候,年平均气温26℃。人口密度每平方千米300人,平均寿命73岁。其海岛经济发展做法包括:一是海岛经济主要以农业为主,工业经济薄弱。盛产肉豆蔻等香料和热带水果,被称为"加勒比香料之国",主要农产品肉豆蔻产量约占世界总产量的三分之一,仅次于印度尼西亚,居世界第二位。但在生活用品上明显缺乏,对外贸易方面每年巨额贸易逆差,主要贸易对象为英国、美国、特立尼达和多巴哥等。二是重点发展旅游业,采用落地免签政策。例如,2015年2月25日,中国与格林纳达签署全面互免签证协议,同年6月10日起开始正式实施。但目前中国与格林纳达还未开通直航,中国公民通常要经由美国、加拿大、欧洲等地中转。三是注重发展离岸金融,吸引外资。当前格共有859家从事离岸金融业的公司。四是创造和平友善与开放的外交环境。与巴巴多斯的外交政策相似,其主张和平共处,反对以武力解决国际争端。

十三、多米尼克:"隔二连三型+国际援助型"

多米尼克位于东加勒比海小安的列斯群岛东北部,东临大西洋,西濒加勒比海,南隔马提尼克海峡与马提尼克岛相望,北隔多米尼克海峡与瓜德罗普岛为邻,南北长47千米,东西宽26千米,是向风群岛中面积最大的火山岛。多米尼克是一个国土面积仅有751平方千米的岛国,据统计该岛国的总人口为72 680人(2015年),主要为黑人和黑白混血种人。其海洋经济发展做法包括:一是注重发展农业,盛产香蕉、椰子、芒果、月桂油等农产品。二是注重发展旅游业。旅游业对多米尼克国海岛经济贡献巨大,旅游收入超过国内生产总值的一半。美国影片《加勒比海盗第二集》的主要外景就是在多米尼克拍摄的,游客主要来自美国、加拿大、欧洲和加勒比国家。在交通设施上,海岛没有铁路,以公路运输为主,岛上有两个机场,只能起降小型飞机,最大的港口是罗索。三是充分利用现有自然资源,发展农产品加工以及小型水果加工、服装、卷烟、酿酒等轻工业。依赖充沛的降雨量、肥沃的土壤、矿物和天然温泉发展散装和瓶装矿泉水及矿物开采产业,生产多种不同的朗姆酒和朗姆混合酒、果汁、香精油、冰淇淋产品、碳酸和非碳酸饮料、家具和木制品。四是充分利用免税政策,吸引外资。较为常见的财产税、赠予税、遗产税、海外收益税或资本收益税在多米尼克均没有开征,离岸公司开在这里可谓是绝佳选择，完全可以说是享受全球免税。五是积极寻求各类国际援助。多米尼克是农业国，工业经济占比小，自然资源缺乏，经济基础薄弱，失业率较高。六是注重对外经贸合作，实施开放经济战略，与英国、美国、加拿大、日本以及加勒比共同体国家的经贸关系密切。

十四、巴哈马："三产主导型＋对外开放型"

巴哈马地处美国佛罗里达州以东，古巴和加勒比海以北，群岛由西北向东南延伸，由 700 多个海岛及 2 000 多个珊瑚礁组成，总面积为 13 878 平方千米，其中 20 余个海岛有人居住，是一个位于大西洋西岸的联邦制岛国。据巴哈马统计数据显示，2018 年上半年，巴哈马国内经济保持温和增长。旅游业继续呈现良好表现，这主要得益于增加的高端酒店客房数量、新开辟的航线和主要客源市场（美国和加拿大）的强劲经济增长。同时，有关外商投资项目继续成为建筑业活动的最重要推动力。据拿骚机场发展公司数据显示，2018 年上半年，巴机场离境国际游客总人数增加了 12.4%，比 2017 年提高 2.2%。非美国国际游客人数增加了 17.3%，比 2017 年提高 0.1%。其海岛经济发展做法包括：一是注重滨海旅游业及金融服务业发展。旅游业和金融服务业对海岛经济贡献巨大，合计产值占比九成。巴的旅游业收入几乎占到全国经济的一半，第二大支柱产业是金融服务业，其产值约占国内生产总值的 20%。二是注重实施开放战略吸引外资政策，近几年巴政府在政策上提出经济多样化，强调吸引外资的作用，具体经济措施包括：首先，该岛国的制造业主要集中在大巴哈马岛的自由贸易区内，为实施经济多样化战略，巴政府鼓励发展中小企业，并为此制定了优惠投资政策，尤其是在旅游项目投资上，如巴哈马大型综合度假村、GoldWynn 公寓酒店和私有住宅项目等；其次，在能源上的投资积极吸引外资，如大巴岛的奥本能源项目，项目 80% 的工作机会将提供给当地就业者。最后，在农渔业方面，巴哈马海域是世界重要渔场之一，鱼种类繁多，水产品生产潜力很大，但巴哈马的商业捕捞尚未形成规模，巴哈马农渔业产值仅占国内生产总值的 5% 左右。

十五、安提瓜和巴布达："隔二连三主导型＋对外开放型"

安提瓜和巴布达，位于加勒比海小安的列斯群岛北部，南同瓜德罗普岛相望，西与圣基茨和尼维斯为邻。它由安提瓜、巴布达和雷东达三岛组成。安提瓜是个石灰岩海岛，面积 280 平方千米。巴布达是位于安提瓜岛以北约

40 千米处的一个珊瑚岛，面积为 160.6 平方千米。雷东达是位于安提瓜岛西南约 40 千米处的一个无人荒礁，面积只有 1.3 平方千米。首都为圣约翰，总人口为 9 万人（2015 年），绝大多数为非洲黑人后裔。安提瓜和巴布达无完整的国民经济生产体系，是一个上中等收入的国家，安巴经济基础薄弱，门类单一，国民收入主要来源于旅游业、建筑业、离岸金融业、制造业和农业。其海岛经济发展做法包括：一是重视发展旅游业，每届政府均采用优先发展旅游业政策，旅游业是安巴国民经济中最重要的部分，占国民生产总值的 60%，外汇收入的 80%，从业人员达 1 万多人。二是鼓励发展棉花、甘薯、玉米、蔬菜和薯类等种植农业，重点发展牧场养殖牛、猪、山羊和绵羊等畜牧业。重视农业的发展，以便减少对进口食品的依赖，同时在种植农业基础上，发展农产品加工及炼油等行业。截至 2015 年，安巴国内生产总值达到 12.59 亿美元，人均国内生产总值达到 13 715 美元。三是通过营业税、进口关税及间接税等税收手段，体现国家导向。例如规定以出口为目的的本地制造业和外资企业可享受减征营业税 10~15 年的待遇。间接税是安巴政府最重要的财政收入来源，对于出口型制造业、旅游业和其他被认可的企业，间接税可以免征。四是设立自由贸易区，积极吸收外资，鼓励兴建公共设施和兴办合资企业。

十六、毛里求斯："经济多元化 + 一、二、三产联动型"

毛里求斯是印度洋西南部岛国，海岸线长 217 千米，面积为 2 040 平方千米（包括属岛面积 175 平方千米），主要居民是印度和巴基斯坦裔，官方语言为英语。毛里求斯原本经济结构相对单一，之后实施了经济结构调整，形成了糖业、出口加工与旅游业为支柱的经济发展格局，但贸易赤字问题依然严重。毛里求斯的主要出口贸易国包括：南非、美国和英国，主要进口贸易国是印度、中国和南非。根据毛里求斯统计局数据显示：2018 年 1~8 月毛里求斯对外贸易赤字为 96.2 亿卢比，同比增长 20%，其中石油产品的进口额大幅增加，从去年同期的 22.1 亿卢比升至 34.2 亿卢比。其海岛经济发展做法包括：一是十分注重以甘蔗为核心的一、二、三产业联动。甘蔗种植长期成为毛里求斯的经济命脉，依托甘蔗一产的糖业加工业产值一度占国民生产总值的三分之一和出口总额的 95%。一直到独立之初，制糖业仍占国家生产总值的 30%。随着国际局势的演变（如洛美协议的终结）、城市化进程加快和国内其他行业的兴起，岛内甘蔗种植面积不断萎缩，糖业产值占

GDP 的比重逐年下降。但目前毛里求斯政府积极实施糖业改革以引导其向高附加值方向发展。同时，制糖业的发展带动了港口及物流运输业的发展，使路易港成为全球最大的"糖港"。二是注重发展纺织与服装业，摆脱对制糖业的高度依赖。毛里求斯建立了非洲第一个出口加工区，其优惠的税收制度吸引了大批来自世界各地的投资者。根据洛美协定，毛里求斯的纺织产品能够以优惠条件进入欧洲市场，并且没有配额限制，在出口加工区，纺织和服装企业曾占据半壁江山，就业人数达 85%，出口额占 60% 以上。三是注重旅游业发展。毛里求斯制定了饭店经营鼓励计划，致力发展旅游事业，吸收酒店管理人才，加上国家航空事业的发展，旅游业一度成为毛里求斯第三大外汇收入行业，直接或间接从业人口占全国就业人数的 10%。四是大力发展离岸金融业、信息通信产业和海洋业，加快培育新的经济增长点。其中，信息通信产业的崛起不可忽视，其发展为毛里求斯经济注入了新一轮的动力。2013 年，金融服务业已成为毛经济第四大支柱。根据 2014 年国际电信联盟发布的报告，毛里求斯是非洲第一个致力发展信息通信业的国家。在毛里求斯，2013 年该产业对 GDP 的贡献率增长了 6.4%。同时，国家着力促进该行业向高端发展，强化建设以数字技术为核心的政府服务、商业、生活方式和基础设施体系。

十七、塞舌尔："隔二连三主导型 + 经济改革"

塞舌尔位于西印度洋，由 115 个大小海岛组成海岛群，拥有主岛马埃岛 22 个，普拉兰岛 2 个，拉迪格岛 1 个。与其他海岛国相似，在经济结构上依赖旅游业及海洋渔业，但加工业不发达导致海岛进口依赖度较高。据统计，截至 2018 年 9 月，塞 12 月平均通货膨胀率达 3.66%，引发了塞政府和民众的普遍关注和焦虑。其海岛经济发展做法包括：一是注重旅游业发展。塞舌尔海岛全境半数地区为自然保护区，享有"旅游者天堂"的美誉，旅游业为其经济第一支柱，创造七成以上的国内生产总值，解决了三成就业。据统计，2018 年第三季度增长略微放缓，且游客量较去年同期有所减少，但 1~8 月旅游业收入较去年同期增长 7.6%。旅游者主要来自法国、意大利、德国、英国和中国等国。二是注重海洋渔业发展。金枪鱼和对虾是塞的第一、第二出口商品。依托海洋渔业，重点发展金枪鱼罐头等产业，但主体均以中小型企业为主。三是在海岛经济改革上先行先试，成效显著。塞舌尔实行免费教育、医疗、终身保健制度等高福利政策及经济改革，受到国际粮油价高涨和金融危机影响,塞舌尔经济陷入严重危机。之后,政府实行一系列经济改革措施,例如与所有债权国达成债务重组协议。2012年经济增长率为2.7%,人均国内生产总值约1万美元左右。实施经济改革之后,到了2015年,塞舌尔国内生产总值达到4.38亿美元,其中人均国内生产总值为15 476美元。

十八、科摩罗:"农业一产主导型+国际援助型"

科摩罗俗称"月亮群岛",是非洲一个位于印度洋上的岛国,主要由大科摩罗、昂儒昂、莫埃利、马约特四岛组成海岛群。其海岛经济发展做法包括:一是主要依靠农业经济,八成的人口生活在农村,六成劳动力从事农业生产。农业是该国的经济支柱,盛产香草、丁香、鹰爪兰等香料,农牧渔业产值占国内生产总值约四成。在渔产品上,以金枪鱼、红鱼和青鱼为主要特色。二是注重旅游业发展。海岛旅游资源及旅游产品丰富,伊斯兰文化引人入胜。为了促进滨海旅游业发展,2017年9月加入世界旅游组织,同阿拉伯联合酋长国联合开发大科岛北部旅游资源,首次举办旅游节和旅游推介会。三是重视对外国援助的争取。在科摩罗所有援助中,联合国系统(含世界银行)援助居首位,约占三成。2012年12月,科摩罗通过国际货币基金组织和世界银行的"重债穷国倡议"决策点审查,在主权债务上将获得较大幅度外债减免。四是制定新《投资法》,规定对农业、渔业、畜牧业、养殖业、旅游、信息和新技术领域的投资给予免除捐税待遇,根据投资规模分为免税期10年和7年两个档期。对投资超过3万美元雇用5名当地员工的外资企业,给予免除印花税、消费税、两年营业税等税收优惠。支持投资开办独资企业,鼓励外国企业并购,投资参股国有企业改造等。

十九、几内亚比绍:"农业一产主导型+自然资源主导型"

几内亚比绍是位于北大西洋沿岸的西非国家,北邻塞内加尔,东方、南方邻几内亚,西邻大西洋,包括比热戈斯群岛等海岛,首都是比绍,面积达36 125平方千米,总人口为184万人(2015年)。其海岛经济发展做法包括:一是海岛经济以农业生产为主,农业增加值约占国内生产总值的六成,农业人口占全国劳动力超八成。主要粮食作物有水稻、木薯、豆类、马铃薯、甘薯等。此外,几内亚比绍是非洲第二大腰果出口国,全球第六大腰果生产国。二是注重海洋渔业发展。冻虾、冻鱼是其主要出口产品之一。但近两年外国捕鱼船数量远远大于本国,政府出台了相关政策,帮助国内传统捕鱼业发展。三是海岛拥有丰富的矿产资源尚未开发。主要矿藏有铝矾土、磷酸盐,沿海可能有石油,其中铝矾土是几内亚最重要的矿产资源,已成为世界第一大铝矾土矿生产国。四是积极寻求外国援助,中国与几内亚比绍保持外交关系期间,中国为几内亚比绍援建了体育场、医院、稻谷技术推广站等项目。在经贸合作上,中国与几内亚比绍进出口贸易大幅增加。据统计,2018年6月中国与几内亚比绍进出口额为427.3万美元,其中出口114.1万美元,进口313.2万美元。

二十、佛得角:"隔二连三主导型+发展私营经济"

佛得角位于北大西洋的佛得角群岛,是一个群岛国,国土面积为4 033平方千米,专属经济区734 265平方千米,拥有15个大小海岛,全国总人口为51.2万人(2014年)。从经济各项指标来看,佛得角2018年一季度经济增长率为3.4%,2018年7月佛得角消费物价指数同比上涨1.1%,而2018年上半年佛得角港口商品吞吐量上升9.1%。同时,佛得角的酒店接待了383 500名宾客,当中过夜住宿的超过220万人次,比2017年同期预订的人数增加10%。其海岛经济发展做法包括:首先,海岛经济发展在农业、渔业的基础上,强调发展海岛旅游业,注重产业"隔二连三"发展。从农业经济来看,种植香蕉、咖啡、可可、花生、甘蔗、玉米、木薯等农产品,渔产品盛产鲔鱼和龙虾等。同时,旅游基础设施发展迅速,大型旅游综合设施开工,多条公路通车,圣维森特和博阿维斯塔国际机场竣工,推动了旅游业快速发展并已成为经济增长和就业的主要支柱之一。其次,佛得角海岛经济体制较灵活,通过实施开放经济政策,吸引外资以及促进私营企业发展,在经济性质上更多强调自由化市场经济。

二十一、圣多美和普林西比:"多元经济复合型+对外开放型"

圣多美和普林西比是位于非洲中西侧几内亚湾东南部的岛国,东距非洲大陆201千米,东与加蓬、东北与赤道几内亚隔海相望,主要由圣多美和普林西比等14个海岛组成。国土总面积1 001平方千米,总人口为19.3万人(2016年)。据统计数据显示,2017年圣多美和普林西比国内生产总值为4.4亿美元,经济增长率为4%,人均国内生产总值为2 156美元。其海岛经济发展方式包括:一是注重农业经济作物种植,主要经济作物有可可、椰干、咖啡、棕榈仁等,其中可可产值占国内生产总值的20%以上,有一半人口从事农业生产。二是拥有丰富的森林资源、渔业资源以及油田资源。据中国驻圣多美和普林西比大使馆官网数据显示,圣多美和普林西比原始热带雨林覆盖率为28%,每年可提供13 000吨海洋渔业,石油储备60亿~100亿桶。三是不同于佛得角对私营经济看重,其更多注重以国有经济为主体的多元经济发展。四是通过建立自由贸易区等措施吸引外资。自由贸易区通过采取降低关税、改善投资环境等措施吸引外资,重点投资港口、电力等海岛及旅游基础设施。五是积极寻求国外援助。圣多美和普林西比是全球接受外援最多的国家之一,九成以上海岛经济发展需要的资金依赖外援,圣普政府积极寻求葡萄牙等国际货币基金组织援助。

二十二、斯里兰卡:"自然资源主导型+经济自由化"

斯里兰卡是印度洋上的岛国,位于南亚次大陆南端,国土面积为65 610平方千米,全国总人口达到2 144万人(2017年)。据贸易经济网站统计数据,2017年斯里兰卡国内生产总值为87.17亿美元,人均国内生产总值为3 842美元,政府债务占国内生产总值的77.6%。据最新数据显示,2018年8月斯里兰卡贸易差额为8.5亿美元,其中出口10.37亿美元,进口18.87亿美元。此外,10月份通货膨胀率为3.1%。其海岛经济发展做法与其他海岛基本相似:(1)从农业经济来看,农业增加值占GDP的1/10,从业人数占总劳力的1/4,主要作物有茶叶、橡胶、椰子和稻米等,在模式上采取种植园经济,其中红茶产品闻名于世,是世界上最大的红茶生产基地。(2)从自然资源来看,注重矿产资源的开发利用,拥有石墨、宝石、钛铁、云母等矿产资源,其中红宝石、蓝宝石及猫眼最出名,被誉为"宝石岛"。(3)实行海岛经济自由化开放政策。与佛得角做法相同,斯里兰卡工业基础薄弱,以农产品和服装加工业为主,为了激发市场活力,斯实行经济自由化政策,打破了国有化经济管理的垄断模式。四是十分注重利用外资发展海岛经济。斯里兰卡政府围绕汉班托塔港口,建立了一个面积为1.5万英亩、由中国投资建设的经济特区,该规划举措被认为将强化斯里兰卡海岛经济增长。

第九节 海岛开发保护政策总结与比较

一、注重海岛立法模式比较

国际上，海岛立法主要包括专门立法模式与分散立法模式，专门立法模式主要制定一部或几部单行法律法规专门适用于特定海岛开发与保护。以日本、韩国、印度尼西亚、澳大利亚、加拿大等为代表，例如日本的《日本孤岛振兴法》、韩国的《海岛开发促进法》、印度尼西亚的《印度尼西亚海岸带和小岛法》、澳大利亚的《劳德哈伍岛法》、加拿大的《赛博岛规定》，均通过立法加强某一类、某个或某些特定海岛开发利用与保护，通过实施特别措施，改善海岛基础设施，改善居民生活环境，促进海岛经济发展。分散立法主要是其海岛法律规定分散于各个相关法律的立法模式，具体如美国的《海岸带管理法》《美国外大陆架土地修正案》《海洋资源和工程发展法》以及各州《海岸管理条例》等都明确规定了适用于沿海海岛。菲律宾的《菲律宾宪法》《菲律宾地方政府法》《菲律宾渔业法》等法律也都明确了适用于各个海岛。法国的《城市化法典》等也对海岛保护提出了具体要求。比较来看，两种立法模式各有利弊，采用何种立法，取决于三个层面的考虑。

一是海岛在国家经济中的重要性。海岛经济在国家中的地位决定着国家法律立法的方向。如果海岛在一国的经济发展中占据了重要地位，该国往往通过立法，制定专门的集中立法来规范海岛开发利用。如日本是一个岛国，拥有6 800多个小海岛，海岛经济占据重要地位，因此日本特别注重对海岛开发利用立法保护；韩国与日本比较相似，而美国地域广阔，人口平均密度不大，自然资源丰富，海岛经济占比不高，美国没有针对海岛集中立法，而是采取分散立法。

二是国家发展特定海岛的必要性。海岛是划分海洋国土的重要依据，特定的海岛对一国海域划分以及国防等具有重要意义。一国是否需要对特定海岛立法或出台专门政策主要取决于该国是否存在需要通过法律或管理计划专门给予规定的特殊海岛。具体包括：特别贫穷落后的海岛、具有战略位置并需要国家开发的海岛；需要进行生态保护的海岛；属于独立行政区划并拥有资源、居民的海岛，根据不同的海岛制定不同的法律或法规。

三是海岛相关配套法律法规的完善性。一国相关配套法律法规的完善性及其覆盖广度、深度与精度决定了该国是否会制定专门的海岛立法或法规。一国海岛相关法律法规的完善性主要看其在制定如海岸带管理法、环境保护法、土地法、森林法、自然资源保护法以及区域发展规划等法律法规方面是否充分考虑到了海岛及其周边海域的客观情况。

二、注重搭建平台助推海岛经济发展

搭建海岛经济发展平台主要包括MPAs、自贸区、自由港、海洋牧场、海洋产业示范区、经济特区、旅游区等平台，通过特殊开放政策，吸引境内外多元化主体进入并参与海岛经济发展。如MPAs的海洋资源可持续利用政策以及自我补偿机制；自贸区、自由港关于境外企业注册登记、资本管制政策、企业所得税政策、船舶零收费计划政策等；海洋牧场及海洋产业示范区等平台关于油补、渔业企业税收减免、海洋科技补贴政策。例如美国及亚速尔群岛的MPAs、日本的自贸区、日本海洋牧场、韩国海洋牧场、印度尼西亚的自由贸易区和自由港、菲律宾的经济特区等均针对特定区位且具有特定资源禀赋的海岛提出了具体支持政策。但无论哪一类平台其本质在于：都需要充分考虑海岛在发展思路上是开发与保护谁优先的问题。这两者的根本区别在于价值衡量与价值取向。例如，日本、韩国针对边远海岛，首先考虑的海岛经济发展问题，其次再考虑海洋资源保护；而美国、加拿大、澳大利亚等更多考虑岛上物种、生态环境等各种资源的保护问题，把开发及其经济发展放在第二位。但是否需要搭建平台，关键在于三点。

一是海岛的区位空间优势。海岛的区位空间优势主要是海岛及其周边海域的战略地位，是否拥有天然航道？是否可以建造深水码头？是否可以作为江海河联运的关键节点？这些客观要素决定了是否需要通过搭建MPAs、自贸区、自由港、海洋牧场、海洋产业示范区、经济特区等平台，来吸引各类主体的商品流、港口物流、现金流、人流等经过海岛，从而助推海岛经济发展。

二是海岛的经济腹地优势。海岛的经济腹地优势主要是依赖于与海岛毗邻的大陆及其湾区经济是否具有足够的实力，是否能够辐射到海岛或者其重要城市功能、产业功能、物流贸易功能或者对外开放功能等需要嫁接到海岛，通过海岛经济发展，由面及点，再由点及面，形成"岛岛联动，岛陆协调"格局。

三是海岛的资源禀赋优势。海岛的资源禀赋优势主要在于海岛拥有什么类型的资源，不同的资源禀赋对应着不同的平台。具体而言：拥有海洋特殊物种、海洋珍贵植被、鱼类等的海岛，就需要探索建立 MPAs 或海洋牧场；拥有海洋矿产资源的海岛，就需要探索建立海洋产业示范区；拥有旅游资源的海岛可以考虑设立旅游区。

三、注重搭建分工明确的相对集中管理模式

海洋经济的发展关键在于是否具有一个分工明确的管理体系以及相对集中的管理模式，主要涉及海岛管理组织架构设置以及海岛开发管理方式，例如美国的 NOAA、NOS 以及 IGIA 设置解决了海岛开发的纵深管理及其协同管理问题；日本"以道府县具体实施为主，直接对接内阁总理大臣"的设置让日本海岛开发管理更有效率；韩国的从内务部、海洋警察厅、海运港湾厅、水产厅等 13 个涉海部门到独立部门海洋水产部设立，中间又撤销了海洋水产部，成立了国土海洋部，再到恢复海洋水产部，最后再到增设"海岛开发审议委员会"，实现了海岛管理从分散到集中管理；越南的"中央到地方，各级、各部委之间配合"的海岛管理模式；印度尼西亚的高层协调与相对集中管理的综合管理方式；菲律宾以环境与自然资源部为首的政府各涉海部门分工负责和地方政府及民间组织积极参与的多层次管理模式。无论是分散管理模式还是相对集中管理，都要分析在特定国情背景下进行海岛管理的开发与保护是否有效率？是否存在障碍？是否出现海岛开发混乱无序行为？但从美、日、韩、越南、印度尼西亚、菲律宾等国家的现有管理模式演变趋势来看，均倾向于相对集中管理模式，这种相对集中的管理模式具有三个好处：

一是有利于解决海岛开发利用的多头管理问题。多头管理会降低开发的效率，会导致开发海岛积极性大幅度下降。很多海岛由于缺乏统一规划，加上多头管理、投资的风险性与不确定性特征以及执行政策的习惯性思维，海岛开发难免出现开发终止或者开发混乱的问题。

二是有利于促进海岛政策资源集中。相对集中管理模式可以把分散在各个政府部门的政策资源进行适度集中，如产业政策、财税政策、海洋渔业政策、科技政策、海岸线海域使用政策等，不会造成政策资源重复投入或资源

政策分散导致的开发力度不够。

三是有利于处理好海岛开发与保护平衡。如何权衡海岛开发与保护关系，是海岛经济发展的首要考虑因素。相对集中地管理对海岛开发与保护，无论是采用国与国之间协调组织还是区域海岛经济体之间协同配合，都比较有利。

四、注重在全球化背景下海岛经济的对外开放与合作

对外开放和合作决定着海岛经济发展的兴衰。无论是美国、日本、韩国、越南、印度尼西亚等国家，还是密克罗尼西亚联邦、牙买加、格林纳达、巴哈马、安提瓜和巴布达、科摩罗、圣多美和普林西比、斯里兰卡等海岛经济体，均十分注重在全球化背景下的对外开放与合作。例如，日本赋予边远海岛外资外贸政策；印度尼西亚、安提瓜和巴布达、圣多美和普林西比等国设立了若干适合外资发展的自由贸易区和自由港，赋予该区域一定的区域自治权；密克罗尼西亚联邦积极加入美国的COMPACT、太平洋岛国贸易协定（PICTA）、经济伙伴协定EPA、PACER、中国"一带一路"等框架中；牙买加注重国际货币基金组织、旅游业、通信业革命和社会企业四股力量形成合力的"全球化"。再如，格林纳达、巴哈马等均非常重视离岸金融发展。格林纳达注重发展离岸金融，近年来共成立859家从事离岸金融业的公司，巴哈马已成为全球重要的离岸金融中心。又如斯里兰卡围绕着汉班托塔港口，建立了一个面积为1.5万英亩、由中国投资建设的经济特区。太平洋岛国论坛渔业局（FFA）、太平洋共同秘书处（SPC）的设立为太平洋海岛经济体国际合作提供了便利。归纳起来，全球海岛经济对外开放与合作形式可以分为四类：第一，通过自由贸易区、自由港、保税区、经济特区等平台实施对外开放与合作；第二，依托自身农业、渔业及矿产资源禀赋，注重多元化经济发展，采用"市场化＋开放政策"或经济体制改革实施对外开放与合作。第三，通过"争取国际援助＋发展农业＋海岛旅游业"实施对外开放与合作。第四，通过加入国际合作框架实施对方开放和合作。但是无论采用哪类方式，全球海岛蓝色经济正面临着从区域化向全球化的大趋势，亟须各国结合自己的资源禀赋，通过开放和合作的外经贸及投资政策，采取市场化资源配置手段，引导传统全球化向互联互通的全球化发展。

五、注重"海岛旅游＋"提升海岛经济发展与生态保护

海岛是海陆的岛桥，也是海洋开发的前沿基地。从国外海岛发展经验来看，海岛旅游业是推动海岛经济可持续发展的主战场，从实践来看，"海岛旅游＋"对海岛经济发展的溢出效应越来越明显。无论是美国、日本、韩国、越南、印度尼西亚等国家，还是密克罗尼西亚联邦、牙买加、格林纳达、巴哈马、安提瓜和巴布达、科摩罗、圣多美和普林西比、斯里兰卡等海岛经济体，均开发出了众多海岛旅游的不同模式，具体包括：旅游目的地、度假山庄、海岛民宿、旅游小镇、海岛文旅、"康养＋旅游＋新地产"等模式，旅游目的地比较盛行，如马尔代夫群岛、泰国普吉岛、印度尼西亚的巴厘岛、韩国济州岛、日本冲绳列岛、中美洲加勒比群岛、美国的夏威夷群岛等。海岛旅游业在拉动海岛农业经济，促进小工业品消费，带动基础设施建设，推动项目投资和产业聚集，保护海岛生态环境以及改善岛民福祉等方面均有积极作用。海岛旅游业已经成为拥有海岛国家及海岛经济体，尤其是工业经济不强的海岛经济体，海岛旅游是名副其实的支柱产业，均不同程度地建立了与"大旅游"产业发展相适应的"全要素"海岛旅游管理体制机制以及"全域旅游"模式。全球不同国家均十分注重"海岛旅游＋"，关键在于三个层面：

一是"海岛旅游＋"会促进旅游与农业、林业、工业、商贸、金融、文化、体育、休闲康养等融合发展，形成经济增长新动能。海岛旅游会解构原有产业结构商业模式，提供新的就业岗位。如斐济、瓦努阿图、萨摩亚、库克群岛、格林纳达、多米尼克等海岛经济体十分注重"隔二连三"海岛经济发展模式，由海岛旅游"三产"带动"一产"，从而促进海岛经济发展。

二是"海岛旅游＋"会进一步强化生态保护。对具备丰厚旅游资源条件的海岛而言，在海岛生态保护上，海岛旅游业的发展相比海洋捕捞、水产养殖、海洋交通运输和海洋矿产开采等任何海岛产业发展均具有非常明显的"生态优势"，与MPAs以及国际海岛生态保护等发展目标导向一致。从国外发展案例来看，MPAs往往与海岛旅游高度结合，通过商业化手段，增强海洋生态保护区自我修复功能与补偿机制。

三是"海岛旅游＋"对海岛社会文化保护与传承及对海岛社区居民影响显著。旅游设施的完善与强化具有很强的社会功能，既可以保护传统文化非遗项目，又可以激发海岛经济市场活力，同时也可以更好地保护海岛生态环境。以波利尼西亚海岛做法为例，海岛顶底居民通过建立文化中心（PPC）展示、保护和传承波利尼西亚典型传统文化，例如学习传统舞蹈，观看制作树皮衣服等文化节目，让游客体验逐渐消逝的波利尼西亚生活方式。

第五章

国内现有海岛经济发展
类型及模式创新

牢固树立"创新、协调、绿色、开发、共享"的发展理念，遵循"人岛和谐，保护优先"原则，按照"大岛建、小岛迁"的原则有序平稳地"分区分类管理、合理有序开发"。为此，本章根据海岛功能规划发展可划分为生态保护岛、滨海旅游岛、海洋科教岛、自由贸易岛、现代渔业岛、综合利用岛、群岛、清洁能源岛、港口物流岛与临港工业岛10种海岛经济发展类型，结合每类海岛特点与国内外现状，通过案例剖析，提出了每类海岛发展模式及创新发展的条件、问题、典型做法与对策举措。具体到海岛经济发展实践，可结合重点有居民海岛的资源禀赋、经济水平、人口分布以及区位优势等条件，采取合适的海岛发展类型或多种类型集合发展模式[1]。在发展战略上，坚持海陆统筹，在目标选择上，要以海洋强国下的世界级海岛2.0为发展战略目标，转变发展方式，推动海洋经济转型升级，谋求海岛经济高质量生态发展。为此，依据海岛发展顺序及支持程度划分，优先发展生态保护岛、滨海旅游岛、海洋科教岛、自由贸易岛、现代渔业岛、综合利用岛及群岛模式，针对特殊区位海岛，可以谋划清洁能源岛与港口物流岛，严格约束发展临港工业岛，对现有临港工业岛要求生态绿色发展。针对能承载较大人口规模的有居民海岛，优先考虑适合的模式为群岛、综合利用岛、海

---

[1] 参阅附表4：我国重点有居民海岛发展主要特征及模式选择表。

洋科教岛、滨海旅游岛与生态保护岛等模式①。同时，从海岛模式选择及功能来看，未来海岛经济发展会从单一功能向复合功能，从奢华型生活岛向生态科技创新岛，从封闭型海岛1.0时代向"开放型、生态型、科技型、产业型、精致型"的世界级海岛2.0时代发展。

第一节　生态保护岛模式及创新

一、生态保护岛的内涵与发展条件

生态保护岛建设是以"岛域"为尺度的生态区建设②，是以保护海岛及其周边海域的海洋生态环境以及海洋生物资源为主要功能的海岛。该类海岛或自然景观独特，基本保持着原始状态，属于稀缺性的不可再生资源，具有很高的保护价值，一旦被破坏将难以恢复，或与周围海域奇特的环境构成了一个完整的、平衡的海岛海洋生态系统，是生物多样性显著地区，区内有丰富的生物资源，是野生动物重要栖息之地，具有重要生态价值等。从生态保护岛的发展模式上看，具体可分为特殊保护类、一般保护类和适度利用类等三类海岛。

二、国内生态保护岛现状与问题

海岛的生态系统涉及海岛生态环境、生态利用、生态管理三个层次，具有海陆统筹性、系统完整性、资源独特性以及生态脆弱性等特征。中国的生态保护岛主要分布在浙江、福建、广东、广西和海南、山东、江苏等10个省市自治区。其中福建、广东两省数量最多，保护区总数占全国海岛保护区总数的50%以上，而河北和广西海岛保护区最少。海南海岛保护区面积最

---

① 根据《浙江省重要海岛开发利用与保护规划》对重要海岛的区位条件、资源禀赋及发展基础，将100个重要海岛分为综合利用岛、港口物流岛、临港工业岛、清洁能源岛、滨海旅游岛、现代渔业岛、海洋科教岛和海洋生态岛8类海岛经济发展模式，采用分类开发的方式进行有序利用，实现差异化、特色化发展。这里增加了群岛模式以及自由贸易岛模式。

② 陈芸辉，司月芳. 生态岛建设：国内外生态区域建设实践与启示 [J]. 世界地理研究，2010 (1)：147-156.

大，山东、广东、浙江和福建五省保护区面积合计占全国总面积的九成以上。从区位分布来看，中国生态保护岛一般位于自然保护区或海洋特别保护区范围内，典型海岛如：浙江舟山定海大五峙岛、浙江台州大陈的下屿岛、浙江温州洞头的南北爿岛，都是海洋自然保护区以及海洋特别保护区的核心海岛。从生态保护岛的发展历程来看，20世纪80年代中国就开始了着手维护海岛生态系统的稳定以及合理开发利用海岛资源，初步形成了类型较齐全、功能较健全的海岛保护区监管体系。据《2017年海岛生态指数及发展指标评价研究报告》统计，对黄渤海、东海区和南海区等40个海岛进行了生态指数评价，生态状况优、生态状况良、生态状况一般及生态状况略差的海岛分别占45%、32.5%、15%和7.5%，且无居民海岛显著优于有居民海岛，滨海旅游岛明显好于海洋渔业岛与临港工业岛。同时，在有居民海岛评价中，临港工业岛发展指数最高，海洋渔业岛发展指数最低。

中国海岛生态也面临着诸多问题与挑战，主要表现为：首先，中国海岛保护区建设依然存在"重数量、轻质量"的发展问题，缺乏专门的海岛管理机构以及配套的管理经费，对海岛经济发展类型缺乏分类定位与规划，海岛由于机械挖沙、炸岛围垦等人为行为让海岛生态受损严重，生态系统退化且很难被修复，部分海岛甚至消失。例如，长三角近海海岛周边海水浑浊，水质较差夹带着泥沙，部分海岛存在机械挖沙、炸岛围垦"短视行为"，海岛生态保护被搁浅。最后，海岛经济发展的支撑能力尚需提高，海岛建设的标准体系仍需完善，如建筑层高、二手车辆废弃处理等；同时，地方级保护区管理机构和科研监测能力有待加强等问题也较为突出。

三、国内生态保护岛模式创新思路与举措

生态保护岛模式是一个系统工程，涉及经济、社会、资源、环境、生态、人口、交通、产业等，需做到以下几点：

一是规划先行，分类发展。根据海岛现状条件和生态特点，规划将生态保护岛分为严格保护类、限制开发类和优化利用类等三类。对海岛进行分类控制和引导，尚未开发建设的海岛规划为生态用地，实行严格保护、生态恢复；已经部分开发建设的海岛，实行限制开发、低强度利用；对基本开发建设的海岛，进行存量规划，完善交通及公共服务，注重建设开发过程中的环境治理和保护，力争形成"一岛一策"的保护规则，达成海岛整体保护控制体系。在严格执行生态保护，合理统筹休闲游憩、旅游发展等功能原则下，通过导则细化指引，管控下一步详细规划设计。

二是生态优先，彰显特色。维持生态保护岛的生物多样性、地质和地貌等自然遗迹、渔业农耕等有价值的历史文化纯粹性。结合每个海岛的自然景观，通过以面提升，以线链接，以点创新，逐一编制生态保护岛发展规划和保护方案，体现"一岛一景""一岛一特色"。注重海岛天然岸线的保留与利用，提供联系有趣的与自然亲近的活动空间，为市民创造"慢生活的岛、有魅力的岸、开放共享"城市绿洲。

三是绿色发展，永续利用。在分类分级管控前提下，推进重点生态保护岛的合理利用，建立基于生态系统的海岛开发利用约束和引导机制，防止人类活动对自然生态系统的破坏。坚持有序、有度发展基本理念，根据各海岛经济发展趋势和自身发展基础等因素，适度开展相适宜的低强度建设活动。

四是实施以生态系统为基础的海岛综合管理。以海岛生态系统范围为管理边界，界定海岛综合管理的内涵与外延、边界与原则、目标定位和实现途径等，并在海岛生态保护的过程中，不断完善理论和方法体系。

四、生态保护岛建设典型案例——崇明岛

（一）基本情况

崇明岛地处长江口，全岛总面积 1 225 平方千米，成陆已有 1 300 多年历史，是中国第三大岛、最大的河口冲积岛、最大的沙岛，被誉为"长江门户、东海瀛洲"。岛内地势平坦，土地肥沃，林木茂盛，物产富饶，是有名的鱼米之乡。2016 年崇明岛撤县设区，并确立了建设世界级生态岛的海岛发展目标。从《崇明岛世界级生态岛"十三五"发展规划》描述来看，崇明岛被定位为"国际生态岛、国际休闲度假岛、国际智慧科技岛"。

（二）生态景观与资源禀赋

第一，崇明岛生态景观让崇明岛具备生态保护岛建设的基础条件。海岛自然风光旖旎，拥有绿树成荫的 200 多千米环岛大堤。在崇明岛北岸及东南岸团结沙一带长满宽达数千米的芦苇带。同时，由于生态环境优良，吸引大量海蟹聚居与繁衍。

第二，崇明岛地质地貌和空间结构适合生态海岛建设。崇明岛水域面积较大，占海岛总面积的 10%，地质地貌比较特殊，三面临江，岛内河道纵横交错。从水资源类型来看，拥有河水、江水和海水的多种水体资源，形成了江河海混合的网状水域结构，具备建造湿地公园、森林公园等为主题的生

态海岛天然条件。如东滩湿地、东平森林公园、西沙湿地等。

第三，丰富的海岛旅游资源使得海岛适合发展生态海岛。东平国家森林公园、明珠湖·西沙湿地景区、前卫生态村、江南三民文化村以及紫海鹭缘景区、瑞华生态果园、高家庄园、瀛东村渔家乐等旅游产品开发初具规模效应。为了形成海岛旅游的"闭环"，崇明岛着力打造"一心一环、两带、三圈、四湖、五廊"[①] 的水上旅游发展蓝图。

第四，众多的历史名胜和人文景观让崇明岛具有文化底蕴。具体有：面向浩瀚江水的瀛洲公园、千姿百态的城桥镇澹园，以及金鳌山、寿安寺、孔庙、唐一岑墓、明潭、郑成功血战清兵的古战场等历史文化遗址。同时，崇明岛又是传说中的月光菩萨出生之地。这些历史文化元素增添了崇明岛的文化气息，使得崇明建设生态岛具有"水域+旅游+文化"的先觉资源禀赋。

（三）生态保护岛建设历程

1998年上海市政府正式提出建设崇明生态岛的设想，2001年5月国务院批复并原则同意"将崇明作为21世纪上海可持续发展的重要战略空间"。随后，国家环保总局批准其为"国家级生态示范区"。2002年3月被国家环保总局正式命名为"国家级生态示范区"，随后编制了《崇明岛域总体规划》，提出了将崇明建设成世界级生态岛。接着，崇明行政区划调整，长兴和横沙划归崇明县，海岛规划也调整为《崇明三岛总体规划》。接着，2008年崇明县编制了《崇明生态岛建设纲要（2010—2020）》，并将其作为崇明三岛经济社会发展"十二五"规划的有机组成部分。2015年又着眼于统筹三岛发展，结合崇明生态岛建设的主要瓶颈和特点，按照"四个全面"战略布局，践行"五大"。发展理念，编制出台了《崇明世界级生态岛发展"十三五"规划》，提出了到2020年，形成现代化生态岛基本框架。到2040年，成为与上海全球城市地位和功能相匹配，以"绿色、人文、智慧和可持续"为特征的世界级生态岛目标，崇明"生态岛"建设进入了新阶段。

（四）生态保护岛发展模式的主要做法

总体而言，崇明岛坚持"多规合一"理念，统筹"人口、土地、空间、

---

① "一心"：崇明岛水上旅游服务中心；"一环"：环岛运河水上旅游环；"两带"：水上长江文化水上旅游带、东滩生态水岸带；"三圈"：崇西水上旅游圈、崇北水上旅游圈、崇东水上旅游圈；"四湖"：北湖——生态涵养休闲湖、明珠湖——生态湿地游憩湖、光明湖——生态休闲度假湖、瀛湖——生态文化景观湖；"五廊"分别为鸽龙港田园生态廊、老滧港城区文化廊、张网港林海水岸廊、堡镇港乡村文化廊、六滧港乡村文化廊。

企业、财税、金融、产业"等资源要素,具体而言:

第一,统筹协同"三岛①"发展质量标准。崇明本岛是生态岛建设的核心载体,海岛十分注重建设标准和质量,如海岛的水环境、绿化林地、建设风格、空气质量、循环经济、垃圾处理等标准。具体而言:崇明岛新建建筑高度原则上控制在18米以下,在建筑高度、密度、形态、色彩等方面形成和谐多元的海岛整体风貌;新建建筑100%采用预制装配式技术;绿色交通出行比重达到80%以上;能耗年均增速不高于2%。

第二,注重"海岛功能定位"与"文旅、森旅、体旅等多旅融合"的大旅游发展格局,明确海岛经济发展功能定位。具体而言:作为崇明县的"橘乡""净岛""长寿岛"的长兴岛,定位为上海高端绿色制造和科创中心的重要基地,重点打造先进装备岛、生态岛和旅游岛。而崇明的横沙岛坚持"留白②"发展,重点发展生态农业,引领绿色发展。

第三,严格控制海岛常住人口总量与建设用地规模。崇明本岛通过实施人口户籍管理并对常住人口规模进行总量控制,同时强化海岛经济发展的生态红线管控,促进海岛城镇集约紧凑型发展。海岛的一类和二类生态空间为海岛生态保护红线范围,对其实行最严格管控。具体而言:对海岛加强滩涂湿地保护,自然湿地保有率达到43%。同时,在城镇空间发展上注重空间集约发展,例如崇明岛的陈家镇和东滩地区定位世界级生态岛相匹配的生态城镇,长兴镇重点推进在乡村振兴与美丽乡村建设背景下引导乡村和农场特色发展。

五、生态保护岛发展模式创新

在"大岛建,小岛迁"的总体原则下,针对有一定人口、社会、企业等承载能力的生态保护岛,可考虑以"生态功能产业化驱动模式"进行绿色生态式发展,即按照生态服务功能在新时代背景下新型城镇化及城乡关系下衍生出来的新兴产业经济形态发展,包括立足于以人为中心的良好自然条件、生态环境、经济发展、社会发展、民生保障及创新能力下的"生态—生活—生产"三位一体的海岛经济发展模式(见图5-1)。

---

① "三岛":崇明岛、长兴岛、横沙岛。
② 2015年,上海市委书记调研崇明时提到崇明要建好"生态岛",横沙岛"留白"给后人。

第五章　国内现有海岛经济发展类型及模式创新

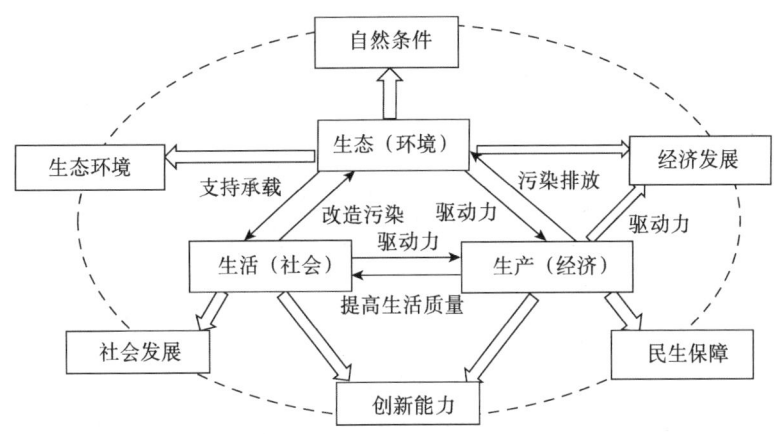

图5-1　生态保护岛"生态—生活—生产"发展模式

该模式的实施需要三点保障：一是海岛空间功能布局及点状空间开发，在生态环境功能区布局上考虑布局森林度假、休闲生态居住、文体活动等门户景观区。在人口相对密集的生活功能区，可以考虑布局低密度住宅及田园式新城。在生产功能区，可以布局现代生态农业、高端会展、滨海度假、文化科技及少量具有高科技含量、生态环保、科技研发的"零排放"都市型工业等业态。在海岛用地上严格管控，注重集约利用，改变"摊大饼"为"蒸小笼"模式。

第二节　滨海旅游岛开发模式及创新

一、滨海旅游岛内涵

滨海旅游岛是拥有海岛旅游资源，以发展滨海旅游及海洋生态环境保护为主，开展"观光、休闲、娱乐、游览、度假、体验"等活动的海岛。该类海岛兼备海岛生产和生活功能，一般为位于国家级、省级风景名胜区或者旅游度假区内的海岛，例如舟山普陀山、海南岛、福建鼓浪屿、嘉兴平湖外蒲山岛、温州大竹峙岛等海岛旅游均定位为"旅游目的地"模式。滨海旅游岛按照开发类型不同，可以分为特色主题旅游岛、大旅游产业、城镇旅游化、海岛生态旅游等四种单岛型开发模式以及区域联动开发、期限性有序开发两种群岛型开发模式①。

二、发展滨海旅游岛的条件

一是资源禀赋较好，旅游资源多。拥有良好的港湾、沙滩、海水和优越的海岛岸线，优质沙滩长，沙滩质量佳，海域、海岛资源丰富，拥有风景名胜区、森林公园、绿道、高品质民宿等大环境或载体，岛上自然文化资源独具特色，原有岛特色建筑、街区、民宿等资源吸引力强，能自带"游客流量"。同时，旅游产品比较丰富，拥有邮轮、游艇、节庆、体育、保健、探险、观景、文化等多元化的旅游产品单元。

二是基础设施完善，交通便利化。海岛基础设施应具备强有力的承载能力，便利化的"衣食住行"等基础设施，例如高品质的宾馆、酒店、民宿、商场、医院、景点、景区、娱乐场所等旅游设施和配套设施齐全完善。同时，海岛应拥有更加便利的岛内交通条件与岛外交通通道或者更加便利的空中交通，与主要陆地有跨海大桥相连接，同时与经济发达地区距离较近。最后，海岛旅游定位清晰，目标客户有较强的消费群体。

三是创新的体制机制，服务水平高。建设滨海旅游岛需要"规划先行"，地方政府必须有效地控制海岛经营"一级"开发权，对全岛旅游资源实行统一规划和市场调节及行政管理，使全岛旅游资源的开发、利用与保护统筹协同发展。在开发体制机制上，可以考虑在市级层面设立各类特色海岛旅游开发基金②，吸引社会资本以及有较强营运能力的公司进驻开发。政府在基础设施、公共配套设施、道路交通、原居民搬迁协调以及海岛旅游的规划布局等方面提供服务便利。在特殊地理位置的海岛，还可以考虑以扩大开放为突出特征"先行先试"政策。例如人员更便捷地出入，商品更便捷地流动，航班更便捷地飞行，需要在免签证、零关税、放航权等方面给予更开放的海岛优惠政策，具体包括：航空、远洋客运等落地免签；购买小额商品的"零关税"等。例如舟山开通了对中国宝岛台湾的小额商品贸易以及邮

---

① 马丽卿. 海岛型旅游目的地的特征及开发模式选择——以舟山群岛为例［J］. 经济地理，2011（10）：1740-1744.

② 在模式上可借鉴浙江省古村落保护利用基金，2016年10月，浙江省农业发展投资基金与浙江省旅游集团、华数集团、杭州银行、杭州联合银行、赛石园林集团、南方建筑设计院、卓锐科技、天迈网络、左驭资本等10家国资、民资、上市公司共同发起设立浙江省古村落（传统村落）保护利用基金，总规模20亿元，首期规模5.3亿元。这是目前全国首只专注于古村落保护利用的基金，由浙江乡悦投资公司担任基金管理人。

轮落地免签政策。在海岛旅游的资金支持、税收减免、自主审批权等方面拥有更多的便利性。

三、国内滨海旅游岛现状与问题

(一) 发展现状

中国海洋旅游资源丰富,滨海旅游景点与滨海沙滩分别有 1 500 多个与 100 多处,在 12 个国家级旅游度假区中,有 8 个位于滨海度假区;拥有 7 300 多个面积大于 500 平方米的海岛,海岛岸线总长 14 000 多千米,66% 的海岛分布在东海地区,70% 的海岛距离大陆岸线 10 千米以内,不少海岛地理位置优越,拥有丰富的旅游资源,海岛旅游开发潜力巨大。中国海岛旅游优势主要有气候宜人、空气清新、波平浪小、海岛景观丰富多彩、景观文化价值高等[①]。目前,作为国家海洋战略发展的重要组成部分,中国滨海旅游岛的开发与建设正在迈入一个新阶段。例如:中国发展海岛游条件最好的地区之一——浙江舟山群岛正以"海""佛"为主题,加快提升其国际品质;福建湄洲岛正围绕"朝圣岛、度假岛、生态岛"和世界妈祖文化中心建设岛为目标,打造世界级滨海旅游岛;广西北海涠洲岛依靠海岛火山景观、海蚀景观、珊瑚景观、中心文化景观,实现海岛旅游全面升级。中国的海岛旅游正在以超过 5% 的速度成为国际游客增长最快的一个细分领域。

(二) 存在问题

中国海岛分布广阔,旅游开发资源丰富,但除了海南岛、普陀山、鼓浪屿等屈指可数的旅游名岛外,其他的海岛均未形成规模或特色,大多数海岛旅游设施水平落后,与夏威夷、普吉岛、塞班岛等世界级名岛相比有很大的差距。从目前看,主要存在四个问题:

第一,海岛开发层次与品质不高,旅游特色不鲜明,产品同质化明显。旅游行为包括三个层次:观光旅游,即单纯地享受自然以及人文景观;娱乐旅游,即以娱乐为主提高和丰富旅游活动内容;专业旅游,如休养疗养、出席会议、宗教朝拜、考察调查等,单一层次的旅游岛很难在品质和内涵上提升。从现有旅游岛的个例来看,中国除了海南岛、浙江舟山普陀山、厦门鼓浪屿等屈指可数的旅游名岛外,其他的中国海岛均未形成规模或特色,大多数海岛旅游活动主要局限于观光游览,旅游层次单一,不能形成长期持久的

---

① 马志远,陈彬,黄浩,等. 中国海岛生态系统评价 [M]. 北京:海洋出版社,2017.

游客"流量",游客逗留时间短,旅游溢出效应不高。

第二,海岛基础设施水平相对落后,部分海岛仍依靠轮渡进行交通出行。由于主岛的附属岛屿以及边远海岛主要依靠轮渡出行,出行的效率和速度对游客流量造成极大的影响,尤其是对周末自驾游、假期自驾游的游客吸引不足。从具体实践来看,很多海岛的道桥项目投资周期长,资金需要量大,协调面广,短期投资效益差、车流量不足覆盖贷款现金流。在具体施工建设上,岛桥建设由于存在跨界行政协调和合作,岛桥工程管理、投资资金调度、房屋拆迁管理等协调问题,很多已规划项目迟迟未动工,无形中延缓了海岛旅游发展速度。

第三,海岛的自然生态脆弱性决定着海岛旅游发展资金投资风险系数较高。海岛的资源禀赋决定着海岛的生态脆弱性特征,自然灾害加上海岛的无序开发利用,社会资本投入旅游开发面临风险大、周期长、效益低和经营难度大等问题,海岛旅游开发建设成本远比陆地高。此外,海岛沙石"唯利是图"式的采挖现象造成海岛生态破坏,这些"人为"现象严重影响了社会资本进入海岛开发旅游业。

第四,体制机制不健全,缺乏高品质运营主体与高素质经营人才。海洋资源开发和保护不协调,导致环境污染和资源浪费,影响了海岛旅游业的开发潜力和未来空间,各部门的协调体制不健全、部门之间缺乏对海岛整岛旅游发展的统一规划,相关协调的管理机构多。同时,海岛旅游业从业人员的素质和从业能力普遍不高,大多数海岛旅游从业人员都是海岛原住居民,综合素质远达不到世界级海岛要求。同时,针对海岛旅游产品的开发利用,缺乏具有运营能力、策划能力、资金筹集能力、市场营销能力等综合素质较强的运营主体。

四、滨海旅游岛开发模式创新思路与举措

中国海岛资源丰富,是国际高端旅游事业滋生的肥沃土壤。但是中国的滨海度假旅游在过去一直受资源条件的限制,市场的发展存在着较大的变数。因此,海岛的开发建设应在"大岛建,小岛迁"的背景下坚持"严格保护、统一管理、合理开发、永续利用、市场运作"的原则,根据海岛的特色、海岛旅游业务的发展以及人们对旅游需求的发展,定位各个海岛的开发与建设(见表5-1)。

第一,严格保护滨海旅游岛上的自然与人文景观,制订适宜的海岛旅游

第五章 国内现有海岛经济发展类型及模式创新

及游客承载量,实现海岛生态资源合理有效利用的监管与保护,实现海岛旅游资源的可持续利用。对不具备海岛目的地以及优质的旅游大环境的海岛,可对海岛村进行精品民宿发展。在政府有效规划的基础上,"分区分步骤分阶段"进行开发建设,选择合适的投融资模式及精准的发展路径。

第二,突出海岛旅游产品特色,通过高端文化旅游产品提升档次。海岛特色是旅游产品的生命,对于海岛旅游区,应突出"海"的特色,包括海滩、海水、海岸、海洋渔业等。在特色上,还需开发海岛度假产品以及与当地自然、文化资源相关的特种旅游产品,尽量通过高档次旅游产品增加效益,如通过建设高品质"网红"民宿吸引客源流量。

第三,要充分借助于特色东方海岛文化以及个性化高品质的服务,打造海岛特色旅游品牌。对富含历史文化资源的海岛,如辽宁觉华岛有明清的战争遗迹和古城遗址,可开发观光旅游,满足旅游者观光的需求;具有丰富民俗旅游资源的海岛,可规划建设海上"天堂小镇",将其打造为都市居民释放压力的场所;具有丰富宗教资源的海岛,打造宗教文化旅游,在满足游客实现身体放松的同时,获得心灵上的回归。

第四,完善海岛管理体制,实现服务与管理国际化。结合美丽海岛、美丽乡村和乡村振兴等战略,编制高水平海岛"全域旅游"发展规划,在有效管控的基础上,引进高水平的专业化资本和营运主体,积极对接国际投资和旅游管理集团来吸引岛外市场的需求,注重生态环境的保护,处理好开发与保护的关系,强调人与自然的和谐统一,形成良性循环。

表 5-1 海岛高端旅游的主要形态

海岛渔业生态文化旅游	采取"一、二、三产业"融合发展模式,集现代技术使渔业生产与海岛文化、观光休闲、旅游环保、集约化养殖、流通与加工业、科普教育、渔事体验等功能为一体,体现"渔业生产、体验渔家生活、生态观光"等元素,充分促进了人与自然和谐相处的一种现代多旅结合模式。
海岛高端度假旅游	采取的模式主要有五种:(1)国际星级度假酒店;(2)地中海式俱乐部;(3)分时度假式酒店;(4)产权式度假俱乐部;(5)企业(私人)内部使用。该旅游模式是从以观光旅游为主向以休闲度假旅游为主的结构升级,是从以规模扩张的初级阶段向以效益扩张的高级阶段发展。
海洋体育竞技旅游	采取海洋与体育竞技相结合的一种旅游模式,海岛需具有独特的海岛生态环境。具体包括:海上飞机观光、海上跳伞、海上蹦极跳、伞翼滑翔;海钓、冲浪、快艇、滑水和帆船;潜水等项目。例如,南海珊瑚岛礁的旅游开发适合"海岛+体育"模式。

续表

民俗风情文化旅游	采取的模式主要是"海岛+民俗文化"发展模式，海岛渔民在长期的征服海洋、繁衍生息的过程中形成了自己独特的渔家民俗风情，如神秘的船饰文化、别具一格的渔民饮食文化、服饰文化、各种风俗习惯、奇特的婚嫁礼俗以及庙会、锣鼓、灯会等民间文化习俗。
疗养与养老旅游	采取"海岛+疗养+养老"旅游发展模式，海岛具有气候、景观、生态、休闲等若干优势条件，海岛必须配备医疗设施和生活基础设施。

注：根据文献整理而成。

五、滨海旅游岛典型案例——嵊泗列岛

（一）基本情况

嵊泗列岛是浙江省最东部、舟山群岛最北部的一个由群岛组成的海岛县，共有海岛404个，常住人海岛有15个，无人岛（礁）有389个，其中，无人海岛中适合人类生存的荒岛有80个左右。全县海陆总面积为8 824平方千米，陆地面积86平方千米，享有南方北戴河之称。嵊泗列岛位于中国目前唯一的国家级列岛风景名胜区，适合做旅游目的地旅游开发。

（二）具备的优良条件

第一，嵊泗列岛地理位置特独，天然景观资源丰富。从海岛地理位置来看，嵊泗列岛位于嵊泗群岛北部以及长江和钱塘江入海交汇处，"江海汇合"区位适合发展海岛旅游。从海岛旅游资源来看，嵊泗列岛地文景观丰富，岛礁优美，岛石和岩石奇异，海岛摩崖陡峭，奇洞幽邃，险峰耸立，海岛星罗棋布。从海域与渔场资源来看，海岛海域辽阔，海水洁净，海景绚丽多姿；渔场辽阔，渔港遍布，海岸曲折，有多处优良的沙滩。从岛上建筑风格来看，以沿坡或依山建筑居多，石径简屋，朴实无华，屋檐下均挂满鱼鲜。这些天然景观资源使得嵊泗列岛具备了发展滨海旅游岛的禀赋。

第二，嵊泗列岛人文资源丰富，民宿文化深厚。嵊泗列岛渔乡民情风俗浓郁，渔村建筑、渔家生活、渔民习性、捕鱼作业、传统渔具、民间传说、戏曲民歌、渔民绘画、地方曲艺、宗教信仰、节日婚嫁、出洋赶海、采集海味等民宿文化项目丰富，处处充满特别的海岛风情。明代时期镌刻在枸杞岛五里碑峰顶的"山海奇观"，黄龙岛大岙山嘴悬崖顶的"瀚海风情"，小洋山的"倚剑""海阔天空"及"鲲鹏化处"，大洋山的"海若波恬""海宇澄清"及"群贤毕至"等题字至今传为佳话。菜园镇的新石器时代的石斧、

石镰及战国前人类居住过的遗址，马关镇石柱山下商周晚期人类活动的遗址，明朝抗倭名将戚继光部队曾驻扎的泗礁、嵊山等岛都具有历史纪念意义。

第三，嵊泗列岛气象景观丰富多彩，气候宜人。嵊泗列岛属中亚热带海洋季风气候，主要特点是海岛冬暖夏凉，四季分明，风大雾多，雨量充沛，气候宜人。这些气象景观及其特征让嵊泗列岛成为旅游的最佳目的地。

（三）以全域转型寻求海岛旅游特色突破

第一，优化海岛全景布局，打造中国海岛旅游典范。嵊泗列岛在空间布局上以"一心两翼"空间架构，打造全域旅游空间，实现旅游景区全域化，确保海岛旅游的优先开发权，保障嵊泗海岛旅游提升品质。"一心"为本岛，"两翼"为海岛东部和西部区域。从海岛旅游空间布局分布来看，本岛有金沙碧海的"基湖沙滩""南长涂银湾"以及"马关红树林度假世界"等旅游景点；"两翼"的东部区域拥有国家级海洋公园，定位于海岛资源保护，重点发展蓝海品质度假岛；"两翼"的西部区域拥有东方大港，定位于对接上海，重点发展循环利用资源，创建轻松休闲的"乐活岛"。

第二，创新海岛旅游产品，开发"四季均衡"的旅游产品体系。海岛旅游淡旺季特征明显，嵊泗为丰富以"玩海"为核心的夏季产品体系，打出主题海岛游、主题村落游、主题跳岛游、主题海上低空游等特色主题产品。同时，嵊泗创新思路，逐步开发养生休闲、海鲜美食、近海运动、海洋文化体验、民宿节事、气候景观等四季旅游产品组合，结合淡季旅游营销，为游客提供突破季节局限的全程个性化特色旅游产品服务体系。

第三，注重环保，坚持海岛旅游发展可持续化。以最低限度影响海岛生态结构为前提，建设"村落＋民居＋海岛＋沙滩＋岩石"结合的绿色建筑框架，守住海岛地貌地质、海岛景观、绿色植被、海域生物等资源不被破坏底线，在海岛旅游开发和利用过程中，注重与海岛本土地理环境以及材质、色彩的融合，以生态循环和节能低碳的理念。在海岛新引进工业项目上，守住"不再新增较大污染的工业投资项目"底线，同时对"荒山、荒坡、荒滩、荒林"实施"再造绿岛"工程，让荒山、荒坡和荒林再披绿装，让荒滩成为阳光沙滩。在海岛生态保护上，着力强化岛民、导游、游客的生态价值保护意识和生态道德，引导绿色低碳的生活方式、消费模式和行为习惯，做到"三个100%"，即实现嵊泗列岛城镇生活垃圾无害化处理率100%、建制村农村生活垃圾有效集中处理率100%、建制村农村生活污水治理率100%。

六、滨海旅游岛发展模式创新

滨海旅游岛发展模式上，总体遵循"大岛建、小岛迁"原则，按照《中国无人海岛保护与利用管理规定》中强调的："海岛要实施先保护，后开发；重点保护、适度开发；多自然发展，少人为创造"原则，在具体滨海旅游发展模式上，针对单岛型开发，可以采用旅游目的地开发模式、特色主题旅游岛开发、旅游产业综合开发、美丽城市化旅游地产模式四种典型方式（见图5-2）。

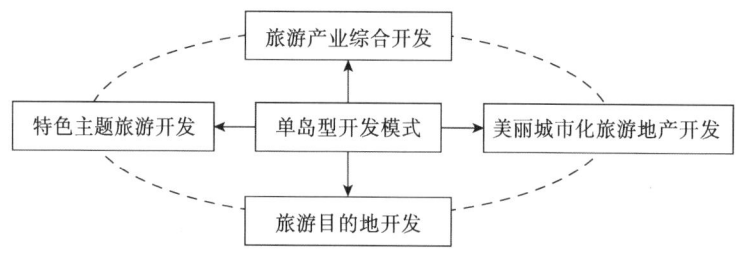

图5-2 滨海旅游岛发展模式

第一，旅游目的地开发模式。具有旅游目的地资源及极好生态资源的海岛，一般面积大、人口多、社区繁荣，有较强的教育与医疗配套设施，在开发上具体采用控制性开发或者管控型"一岛一村"政策，此类海岛旅游开发主张采取大规模综合开发策略。依托海岛资源，打造丰富的"水上运动+自然艺术+民宿文化+知名度假村+品质酒店+康养休闲"等综合型旅游服务体系。具体可借鉴案例包括：澳大利亚黄金海岸、新加坡的圣淘沙、韩国济州岛、马尔代夫、巴厘岛等。

第二，精品主题旅游岛开发模式。针对海岛地貌形态、旅游资源禀赋独特、生态环境良好，且面积较小、区域优势明显的居民迁移岛屿，按照资源禀赋及条件，确立不同的特色主题，进行整岛旅游开发，强调"一岛一特色""一岛一主题"，此外海岛开发不主张大拆大建，主张小尺度开发，走高端化、精品化的开发路线，大多布局高端第三产业。借鉴案例包括：西班牙马贝拉的高端化路线，美国夏威夷、法国戛纳、墨西哥坎昆的"文艺复兴+特色节庆"路径。

第三，特色旅游产业综合开发模式。对具有完整旅游产业链的海岛，一般具有"一岛一产业"特征。此类海岛采取精品化、特色化的商业开发路径,构建以旅游产业为核心,以物流配送、多式交通、网红民宿和居住型旅游房产为支撑的第三产业体系,通过旅游产业化促进海岛经济和社会发展,改善海岛环境,带动海洋渔业及旅游相关产业发展。借鉴案例:国内如舟山普陀以及朱家尖等。

第四,美丽城市化旅游地产开发模式。针对具有一定人口规模,临港工业、海洋渔业、港口物流等具有较好基础设施条件的海岛,在规划上,可以把美丽城市化建设与海岛旅游产业发展结合起来,布局海岛城市景观功能、文化功能与休闲旅游功能融合,深挖工业旅游、海岛文化旅游、游艇体育旅游等新型旅游产品,通过小城市旅游化促进区域产业综合和生态发展的新模式。此类海岛开发可进行一定规模的综合开发。例如海南岛以及舟山六横岛就是把城市化建设与海岛旅游产业结合开发。

在海岛开发机制上,按照"开发前、开发中、开发后"三个阶段,在开发前阶段由政府主导,规划制订;在开发中阶段,进行特色开发、环境保护与设施建设;在开发后阶段,针对滨海旅游岛,由政府监督,进行海岛环境修复(见图5-3)。

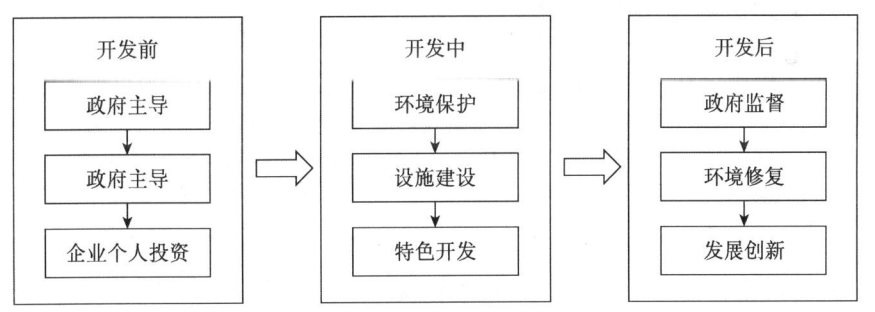

图5-3 滨海旅游岛开发价值流程

第五,滨海旅游与开发政策相结合,在局部成熟区域试点国际旅游海岛,例如中国海南岛。国际旅游岛是对外实行"免签证、零关税、放航权"及投资贸易自由化的海岛。国际旅游岛开发典型模式有佛罗里达模式、夏威夷模式、中国香港模式和中国澳门模式四种[1],具体而言:佛罗里达模式适宜发展大众度假旅游、新型的旅游业态;夏威夷模式适合发展高端度假旅游

---

[1] 龚箭,李苗,胡静.海岛国际旅游岛发展模式研究[J].中南财经政法大学学报,2012(5).

和精准特种旅游；中国香港模式主要以观光、购物、商务休闲等快节奏的都市旅游为主；中国澳门模式以博彩旅游等特种旅游为特色。

第三节 海洋科教岛开发模式及创新

一、海洋科教岛内涵及发展条件

海洋科教岛是指适合从事海洋科研、教育、试验等功能的海岛。该类海岛作为海岛生态开发的一种新模式，海洋科教岛将成为未来中国海岛发展的重要方向，海洋科教岛往往聚集着知名海洋类高校或科研结构，或与知名高校共建海洋产学研平台，该海岛适合从事海洋科研、教育培训、海洋科普以及海洋试验等活动。海洋科教岛一般具有特殊的地理岸线，海岛水域较深且拥有潮汐能或风能、太阳能等清洁可开发能源，海岛避风条件较好，具备海域技术装备深水试验的条件，可以开展海上技术与工程、海洋动力学、海洋地质学等项目科研与试验。

二、发展方向与管理机制

第一，围绕海洋战略性新兴产业发展方向，海岛发展方向强调"科技引领＋创新驱动＋文化聚集"元素。海洋科技岛应通过加强与国内外知名海洋科研院校合作，通过建设产学研合作的海洋科研院校、海洋技术研究中心或海上实验室等海洋科研创新技术平台，解决海洋战略新兴企业发展中的关键技术问题，帮助周边企业研发核心海工装备或关键基础件，提升产业的高附加值与技术含量，以此延长海洋产业链并推进海洋战略性新兴产业发展，使海洋科技岛成为推动中国海洋发展的公共服务、科技引领和产业支撑的前沿阵地。

第二，制订有针对性的海洋科技岛管理体制机制。推进中国海洋科技岛体制机制改革，建立、完善主要大岛的管委会体制，形成权责一致、分工合理、执行顺畅、监督有力的行政管理体制，对具备发展海洋科技岛的海岛，可实施"一岛一策"，在小尺度开发前提下，可优先布局基本科研用房及配套设施用地，对进行深水试验的岸线及码头可"先行先试"，重点支持岛上企业进行风能、太阳能、潮汐能试验。在市场机制上，构建若干理论前瞻性强、应用前景好、影响面大的科技科研项目库，可建立科技型海岛企业税收优惠、贷款贴息、科研担保补贴、科技保险等多元化扶持政策体系，主动引进一些能影响区域优势特色海洋产业的科技型创新企业。

三、国内海洋科教岛典型案例——摘箬山岛

（一）基本情况

摘箬山科技示范岛地处浙江舟山，陆域面积2.34平方千米，海岸线总长7.27千米，拥有舟山各岛最深、最好的天然水航道。该岛是舟山市政府与浙江大学围绕舟山国家浙江大学与舟山市政府签署共建"海上浙江"示范基地，于2011年3月开工奠基，该工程总建筑面积10 494平方米，深水池容积2 700立方米，2012年初步建成并投入使用，覆盖了海岛新能源互补开发利用技术、海岛供水系统、海洋产业技术、微藻能源、智慧海岛技术等示范项目，是中国第一个依托海岛建设的海洋技术装备公共试验场。该岛由舟山市政府采取"零租金"形式租给浙江大学并支持浙江大学进行海洋实验和科技示范岛建设。

（二）建设科技岛的优势

摘箬山岛隶属于浙江省舟山市定海区，不仅拥有丰富的渔业资源，富足的风力、潮流能资源，是中国重要的海洋生物基因库，而且地理位置十分特殊，离对岸的宁波港只有6千米，东北与东岛相望，西北距剌山岛500米，北有小摘箬山岛，南临螺头水道，其水道是舟山群岛中最深且避风条件最好的海域，是理想的海上技术公共试验场所。

（三）科技岛建设目标与总体布局

第一，摘箬山岛建设目标。摘箬山岛采取与浙江大学共建产学研平台的形式，吸引和邀请国际国内海洋知名人士和专家学者聚集摘箬山岛，共同研讨海洋科技创新项目，支持企业家赴摘箬山岛进行研发，设立海洋科技型创新企业，将最新的科研成果和技术转化为生产力，真正使海洋技术的发展落到经济发展的实处，发挥海岛科技研发优势，形成国家级海洋科技研发和创新的摇篮。力争通过一段时间的建设，到2030年使摘箬山科技示范岛能引领全国海洋科研与海洋技术创新，成为世界级海洋科教岛。

第二，摘箬山岛建设内容。摘箬山岛主要建设任务在于"以岛养岛，自我闭环"，通过打造海岛新能源智能电网技术、海水淡化技术、微藻能源

技术、潮汐能源发电技术、智慧海岛技术等技术项目，形成国家级海洋科技示范区，并以"绿色能源+智慧化管理"为主要抓手，力求实现海岛生态系统的"零排放"和"零污染"，并利用计算机系统集成和通信信息技术方法，实现摘箬山岛的智慧化管理。

第三，摘箬山岛总体布局。从摘箬山岛的空间布局来看，海岛呈"两片三区，一主两次"结构。其中，"两片"分别为摘箬山岛生态保护片区和小摘箬山岛生态保护片区，以海岛山体为重点保护对象，并对摘箬山岛的植被、动物、坡地、岸线进行生态保护；"三区"为摘箬山岛周边三个宜建设区块，主要用于科研建设，包括实验室、交流用房、办公用房以及科技型企业生产和研发用房等；"一主"为东岙区块，是摘箬山海洋科技岛建设的核心区，主要布局海洋科研、海洋技术开发与示范、教学实习、居住休闲等服务功能，最终形成"科研示范沿海、居住休闲靠山、清水环绕、绿山相拥"的格局，住岛人员将来主要有科研常住人员、半常住人员和实习学生。到2030年，岛上预计人口规模为1 000人左右；"两次"分别是北岙区块与西岙区块。

（四）海洋科技岛的建设现状

摘箬山岛的海洋技术试验系统等平台均已投入运行，但能够实际推广应用于产业化的示范项目不多。"十三五"期间，摘箬山岛将与国家海洋战略紧密结合，借力浙江大学的资源，积极申请并纳入中国海洋科技创新体系发展规划，并最终形成可产业化项目。目前已取得的成效体现在以下几个方面：

第一，海上试验田初步形成。2014年"华家池"号浮式海洋试验平台建成，该平台在距离摘箬山岛北岙两三百米的海面上，是中国第一座海洋浮式试验平台。该试验平台是中国国内唯一集观测、试验于一体的网络系统，在局部技术领域达到了世界先进水平，可以进行岸基、海面、水下、海底四位一体的水下和海底观测试验，也可用于试验与检测海洋装备开发和应用，进行风浪流及海床条件测试、风光电新能源试验、深海浮式平台锚泊系统测试等。

第二，"水下风车"向海取电初见效能。海流能、潮汐能、波浪能发电无须进行大规模基础设施建设，不会产生建设大坝而形成泥沙堆积，也不会影响海岛海域渔业生态，属于清洁能源资源。摘箬山岛的海洋能实验平台是国内首个经第三方独立机构检测的海流能发电装备系统。截至2017年年底，这座装机为 60 千瓦水平轴的海流能发电机组已实现并网，发电机每天发电 100~300 千瓦时，可以满足 30 户城市居民一天的用电需求，同时另一座装机 150 千瓦的海流能发电机组，已安装完成并投入使用。

第三，风光电能源已构建微电网系统。在摘箬山岛所有海洋科技领域的先进技术项目中，微电网系统是相对比较成熟的技术项目，该系统是中国国内首个集风力发电、太阳能发电、海流能发电等新能源于一体的混合供电系统，可以实现太阳能、风力发电以及海流能同时并网，同时微网系统中还备有储能系统功能与调节功能，可以用来平抑风机、光伏、海流能等发电时不稳定波动带来的影响，确保从微网系统送出去的电能平稳。

四、海洋科技岛发展模式创新

以海洋科技示范岛建设为目标，以科学发展观为指导，选择具有科技研发优势的海岛作为载体，形成"人才、平台、项目、产业一体化"的"大科技"工作体系，在具体做法上：可以结合产城融合与美丽海岛建设，以海洋科技城建设、海洋院校建设、科技创新研发园、海岛科技型创新企业、多元化海洋科技政策支撑体系、多元化科技金融体系为抓手（见图 5-4）。

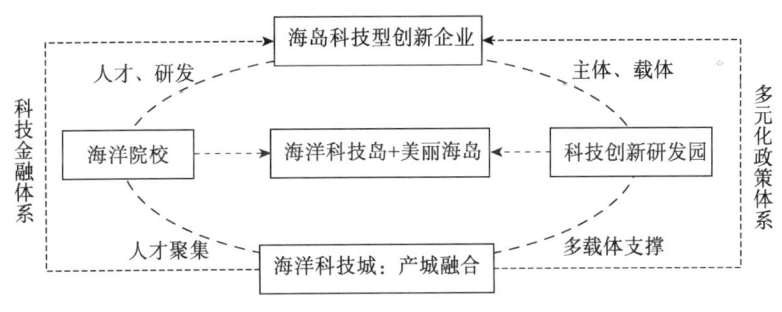

图 5-4　海洋科技岛发展模式

第四节　自由贸易岛模式及创新

一、自由贸易岛内涵

自由贸易岛是指在中国境内关外设立的，以海关特殊监管政策以及优惠税收政策为主要抓手，具有商品贸易自由化、投融资便利化等特征的特殊经济性海岛。该类海岛属于自由港的延伸，与自由港类似，强调"一线放开、二线管住、区内自由"为核心，在外贸、投融资、财税政策、金融创新、出入境等方面享有较大便利性。自由贸易岛出于海关、贸易等基础功能，还具有海事、法律、经纪、金融等综合自由贸易岛服务业。具体而言：岛内允许外国船舶自由进出，外国货物免税进口，取消对进口货物的配额管制，且对境外入区货物的关税实施免税或保税，中国自由贸易岛是政府全力打造中国海岛经济升级版的最重要的举动。从内外海岛经济发展历程来看，对于特殊地理区位且资源禀赋不足的海岛，自由贸易岛模式是最佳发展路径。

二、发展自由贸易岛的条件

从自由贸易岛的硬件设施来看，自由贸易岛必须拥有独特的港口资源优势以及得天独厚的深水岸线资源，而且海岛水域宽阔、良港众多，海岛周边靠近国际主要航道，具有开辟大型锚地和中转基地的优越条件。同时，自由贸易岛内生态容量较大，易于港口、物流等项目落地，海岛产业基础雄厚，港口经济腹地广阔。从自由贸易岛的软件设施来看，应具备外贸、港口物流、金融服务、海铁联运、网络信息等综合软环境及配套设施。

三、自由贸易岛发展的思路与举措

第一，开发开放，先行先试。从国外海岛经济发展路径来看，开放是资源相对贫乏的海岛全面推进经济建设的重要抓手，而自由贸易岛代表着全方位、深层次、更大程度的开放。自由贸易岛对海岛而言是一种政策管理和经济对外开放的探索和尝试，需要在科学规划的基础上，统筹安排，分步实施。自由贸易岛要与港口开放结合，推进海岛国际港航服务中心建设，形成海岛多式联运的国际枢纽。在自由贸易岛建设战略选择上，要注重海岛政策的先行先试，起步阶段可以逐步实现境内关外、独立关税、税收优惠、投资自由等，待条件成熟再行扩大开放品种、范围和开放层次。

第二，顶层设计，加强对接。把握"依托周边，拓展亚洲，兼顾全球"战略布局，让自由贸易岛与"一带一路"沿线国家经贸、金融、能源等对接，主要取消进出口商品贸易关税和数量限制，通过顶层设计制定自由贸易岛发展路径图。同时加大与中国国家海洋局等有关部委的对接，规划中对具体政策和事项进行汇报和沟通，进一步修改完善自由贸易岛发展规划，使规划充分体现国家战略意图与海岛特色，能够在主要进出口商品关税取消和数量约束上取得先行先试政策。同时，编制和完善分区域、分行业的海岛产业发展规划，使得产业发展、综合交通、能源水利、环境保护等有序发展。

第三，平台集聚，要素配套。自由贸易岛建设需要着力打造高端海洋产业和重大建设平台，实施一批重大基础设施项目，形成海洋产业集聚区以及国内一流的海洋产业基地。同时，在自由贸易岛配套设施上，按照"低碳、生态、智能、宜居"的理念，规划建设海上花园城市绵延带，加快港航综合商务区、科技创意研发区、高教科研区、生态休闲区、金融商贸服务区等功能区建设，为自由贸易岛发展提供要素保障。

第四，改革创新，优化环境。自由贸易岛要以投资贸易自由化和便利化为重点，打造国际化营商环境。按照"一线放开、二线管住、区内自由"建立企业组织登记制度，激发海岛企业活力，努力构筑自由贸易岛的产业竞争优势。完善用海政策，探索海域使用权证换发土地使用权证等机制。加快岛内生活配套服务建设，引进综合超市，促进餐饮、住宿等生活配套服务业发展；完善市场法制环境，建立公平高效的市场退出机制，避免在自由贸易岛内出现"僵尸企业""休眠企业"。

四、国内自由贸易岛典型案例——横琴岛

（一）基本情况

横琴岛位于广东珠海市南部，珠江口西侧，东邻澳门，为珠海市最大海岛。横琴岛内海湾众多，沙滩绵延，原始植被保存完好，拥有海洋、森林、湿地等三大生态系统，四周水体环绕，岸线优美，植被茂盛，环岛岸线长50千米，有"十步一瀑布，百步万棵树""雨后处处是瀑布，块块奇石都是景"的自然景观，"山不奇水奇、树不奇石奇、地不奇岛奇"之美称。

海岛交通便捷，周边拥有澳门机场、珠海机场、国际航道等交通设施。横琴岛与洪湾保税区距离不到1千米，处于"一国两制"的交汇点和"内外辐射"的接合部，是东南亚和中国这个经济活跃地区的中心，岛内可供开发土地面积达60平方千米。2009年11月，国务院批准成立横琴新区。同年12月，"横琴新区"管委会在珠海市横琴岛正式挂牌成立。

（二）发展历程

横琴岛于2009年1月正式启动开发和建设，同年8月，国务院正式批复了《横琴开发总体规划》，明确了横琴定位于："一国两制"下探索粤港澳合作新模式的示范区、深化改革开放和科技创新的先行区、促进珠江口西岸地区产业升级的新平台。12月，横琴新区挂牌成立，横琴自由贸易岛开发建设全面启动。国务院之后批复横琴岛实行"比经济特区更加特殊的通关、税收、产业和金融优惠政策"。总体而言，横琴岛成为国内开放度最高、创新空间最大、体制最宽松的地方。

（三）功能定位

在中国国家战略布局中，横琴岛还承担着在"一国两制"下探索制度创新、营造国际化营商环境，促进澳门经济多元化发展的历史使命。横琴岛依托粤澳深度合作，重点发展海岛旅游休闲、生命健康、文化科教、离岸金融、国际商务和高新技术等产业，与粤港澳在金融服务、产业政策、投融资改革方面合作。在实施CEPA协议框架下，重点发展高端服务业为主导的现代产业体系，使之成为连通港澳的"开放岛"、经济繁荣的"活力岛"、知识密集的"智能岛"以及环境友好的"生态岛"。

（四）发展现状

中国实施改革开放40年来，横琴岛建设闯出一条自己的路，近年在探索粤港澳合作新模式的示范区、深化改革的先行区的改革道路上取得一系列成绩。

一是拥有最宽松的体制。岛内实施"一岛两制"，由全国人民代表大会常务委员会授权澳门特别行政区对设在横琴岛的澳门大学新校区实施管辖。负面清单以外的领域则实行备案管理；实施内地在广东与港澳基本实现服务贸易自由化的协议；出台了市场主体违法经营行为提示清单等，实行了特殊的通关、财税政策、土地政策、开放的产业和信息化政策以及创新的金融政策等，目前横琴自贸区的营商环境已经接近国际先进水平，成为粤澳融合发展的"投资热土""创业沃土"与"宜居乐土"。

二是成为最开放的口岸。按照"一线放开、二线管住、人货分离、分类管理"的思路，实施"人员、交通运输工具和货物"的进出境查验功能分开，人员和交通工具的通关放在"一线"查验，货物的进出境查验功能后移至"二线管理"。在"分线管理"体制下，将横琴与澳门之间设定为一线管理，横琴与内地之间设定为二线管理，使横琴与澳门、香港在珠江口外形成了一个特殊的开放区域。

三是横琴岛建设为推进粤港澳更紧密合作提供了示范。横琴岛通过创新通关模式，以横琴为载体大力推进粤港澳融合发展，聚合珠三角的资源、产业、科技优势与港澳的人才、资金、管理优势,率先探索粤港澳建立合作方式灵活、合作主体多元、合作渠道畅顺的新机制,为推进粤港澳更紧密合作提供了示范,为珠三角大湾区建设提供"科学发展、先行先试"的发展经验。

五、自由贸易岛发展模式创新

针对拥有港口码头及群岛的资源禀赋优势,可以通过自由贸易开放政策,按照"政企合一,集中开发"的开发建设模式,扩大服务业和先进制造业对外开放,尤其是金融业开放,探索实施个人境外直接投资、开设自由贸易账户等政策。具体而言:一是进口手续的便利化,但自由贸易岛对进境货物的便利化体现在申报内容及手续的简化。二是自由贸易岛不具备容纳制造业项目的优势,不建议布局制造业。三是按照政策开放程度,可以分为低开放强度、中开放强度与高开放强度自由贸易岛。低强度模式能够造就转口贸易和航空港中转功能的大发展,并可以在仓储、货物交接、进口手续、人员和资金流动方面获得更多的便利性。中强度模式在低强度模式上叠加了对于离岸业务和离岸税收的优惠政策,该模式可能会推动自贸岛成为科技创新和文化娱乐游戏中心。最后,高强度模式在竞争力上可以匹敌任何国际上的自由贸易港,它不但解决了中国几乎没有跨境财务结算中心的问题,而且使得国际离岸公司的注册地可以大批量地选择注册于中国的避税岛(见图5-5)。

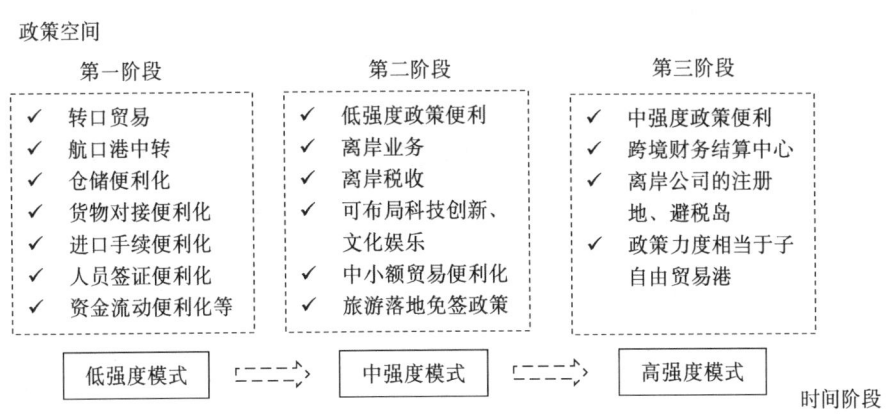

图5-5 自由贸易岛三阶段发展模式

第五节 现代渔业岛开发模式及创新

一、现代渔业岛内涵

现代渔业岛是指拥有丰富海洋渔业资源，并以渔业捕捞、养殖以及水产品加工贸易等现代渔业服务业为主，辅以海洋生物资源保护，兼有生产和生活功能且渔民居住较为集中的海岛。典型海岛如：浙江东门岛、外岬岛、大陈岛以及渔山列岛等，均主要以海洋渔业为支柱产业。

二、发展现代渔业岛的条件

第一，现代渔业岛应具有渔业成为海岛支柱产业的天然条件。海岛海洋鱼类种类多、质量优、资源丰富、数量庞大、价值高，附近海域自然环境优越，饵料丰富。例如大黄鱼、带鱼、鲳鱼、鲈鱼、石斑鱼、鳗鱼等。同时还要具备充足的可供养殖的海域面积，水域滩涂资源丰富、水质符合渔业水质标准，海域气候条件适宜的，水质肥活，宜于开展多样性品种养殖，具有较佳的海港避风能力。海岛区位优势突出，有利于远洋渔业以及海洋渔业牧场化发展。据《经济日报》报告显示，截至2018年10月，中国已建成海洋牧场233个，投放鱼礁超过6 094万空立方米，到2025年，在全国创建178个国家级海洋牧场示范区。

第二，现代渔业岛应具备先进的新型深海养殖设施。深海养殖场设施良好，具备先进的抗风浪深海网箱养殖设备与集成装备、废水净化、自动控制、海洋生物、疾病防疫等为一体的近海或深海设施养殖技术，具有现代化、集约化养殖生产所必需的物质条件和综合经营规模，能够形成集捕捞、养殖、育苗等基础产业为一体，并按照生态规律和经济规律要求进行系统调控与优化配置的海洋渔业。据调研发现，海岛成为建设深海养殖场的重要前沿阵地，例如，2017年国信集团宣布在青岛田横岛首期建设30万亩海洋牧场。宁波市已依托优势海岛建设了海洋牧场海域4处，包括象山港海洋牧场示范区、韭山列岛海洋牧场实验区、三门湾海藻综合示范区以及渔山列岛海洋牧场实验区。

三、国内现代渔业岛现状与问题

(一) 国内海岛渔业发展现状

从中国海岛海域渔业用海情况看,东海、渤海、黄海海域海岛现代渔业资源相对丰富,南海相对较少。东海拥有的海岛数占中国总数的六成以上。东海确权的海岛渔业用海面积最大,占到全国海岛海域面积的一半。渤海、黄海虽有众多大陆河川的注入且海域内海岛数量偏少,但其海域水深、海水温度适宜、流动平缓。南海拥有海岛数量仅次于东海,但由于海岛面积不大,难以形成海洋渔业良好的繁衍环境。

从省市级行政区域分布来看,中国福建省与浙江省海岛海域渔业用海面积最大,均占中国海岛海域渔业确权使用面积的45%左右,其次为中国广东省、山东省及辽宁三省,海岛海域渔业用海面积比例为17%~30%;从海岛海域渔业用海利用方式看,中国海岛海域渔业发展主要以开放式渔业养殖为主,其占海岛海域渔业用海面积的七成以上,围海养殖用海只占20%左右的比例。从海岛养殖与大陆距离来看,近海养殖占据绝大部分,深海养殖占比极小。2018年7月,由中国自主创新研发的全球首个全潜式深海养殖装备"深蓝1号"在黄海正式启用,30万尾三文鱼投入该渔场养殖。"深蓝1号"的投入使用标志着中国海洋养殖从近海养殖向深海养殖发展。

(二) 存在问题分析

在水产资源衰退和工业化快速发展的态势下,随着海岛海域可利用渔业用海的面积受限,海岛渔业经济增长受到抑制,主要以劳动密集型和资源密集型海水养殖和近海捕捞为主,大多渔业海岛正面临着发展的重重困难,具体体现在三个方面:

第一,海岛渔业与其他业态联动不足。从国外海岛经济发展历程来看,海岛渔业是工业经济相对贫乏岛屿的主要支柱之一,也形成了成熟的特色渔业、旅游和水产品加工业协调发展的格局。从海岛渔业的产业链来看,上游包括种苗繁育、养殖、饲料生产以及近海和远海捕捞,中游包括水产品加工,下游包括水产品批发和销售以及冷链物流、冷库等。据《2018年中国休闲渔业发展报告》数据显示，2010—2017 年，休闲渔业①虽实现了年均增速为 18.87% 的较快增长，但是 2017 年中国休闲渔业产值为 708.42 亿元，仅占渔业经济总产值的 2.86%，占渔业第三产业产值的 10.45%。可见，海岛渔业与旅游、文化、科普等有机结合还有很大扩展空间。

第二，海岛养殖技术精细专业化不足。从海岛渔业养殖装备技术来看，中国养殖产业 15 米等深线以内适于渔业养殖的海岛水域已趋于饱和，而 15~40 米的水域利用率不到 1%，40 米等深线的深水域才初步开发并投入使用。从渔船设备技术来看，由于近海捕捞较多，捕捞方式还是传统的"船舶+渔网""量产模式"，渔船技术与美、日、韩等发达国家相比还存在很大差距。据《2016 年全国海洋渔船安全技术状况报告》显示：中国海洋渔船呈现出"小型渔船多、大型渔船少，木质渔船多、钢质渔船少，老旧渔船多、新造渔船少，沿岸渔船多、远海渔船少，能耗投入多、效益产出少"的"五多五少"特征。但中国也在试图推进渔船转型升级，《2018 年渔业渔政工作要点》指出："要继续实施海洋捕捞渔船减船转产，2018 年全国压减渔船不少于 4 000 艘、功率不低于 30 万千瓦"。从海岛养殖参与主体来看，中国海岛养殖的组织化和规模化较低，水产品深加工技术相对落后，大型龙头企业少，对水产品的技术创新和专利申请等能提升附加值的投入不够。

第三，海域生物资源有效利用率不足。中国海洋捕捞以近海为主，中国海岛附近的海域水产品以鳗鱼、磷虾、褐虾、鲅鱼、小黄鱼、对虾、海蜇、梭子蟹、鲲鱼等低质杂鱼虾和低质贝类为主，导致水产品"产量低、质量差、附加值不高"。同时，从现有水产品深加工业发展情况来看，海水产品加工率勉强及格，据《2018 中国渔业统计年鉴》数据显示，中国海水产品加工率为 63.42%。从海产品冷链物流和渔民收入对比情况来看，一方面冷链物流企业发展参差不齐；另一方面，渔民收入存在不确定性。农产品冷链存在"卖不了、运不出、储不行、成本高、亏损大"的问题，严重影响渔民收入。据《2018 年中国农产品冷链物流发展报告》显示：2017 年中国冷

---

① 《2018 年中国休闲渔业发展报告》中定义："休闲渔业是利用各种形式的渔业资源（渔村资源、渔业生产资源、渔具渔法、渔业产品、渔业自然生物、渔业自然环境及人文资源等），通过资源优化配置，将渔业与休闲娱乐、观赏旅游、生态建设、文化传承、科学普及以及餐饮美食等有机结合，向社会提供满足人们休闲需求的产品和服务，实现一、二、三次产业融合的一种新型渔业产业形态。"

库总量基本与美国持平，但人均拥有量却只占美国的 1/4，占日本的 1/3。冷链车合规数量不多，"假"冷藏车市面上仍然存在。

四、国内现代渔业岛模式创新思路与举措

现代渔业岛的建设与开发是一个综合性和系统性的工程，其开发和利用必须坚持"生态优先，陆海统筹，三产融合①，四化同步②"的发展思路，具体而言：

第一，坚持海岛渔业"数量高产、品质优质、养殖高效、捕捞适度"发展路径。在制定目标时，注重渔业"高价值含量、高环境效益、高技术含量"，依靠现代海洋科学技术，加大对"高精尖"海工装备的研发投入，推进现代化渔业建设步伐。例如在研发上，重点加大对"深蓝1号"全潜式深海养殖装备、远洋渔业装备、高科技远洋渔业捕捞船等的研发投入。

第二，坚持海岛渔业发展的"开放式、立体化、联动性"发展。通过国家、地区、生产者之间的交换与贸易，推进渔业商品化和专业化进程，加速渔业内部结构的调整和升级，使渔业资源达到最优配置。坚持按照"多品种、多形式、多元化和可持续发展"原则对渔业结构进行调整，发展"蓝色渔业"，加快培植重点养殖品种的规模优势。

第三，坚持构建"基于生态系统的综合管理体制"。针对海岛海域养殖，制定"供产销"于一体的产业链，制定鱼种投入环境评估、生态渔业品种动态平衡分析、饲料投喂技术、鱼药使用标准、水产品物流标准等闭环的海洋渔业管理体系。同时，以海产品为对象，建立与环境相适宜的海岛海域环境和环境承载力、维护生物多样性、海水温度和水流速度等动态监控系统，为基于生态系统的水产养殖管理提供数据支撑，并借用"智慧海岛、智慧渔场"理念，强化信息化科技在渔业养殖中的"投苗、喂食、用药、繁衍、捕捞"的关键作用，实现渔业养殖的精细化和专业化管理。

五、现代渔业岛典型案例——獐子岛

（一）基本情况

獐子岛是大连长海众多海岛镇之中的一个面积不足 15 平方千米的海岛

---

① "三产融合"是指：海岛海域渔业与海岛海水平加工业、海岛休闲旅游业"三产融合"。
② "四化同步"是指：中国特色新型工业化、信息化、城镇化和农业现代化。

镇，单靠海洋经济生存。面对平均主义"大锅饭"、守海受穷、分海到户、重海洋污染等重重困难，獐子岛在中国海岛农村乃至整个沿海地区，率先探索、创造出股份制加集约化的海洋经济生产方式——"獐子岛模式"，走出了一条海上股份制、集约化规模经营的路子，在黄海北部国家一类清洁海域建成了 2 000 平方千米的现代海洋牧场，使这里成为国内较大的虾夷扇贝和鲍鱼等海珍品养殖基地，并成为中国海上养殖与海洋环保的典范之一。

（二）獐子岛现代渔业发展的条件

第一，独特的地理位置与丰富的渔业资源。獐子岛位于北纬 39 度的黄海海域，处亚欧大陆与太平洋之间的中纬地带，由獐子、褡裢、大耗、小耗等 13 个海岛组成，属北温带亚湿润季风气候区，四季分明，季风明显，日照充足。受海洋气候影响，空气温和，昼夜温差较小，无霜期长，一年达 220 天左右。獐子岛盛产虾夷扇贝、刺参、海螺、鲍鱼、海胆等高品质海珍品，素有"海洋牧场""海底银行""黄海明珠""海上大寨"和"海上蓝筹"的美誉。

第二，始终不渝贯彻"可持续发展理念"。獐子岛是中国国内最早采取"海洋牧场"这种接近于自然的、可循环、可持续的渔业生产模式的海岛之一，在利用海洋资源的同时，重点保护海洋生态系统。20 世纪 90 年代，獐子岛提出了"耕海万顷，养海万年"的理念，并开始了保护生态环境的努力，建立了基于生态系统的综合管理体系。具体而言：常年有科研船监测海上生态环境；每天出海作业的船和海上监控的船必须清理海上垃圾；建设人工鱼礁、人工藻礁。岛上居民的污水实行专业定点排放；岛上居民不养家禽；岛上全面实行"封山育林"；岛上使用风力发电、海水集中供暖、太阳能路灯等清洁能源。

第三，实施复合型渔业产业化发展模式。獐子岛渔业创立了"公司＋政府＋金融机构＋科研院所＋养殖户"的"五合一"复合型渔业产业化发展模式。通过实施龙头企业的股份制改造与企业上市，利用上市公司的技术能力、创新能力、管理能力和资金能力对海岛附近确权的浅海海域进行科学开发、合理的采捕，通过制订标准与规范，带动海岛渔业产业向标准化、生态化、可持续化发展。以獐子岛渔业为例，一路从人民公社走来，2006 年 9 月 28 日，獐子岛渔业在深交所上市，之后，獐子岛借力资本市场，不断扩张海域养殖面积，截至 2017 年底，獐子岛确权使用海域面积超 300 万亩，提供了 4 000 多个就业岗位，带动了 1 万名当地农户养殖，为当地新渔村建设作出巨大贡献。

第四，建立了健全的质量体系和实施标准化。獐子岛集团自 2001 年率先在农业产业中引进 ISO9001 质量管理体系，规范了从育苗到终端销售的工作标准、技术标准、产品标准，确保每道工序均有标准指导。随着企业的快速发展，獐子岛集团又陆续导入了 HACCP 体系、BRC 体系，实现以预防为主的管理模式，并将预防控制的理念延伸到育苗、养殖等农业环节，建立起可操作的 SSOP。同时，獐子岛集团还顺利通过了有机食品认证、GAP 认证，实现农业操作全过程的标准化和规范化。

(三) 獐子岛现代渔业发展的方向

獐子岛借力资本市场，优先发展高效生态海水养殖，建设一批生态型海水养殖园区，形成了以"生态渔业、高效渔业和品牌渔业"为特色的现代渔业产业体系。具体而言：从渔业结构来看，獐子岛以发展生态渔业为导向，优化海水养殖结构，创新海水养殖模式，完善海水养殖管理。从渔业能力拓展来看，獐子岛依托现有标准渔港建设，积极发展远洋渔业，加强远洋渔船更新改造和远洋渔场开拓，增强获取国际渔业资源能力，建设全国领先的综合性现代远洋渔业基地。从渔业深加工产业链来看，獐子岛依托海岛现有水产品加工业的基础，整合资源，努力建设一批现代水产品加工区，加强水产品深加工，延伸水产品产业链，提高水产品附加值。从物流配送体系来看，獐子岛注重水产品专业市场升级改造与信息化平台建设，探索发展主要鱼货物远期合同交易，建成多渠道、便捷化水产品物流配送体系。

六、现代渔业岛发展模式创新

可以借鉴獐子岛现代渔业发展模式，改变海洋渔业呈现"小规模生产、自然渔业经济、分散化、个体化、无序化"特征，采用股份制、公司化及政企分开运作，特点是不进行分海单干，直接走股份制、集约化与规模化道路。在科学技术上引进新品种研发及试验。实行"公司+政府+金融机构+科研院所+养殖户"的"五合一"复合型渔业产业化发展模式，通过优化产业结构，发展"育苗—养殖—加工—商贸—物流—农村电商"，同时与海岛旅游结合起来，形成多元化及结构互补的产业链条（见图 5-6）。

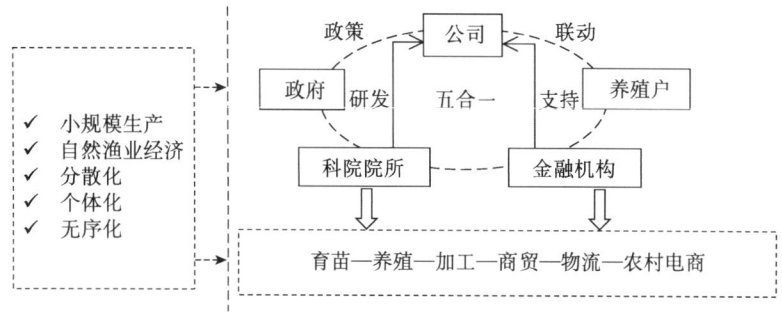

图 5-6　现代渔业岛发展模式

第六节　综合利用岛开发模式及创新

一、综合利用岛的内涵与发展条件

综合利用岛是指以现代服务业、高新技术产业和绿色先进制造业为主要发展方向，海岛功能涵盖城镇建设基础上的生态保护岛、滨海旅游岛、海洋科教岛、自由贸易岛、现代渔业岛、清洁能源岛、港口物流岛与临港工业岛等中的三种或三种以上类型，同时，产业和城镇配套服务能力强，综合竞争力和区域影响大的海岛。该类海岛具有陆域资源禀赋和战略区位特别优越、陆域腹地较大、资源禀赋较好、人口分布集中、城市（镇）依托较强、主导功能较为综合、产业门类较多、对周边具有较强辐射带动能力等特征，往往都是乡镇及以上政府驻地岛或群岛主岛。综合利用岛建设综合禀赋要求较高，具体而言：在产业布局上，禁止高污染、高能耗、低技术、低附加值产业进入，强调亩均效益、中国制造业 2025、工业 4.0、"互联网+"等元素。

二、国内综合利用岛建设的背景与现状

综合利用岛在陆域腹地、资源禀赋、人口规模、城市（镇）化建设等方面具有比较优势，但中国综合利用岛占比不高。以浙江省为例，"十二五"期间建设规划的浙江全省 100 个重要海岛中，综合利用岛占比 8%，仅

8个，分别分布在舟山、温州和台州三地。舟山市5个，分别为舟山岛、六横岛、岱山岛、泗礁山和大洋山；温州市2个，分别为灵昆岛和洞头岛；台州市1个，为玉环岛。

从陆域腹地对周边辐射带动能力来看，综合利用岛大都是背靠湾区经济腹地。例如，规划建设舟山岛位于杭州湾口南侧，属于舟山群岛的主岛，为浙江省第一大岛、中国第四大岛，海岛面积502.6平方千米。大洋山岛位于杭州湾口，为崎岖列岛主岛，海岛面积6.56平方千米。六横岛位于舟山南部，地处我国东南沿海，宁波象山湾东海洋面上。台州玉环岛位于浙江省温州市乐清湾东岸、瓯江口外，是浙江省第二大岛，玉环岛建制8镇2乡，海岛面积174.27平方千米。从四个综合利用岛陆域腹地来看，都依托杭州湾大湾区以及宁波湾形成的湾区经济腹地，同时也拓展了湾区经济发展空间。

从资源禀赋和产业门类来看，舟山岛拥有皮青冈、普陀樟、野大豆等珍稀植物，赤腹松鼠、穿山甲、黄鼬等兽类以及野生河鹿种群，盛产大黄鱼、小黄鱼、带鱼、墨鱼、虾、蟹、海蜇等海产品，还拥有历史文化名城定海和渔都沈家门等景区。大洋山岛四周为山，拥有渔、港、景、石等自然资源，同时在仪器仪表、地毯、水产品加工、船舶修造等方面形成了特色产业体系。六横岛拥有多条国际航道，形成了以船舶修造为主导，电力生产、大宗物资加工、水产加工、机械五金等产业加快发展的临港工业体系。玉环岛柚香柿艳，虾贝满仓，四季鱼市不绝，有"东海碧玉"之称。

从人口规模、城市（镇）化和主导功能来看，舟山岛拥有44万人，是舟山群岛新区CBD和行政中心，城市化建设及配套功能齐全。大洋山岛拥有9 256人，小城镇建设初具规模，未来将打造滨海新城。六横岛拥有人口10万人，是舟山群岛新区的南部新城，定位为"现代化、国际化、生态化"的临港产业岛和新兴的港口城市。玉环岛拥有人口17万多人，是中国14个海岛县中唯一的海岛县级市，先后入选2018年度全国综合实力百强县、投资潜力百强县市、全国新型城镇化质量百强县市、全国县域经济综合竞争力100强。可见，综合利用岛需要一定人口规模、城市（镇）化及其主导功能作为支撑。

三、综合利用岛的创新思路与举措

第一，坚持"海陆联动，因岛制宜，分类引导"。就陆域腹地、资源禀赋而言，综合利用岛在开发过程中，应充分考虑海岛与其周边海域以及其所在的区域的关系，统筹考虑、整体实施，以保障海岛功能开发顺利进行，开发规程过程中应根据不同海岛特色，实施"一岛一策"差异化的发展策略和措施。第二，深化"科技创新，强化支撑，优化体制"。就产业门类、对周边辐射带动能力而言，要通过科技引领提升综合利用岛产业门类及附加值；支持企业建立涉海研究院，开展省级企业技术中心的培育辅导，提升科技服务业对海岛科技创新和产业发展的支撑能力。就城市（镇）化建设及主导功能而言，强化海岛的城市管理及其主导功能，规范和制定海洋功能区块管理制度。

四、综合利用岛建设的典型案例——以浙江为例

（一）基本情况

浙江省拥有面积达 500 平方米以上的海岛 2 878 个。在按照因岛制宜、分类引导，严格按照海岛的功能定位推进开发建设，使海岛主导功能得到有效维护，内部空间格局有效优化，综合开发效益得到较大提升的思路下，制定并颁布实施了《浙江省重要海岛开发利用与保护规划》（浙政发〔2011〕48 号），对全省海岛保护与开发利用提出了新要求，并针对 100 个重要海岛进行了功能定位，其中有居民与无居民海岛分别为 92 个和 8 个。海岛总面积与滩涂总面积分别占全省海岛总面积的 96%、滩涂总面积的 13.7%，岸线总长占全省海岛岸线总长的 53%。其中功能定位于综合利用岛的重要海岛包括舟山岛、六横岛等 8 个。

（二）综合利用岛的开发目标

综合利用岛在产业布局上主要以先进制造业、高新技术产业以及现代服务业为发展方向，同时，在评估海岛环境、资源和人口承载能力的基础上，合理控制人口规模和产业规模，防止海岛开发和利用的无序扩张，规避对海岛海域以及海岛山体等生态环境的破坏。最后，综合利用岛会合理优化空间功能布局，实施海岛城镇综合整治，推进城镇有机更新，加强产业和城镇配套服务能力建设，提升综合竞争力和区域影响力。

（三）综合利用岛的空间布局

规划综合利用岛共 8 个，主要分布在舟山、温州和台州（见表 5-2）。

表 5-2　　　　　　　　　综合利用岛功能定位

海　岛	功能定位
舟山岛	南部以海洋科学城（临城新区）为重点，大力发展科研创意研发、港航综合服务、海洋高等教育；以定海城区、临城新区和沈家门为重点，发展商贸、餐饮、休闲等生活性服务功能。北部以定海工业园区、新港工业园区、展茅—螺门区块为重点，发展港口物流、高端船舶修造、海洋工程装备、海洋生物医药等海洋产业；以马岙区块为重点，发展液体化工品和LNG（液化天然气）中转储运加工基地；以岑港区块为重点，积极发展油品储运和风能等海洋清洁能源利用。
六横岛	重点发展港口物流、临港工业、新能源产业。港口物流重点发展集装箱、煤炭和油品等中转、储运和贸易；临港工业重点发展大宗散货加工、重型装备制造、高端船舶修造等；新能源重点发展超超临界燃煤发电机组和IGCC（煤炭气化联合循环发电）煤（见附录1）。
岱山岛	重点发展高端船舶修造、船舶配件、港口机械制造等临港产业和港口物流、滨海旅游、休闲商贸、生活居住等现代服务业。
大洋山	重点发展城镇服务、特色旅游和港口关联产业，形成为洋山港配套的综合服务功能。城镇服务重点发展商务办公、生活居住等；特色旅游重点发展港桥观光、海岛风情、海鲜美食等；港口关联产业重点发展集装箱仓储运输、船舶修造、综合补给等。
泗礁山	重点发展城市服务、港口物流、滨海旅游、现代渔业。城市服务以行政、金融、商贸、居住为主；港口物流以大宗散货储运、中转、配送为主；滨海旅游以休闲度假、商务旅游为主；现代渔业以休闲渔业、水产品精深加工与贸易为主。
灵昆岛	西部地区以商贸流通为重点，同时发展商务办公、高端居住服务和农业休闲旅游等现代城市服务业；东部地区重点发展生物医药、汽车整车制造等战略性新兴产业。
洞头岛	以滨海旅游经济、城市服务经济、现代渔业经济和清洁能源中转储运为主。滨海旅游重点发展海岸观光、海上运动、休闲度假等；城市服务重点发展商务办公、科教研发、生活居住等；现代渔业重点发展渔船避风、水产贸易、加工制造、休闲渔业等；清洁能源重点发展LNG（液化天然气）接收和温东气田开发登录服务和终端处理利用。
玉环岛	以大麦屿港区为依托，重点发展外贸集装箱、煤炭、石化中转运输；以滨港工业区块、漩门工业区块、经济开发区为重点，加快家具、汽摩配等传统产业改造提升；依托县城，发展金融、商贸等生活配套服务。

注：资料根据《浙江省重要海岛开发利用与保护规划》整理而成。

五、综合利用岛发展模式创新

以现代服务业、高新技术产业和绿色先进制造业为发展方向，主导功能选择上涵盖城镇建设基础上的生态保护岛、滨海旅游岛、海洋科教岛、自由贸易岛、现代渔业岛、清洁能源岛、港口物流岛与临港工业岛等的三种或三种以上，均具有较高的影响力，同时产业和城镇配套服务能力强，综合竞争力和区域影响大。其发展模式见图 5-7。

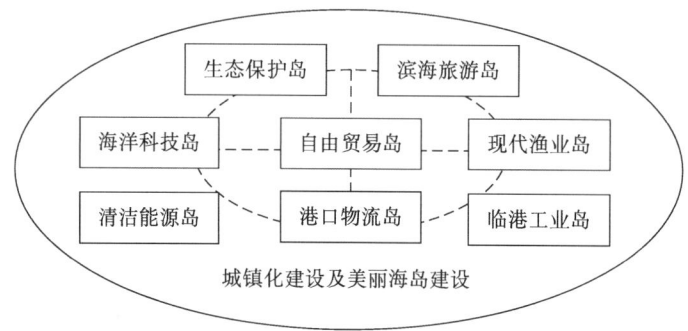

图 5-7 综合利用岛发展模式创新

第七节 群岛开发模式及创新——舟山岛案例

一、群岛内涵

群岛是指利用岛群的规模优势，通过合理空间布局形成的岛岛、岛陆之间组团式的海岛群。该类海岛群是海岛开发重要的地理单位，可以利用组团式发展的比较优势及区位优势，发挥群岛开发的规模效应。群岛可以分为大陆沿岸岛与大洋群岛。

二、新区舟山群岛发展优势与定位

舟山群岛位于长江口南侧、杭州湾外缘的东海洋面上，是中国唯一的群岛建制的地级市。国家级新区是为了适应新时期经济发展、社会发展等的需求，由国务院批准在特定地区设立的、拥有相应的配套政策、承担国家重大发展和改革开放战略任务的综合功能区。舟山新区设置目的主要是拟在新区通过从政府管理、社会治理，到各项政策落地落实，再具体到市场与企业组织，多渠道多角度综合先行先试，探索发展新模式，以带动区域的发展，成为一个区域的增长极，从而改变整个区域的发展态势。2011年，基于舟山群岛独特的战略地位和资源禀赋，国家从发展海洋经济战略高度重新审视舟山群岛，批准设立了浙江舟山群岛新区，使其成为中国第四个国家级新区。

舟山群岛地处中国东部"黄金海岸"与长江"黄金水道"的T字交汇处，是中国群岛资源高度聚居的区域。舟山群岛以多层岛链的形态向外扩散，逐步深入到西太平洋，是开发西太平洋资源的战略前进基地。从航道数量及海运网络来看，舟山群岛与亚洲的主要航运中心釜山、长崎等地，共同构成了500海里等距离的扇形海运网络。从深水岸线历程来看，舟山群岛新区深水岸线占全国的18.4%，能建巨轮泊位的深水岸线有280千米，占全国的18.4%，这些深水岸线中，大部分是静候万吨轮停泊的处女地。从海岛拥有数量来看，中国浙江全省共有海岛近3 000个，占全国海岛的四成，舟山群岛新区约占浙江全省的一半；中国宁波—舟山港为全球吞吐量最大的港，舟山的经济总量中约七成由海洋经济贡献。从舟山群岛新区的功能定位与目标来看，舟山群岛新区发展定位世界一流港口城市，成为长江三角洲地区经济发展的重要增长极。

三、舟山群岛新区群岛开发的空间布局

舟山群岛新区按照规划要求，重点构筑"一体一圈五岛群"的格局[①]，具体空间布局为：

"一体"：舟山岛，舟山群岛新区开发开放的主体区域，是舟山海上花园城市建设的核心区，也是舟山群岛新区的主岛，重点构筑"南生活、中生态、北生产"空间发展格局。"南生活"花园城市带依托定海、新城和普陀城区，打通南部海岸城市发展走廊，联动综合开发与利用南部诸岛，重点布局以金融商贸、海事中介、医疗服务、研发创意、教育培训、休闲旅游、会展节庆等业态为主的现代滨海服务业；"中生态"加强舟山岛中央山体生态保护，构筑绿色廊道与生态走廊，形成以海岛山体为核心的指状绿地系统；"北生产"

---

① "一体一圈五岛群"说法全部引自：2013年发布的《浙江舟山群岛新区（城市）总体规划（2012 – 2030）》。

在小沙镇至展茅街道区域范围内，重点发展临港装备制造、海洋生物、海洋探测装备、高端海洋电子信息、水产品精深加工等海洋新兴产业。

"一圈"：港航物流核心圈，包括岱山岛、衢山岛、大小洋山岛、大小鱼山岛和大长涂山岛等区域，是建设大宗商品储运中转加工交易中心的核心区域。"岱山岛"规划建设大宗商品加工和区域性国际港航服务平台，"衢山岛"及周边的鼠浪湖、黄泽山等岛，规划建设国际燃油供应中心和矿砂、煤炭等大宗商品深水中转中心。"大小洋山岛"以集装箱运输、保税物流及相配套的加工增值综合服务功能为重点，建成上海国际航运中心港航配套服务中心。"大小鱼山岛"主要发展临港工业和大宗商品加工。"大长涂岛"主要发展原油储运。

"五岛群"：五大功能岛群，包括普陀国际旅游岛群、六横临港产业岛群、金塘港航物流岛群、嵊泗渔业和旅游岛群、海洋生态保护岛群。"普陀国际旅游岛群"主要以普陀山国家级风景名胜区为核心，包括朱家尖岛、桃花岛、登步岛、白沙岛等，形成世界级佛教旅游胜地，打造世界级的海洋休闲度假岛群；"六横临港产业岛群"以六横岛为核心，包括虾峙岛、佛渡岛、东白莲山、西白莲山、凉潭岛、湖泥山等，积极发展临港产业和海洋新兴产业；"金塘港航物流岛群"以金塘岛为核心，包括册子岛、外钓岛等。重点发展港口物流业，打造大宗商品中转储运基地，建设综合物流园区；"嵊泗渔业和旅游岛群"以泗礁山岛为核心，包括嵊山岛、枸杞岛、黄龙岛等。"海洋生态保护岛群"以中街山列岛、浪岗山列岛、五峙山列岛、马鞍列岛等海岛为重点，推进海洋生态保护，适度发展海洋渔业和海洋旅游业。

四、新区舟山群岛发展的创新思路与举措

舟山群岛"创新、改革和开放"推动舟山群岛利用和开发，具体体现在以下几方面：

第一，谋划并获批江海联运服务中心提升港口服务效能。江海联运服务中心是宁波舟山港集疏运体系的重要组成部分，通过谋划舟山江海联运服务中心，优化江海联运集疏运体系。同时，发展江海联运现代服务，打造国际海事服务基地，做大做强大宗商品交易中心；完善江海联运基础设施，加快综合交通网络建设，立足长远，谋划建设北向大通道。通过建设国家战略物资储运加工基地，做大原油战略储备规模，做强国际粮油集散平台。

第二，以供给侧结构性改革推动海岛经济和产业升级发展。以海洋战略新兴产业和现代滨海服务业为抓手，推动产业聚集和高质量发展。推进船舶

与海洋装备新型工业化示范基地建设，建设世界级精品国际旅游景区；积极规划建设航空产业园区，加快培育航空、健康、现代服务等新兴产业；统筹推进海洋大数据中心建设，推动文化与旅游的融合发展；全力扩大有效投资，着力推动重大项目快落地、快建设、快见效。强化海洋科技人才支持，提升舟山海洋经济的核心竞争力和可持续发展能力。

第三，通过创新体制机制构建改革开放新体制。建立"新区发展联席会议、舟山市党政联席会议""财经工作领导小组、规划建设领导小组和招商引资领导小组"的决策机制，减少决策程序和环节；探索"专项考核＋综合考核"模式，出台海洋产业集聚区共建共享办法，提高实施效率。创新行政审批机制。建立"三重"项目、年度重点项目、一般项目分层分类审批协调机制。探索实行"容缺预审"机制，整合打造"四张清单一张网"。创新海岛投融资机制，成立了海投、交投、城投和普陀山发展集团，设立了江海联运产业投资基金、投资基金等产业母基金，撬动社会资本参与海岛开放和利用。

五、群岛发展模式创新

我国沿岸岛可以采用岛陆统筹的"湾区＋海岛"发展模式，大洋群岛可以采用岛岛联合的产业互补发展模式。

一是岛陆统筹的"湾区＋海岛群"组团发展模式。海岛经济由于空间、资源禀赋及区位条件，在海岛产业的供产销以及海岛经济发展的人财物等要素方面均具有很强的外部空间依赖性。沿岸岛形成的海岛网络与主要陆岸登陆点相连并形成一体的岛陆网络空间。同时，岛陆统筹的纽带是跨海大桥以及岛桥（见图5-8）。

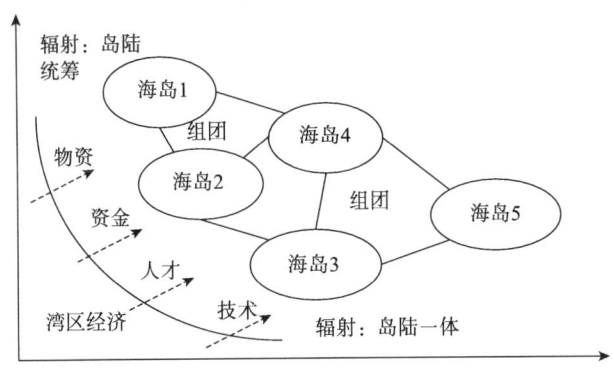

图5-8 岛陆统筹的"湾区＋海岛群"组团发展模式

二是岛岛联合的"生态—生活—生产"组团发展模式。该模式主要是在大洋群岛情景下，具有据点式分布特点，建议按照"大岛建、小岛迁"的思路，逐岛定位，因地制宜，特色组团发展。在群岛中，确立以中心岛为据点，各岛屿发展体现产业的"差异化、互补化、特色化、生态化、块状化"，最终实现群岛"人、港、景、渔、产、居"的"生态—生活—生产"和谐发展。在群岛发展组团上，可以划分产业走廊、生活走廊与生态绿色走廊三个组团。产业走廊依托港口码头，以布局海洋新兴产业为主，适当布局"高精尖"临港工业，并辅助港航物流、自由贸易功能。在生活走廊上，确立中心岛及副岛作为中心据点，并辅助海洋科技岛功能。产业走廊与生活走廊依靠岛桥联结。生态绿色走廊以生态小岛、滨海旅游、海洋渔业等为主，强调"生态、自然、绿色、和谐"的自然景观（见图5-9）。

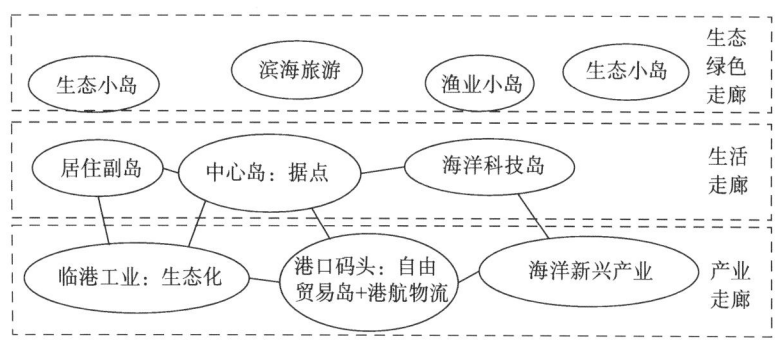

图5-9 岛岛联合的"生态—生活—生产"组团发展模式

第八节 清洁能源岛开发模式及创新

一、清洁能源岛的内涵与条件

清洁能源岛是指具有较好的水能、核能、风能、太阳能、潮汐能、生物能、地热能、温差能等能源资源并且具备大规模能源开发利用的海岛。此类海岛一般临近大陆，具有发展的广阔腹地经济，但同时自身又不具备形成中心发展的条件，不能作为独立的发展个体，而临近的陆地发展又能为其开发建设创造条件和机遇。

二、中国清洁能源岛建设的现状与问题

在国际上很多国家在海岛能源供给上采用了清洁能源岛发展模式，并把清洁能源岛列入了国家相关发展规划或行动计划，例如西班牙的耶罗岛实现了100%清洁能源；美属萨摩亚塔乌岛全都采用太阳能。在中国，推动清洁能源岛发展是中国应对能源和环境危机挑战、向自然要能源、解决社会经济可持续发展的战略选择，也是当前中国大力发展海洋经济、建设生态海岛、解决海岛能源供给的重要抓手。由于清洁能源可以就近生产，这对地处特殊位置的海岛尤其具有特别吸引力。根据《中国海洋发展报告（2018）》数据显示，中国近海拥有潮汐能蕴藏量19 286万千瓦，技术可开发量2 283万千瓦，其中中国沿岸的潮汐能主要集中在东海沿岸，福建和浙江沿岸最丰富，如浙江钱塘江口。中国波浪能蕴藏量1 600万千瓦，技术可开发量1 471万千瓦，波浪能以中国台湾沿岸最高。中国近岸海上风能蕴藏量88 300万千瓦，技术可开发量57 034万千瓦，主要分布在福建省、江苏省和山东省。中国近海潮流能蕴藏量833万千瓦，技术可开发量166万千瓦，以浙江沿岸最多。中国近海温差能蕴藏量36 713万千瓦，技术可开发量2 570万千瓦，主要分布在南海海域，蕴藏量占据了九成[①]。

中国建设清洁能源岛起步较晚。2014年11月，国务院印发《能源发展战略行动计划（2014~2020年）》。之后全国不少省市如海南、江苏（扬中岛、车牛山岛）、上海（崇明岛）、浙江宁波象山屏风岛及海山岛、浙江温州南麂岛等纷纷启动了清洁能源岛建设。根据《中国海洋发展报告（2018）》显示，中国潮汐能利用技术相对比较成熟，潮流能技术已达到国际领先水平，波浪能发电技术基本成熟，同时，海洋风能产业已具备一定规模。代表突破技术项目有：LHD-L-100林东模块化大型海洋能发电机组项目破解了潮流能发电"稳定难题"[②]；2017年中国海上风电场送电系统与并网关键技术研究取得重要进展[③]；2017年初中国科学家自主研发的"鹰式

---

① 国家海洋局海洋发展战略研究所课题组. 中国海洋发展报告（2018）[M]. 北京：海洋出版社，2018.
② 吴琼. 我国海流能发电攻克"稳定"难题[N]. 中国海洋报，2017-01-16（A1）.
③ 郭科. 我国海上风电场送电系统与并网关键技术研究取得重要进展[N]. 中国海洋报，2017-08-02（A1）.

波浪能发电技术和整套装备设计"① 等。虽在局部领域技术取得了突破，但从中国清洁能源岛建设情况看，中国清洁能源岛尚处于起步的初级阶段，还面临众多问题与挑战，如公众的认知与支持度、清洁能源消纳、清洁能源开发技术、海岛能源供给稳定性、传统电网优化调度与稳定运行、经济成本高低等，尤其是开发建设的"能源岛"技术，即热电冷三联供系统技术，可再生能源利用技术等还较为落后、不够成熟。

三、清洁能源岛开发模式创新思路与举措

清洁能源岛的开发不同于清洁能源的技术研发，但必须依托清洁能源技术的研发以及周边经济腹地，并进行产业化投资开发的海岛。

第一，增强财政预算，开展技术攻关。继续深化政产学研合作，鼓励整合国际资源，建立清洁能源岛新技术研发中心，将以可再生能源为基础的能源岛发展技术列入各级政府的产业发展和科研攻关计划，对共性关键技术进行研究和突破，抢占技术制高点，采取"部委+地方"两级财政预算试点支持关键技术的研发和产业化项目。在积极争取国家对新能源产业发展的专项资金支持以外，各省、市应设立财政基金，对能源岛技术项目进行补贴奖励。

第二，强化政策扶持，吸引社会资本。强化关于管理类的政策，对清洁能源岛系统只要在技术上符合并网要求的，电力系统应允许其接入系统。能源岛系统上网的电价要在考虑环保效益下由政府核定。强化财政支持类的政策，积极引导更多的企业参与新能源的开发利用。

第三，突出要素支撑，加快基地建设。实施新能源人才专项引进计划，重点引进一批国内外先进的新能源企业，整合现有新能源技术资源，完善技术和产业服务体系。积极引导企业开展循环经济建设；淘汰落后产能；加快新能源特色产业基地建设，逐步建成集新能源产品研发、生产、交易和应用于一体，具有一定人才、技术、品牌、市场优势，龙头企业带动、骨干企业支撑、中小企业配套补充、基础设施和配套设施完善、综合服务能力强的新能源产业基地。

第四，注重宣传引导，拓展运用范围。对进行清洁能源岛建设周边区域，鼓励和补贴本岛居民使用清洁能源生产和生活。通过有效宣传教育，制

---

① 朱彧. 只争朝旭的"海洋能"[N]. 中国海洋报, 2017-08-07 (A1).

定清洁能源使用补贴政策等方式,增强本岛居民的绿色消费意识,引导和鼓励居民在生产和生活中尽量使用清洁能源。

四、清洁能源岛典型案例——南麂岛

(一) 基本情况

南麂岛位于浙江省东南部海面,隶属浙江省温州市平阳县,整个列岛由52个海岛组成,海岸线总长75千米,东北和西南两侧为深水通道,水深在30米以上。由于地处亚热带,海洋自然条件优越,特色鲜明,被评为中国最美的十大海岛之一。南麂岛是中国首批五个国家级自然保护区之一,之后又成为中国目前唯一一个纳入联合国教科文组织世界生物圈网络的海洋类型自然保护区。

(二) 具备较好的发展条件

南麂岛发展清洁能源的资源条件比较优越,拥有较大的发展潜力。作为一个亚热带海岛,南麂岛有充足的阳光,光热资源较为丰富,常年日照时间较长,太阳能资源理论储量较大,开发太阳能潜力巨大,优势独特。由于5~11月都有台风影响,最大风力12级以上,全岛陆地风能资源理论总储量也相当可观,具有建设较大型海上风电场的资源条件。同时,南麂岛还有较丰富、利用前景大的水能资源与潮汐能。

(三) 清洁能源岛的建设背景与现状

从建设背景来看,尽管南麂岛风景怡人,物产丰富,但由于远离大陆,能源供应受制颇多,大陆的电无法送到岛上,长期以来整个南麂岛的居民用电和商业用电都主要依靠一个10千伏的独立小电网——南麂柴油发电站。由于仅靠柴油机组供电,柴油又从岛外运来,发电效率低,电力供应依然紧张。同时加之柴油发电机持续的轰隆响声、不断冒出的黑烟,也与美丽海岛的形象极不相符。因此,如何在不增加甚至降低柴油发电容量的情况下,满足岛上不断增长的电力需求,在保障海岛经济发展的同时又保护好海岛的生态环境,成为南麂岛发展面临的重大问题。正是在这种背景下,如何借助岛内优势资源,将充足的阳光、强劲的海风转化为可供居民使用的清洁能源,发展清洁能源岛成为政府关注的话题。2012年南麂岛清洁能源岛建设起步,总投资1.5亿元,由国网浙江省电力公司承担的南麂岛微网示范工程正式开建,开始了从海上、从自然要能源的征途。

从采用的技术来看,国家电网浙江公司历时两年建设,结合了风电、太

阳能、储能系统的南麂岛微电网工程,于2014年9月建成投入运营。南麂岛微电网工程最大的亮点就是把风力、光伏发电、锂电池、超级电容储能和岛上原有的柴油机发电和谐地结合起来,不仅可以满足岛民们的用电需求,满足南麂岛生态保护、大力发展旅游的需求,更重要的是利用科技呵护了这片海域,满足了建设生态海岛、环保海岛的需要。

从运行情况看,南麂岛微电网的10台单机容量为100千瓦的永磁直驱型风力发电机年上网总量能达到250.5万千瓦时,能减少柴油使用量550吨,减少排放二氧化碳2 063.2吨、二氧化硫16.7吨,节约用水4 896.1吨。在非旅游旺季,新能源在储能系统配合下,几乎能满足岛上100%的电力需求,并做到可靠供电,远远超过了设计之初确定的绿色可再生能源全年发电量占总负荷需求55%以上的目标,岛上的居民和商户不再担心用电限制。

五、清洁能源岛发展模式创新

中国清洁能源发展以水能为主力,重点发展核能、风能、太阳能、生物能与潮汐能。在开发主体上,以政府与国有企业为主要投资者,投融主体日益多元化。私募基金、民营企业更多地进入太阳能、生物能与潮汐能的投资。在发展模式上,清洁能源岛根据海岛清洁能源的资源禀赋,采用微电网技术下的并网模式与孤岛模式。具体而言:微电网通过海底电缆与大电网连接,并具备与大电网互联的条件,采用并网模式为主,孤岛模式为辅的发展模式。在技术上采用"双向调节、灵活平衡的并网与孤网切换技术"解决能源波动性大带来的不稳定性问题(见图5-10)。

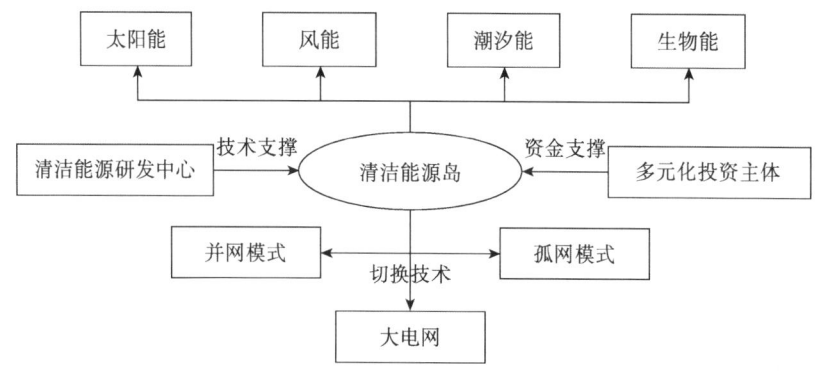

图5-10 基于切换技术的清洁能源岛发展模式

第九节 港口物流岛开发模式及创新

一、港口物流岛内涵

港口物流岛是指具有优越的地理区位、深水岸线码头资源和较大规模的陆域腹地经济空间比较优势的海岛。该类海岛具有集装箱或大宗商品储运、中转、贸易、物流等功能，同时辅以金融与信息服务、分拨配送、增值加工、博览展示、跨境电商等配套功能。港口物流岛实质是以建设大型国际枢纽港为核心，以发展大宗商品集疏运网络为主体，以实现商品贸易、金融保险、航运服务等多样化体系且能够服务于国内国际市场的现代物流功能区。从港口物流岛的内涵看，它不是一个地理概念，而是一种经济模式，这种经济模式需要在法律法规经济背景等技术条件下运行，而海岛则是支撑这种经济模式的资源基础，其目标主要是依托海岛优越的航道岸线资源，建设一个连接国际国内两个市场的国际物流中心。

二、发展港口物流岛的条件

在中国采用港口物流岛模式的海岛案例有：宁波梅山岛、舟山岛、山东半岛、穿鼻岛、岱山岛、衢山岛、大小洋山岛、大小鱼山岛、大小长涂岛等海岛。从中国现有港口物流岛发展的共性特征来看，一般具有三个条件：

第一，港口与岸线资源丰富。具体表现为海岛岸线长，港域内拥有丰富优质的深水岸线资源优势，适宜开放建港的深水岸线。港口吃水深，可以建设万吨级的码头泊位，可以建设供第六代及以上集装箱船舶作业的集装箱泊位，而且港域航道好，数量众多，离国际航道近，通航等级高，同时港池大，锚地多。据《中国海岛生态系统评价报告（2017）》显示，中国大陆岸线可建 5 万吨级以上的深水岸线不多，然而海岛深水岸线却很丰富。例如：菊花岛、崇明岛、马迹山、朱家尖、大榭岛、玉环岛、东山岛、南澳岛、桂山岛等均适合建设万吨级码头泊位[①]。

---

① 马志远，陈彬，黄浩，俞炜炜等．中国海岛生态系统评价 [M]．北京：海洋出版社，2017．

第二，要具有优良的航道和锚地条件。岛陆和岛岛之间形成的内外航道相连的整体，对船舶通航以及港航物流具有重要的基础条件，同时，海运锚地一般集中在岛群之间，具有水深适度、水域宽阔、海底平坦、海浪较小、锚抓力强等条件。据《宁波—舟山港总体规划（2014—2030年）》统计，宁波—舟山港共有深水泊位162个，泊位总长度71.5千米，综合通过能力8亿吨，其中舟山市域港口共有千吨级及以上深水泊位57个，泊位总长度30.8千米，综合通过能力3.8亿吨。厦门港已建成万吨级泊位174个，10万吨级及以上泊位30个。洋山深水港共有16个7万~15万吨级深水集装箱泊位，释放出年集装箱吞吐量超过1500万TEU的生产能力。

第三，海岛的临港工业特色要鲜明、腹地经济广阔并具有良好的综合服务体系。港域具备比较扎实的产业发展基础，已发展出一批有资质的企业，形成了以海通中转储运、海隆装卸运输等为主的具备外贸货物装卸资质的港口装卸队伍，以及以海通轮驳、海通物流等为代表的拖助、代理、理货、二程物流等环节的港口服务企业。同时，还具备良好的综合物流服务功能、完善的服务支撑体系和特殊的物流及贸易财政金融政策，商务、金融、信息、保险、代理、中介等现代服务业以及优秀的国际化、专业化的高端航运物流人才支撑等。

三、国内港口物流岛现状与问题

从目前的中国港口物流岛发展现状看，表现为四点不足。

（一）水路运输与陆空运输条件不匹配

港口物流岛需要匹配高质量的集疏运网络，对海陆空联动集疏运网络有较高的要求。例如德国最大的海港汉堡港是欧洲最大的铁路联运港；荷兰的鹿特丹港具有陆海空联运能力；亚太地区最大的转口港——新加坡港具有空港联运能力等。港口物流岛除了完善的海运及服务体系，还拥有发达的铁路或空运运输系统，而在国内除了天津港、秦皇岛港等少数港口具备集疏运网络外，多数港口在"海陆空联运"方面尚存在较大缺失，更多为"水水中转"集运模式。例如宁波—舟山港，虽然宁波港与舟山港进行了合并，但集装箱的公路运输仍是主导，海铁联运份额不大，还没有成为主要集疏运方式，刚被批复的江海联运服务中心也还没有发挥效能，空运还不具备规模效应，对台小额贸易便利化刚开始试点。同时，舟山的铁路建设尚在规划建设中，还没有建起公铁两用的跨海大桥。因此，水路运输与陆空运输条件不匹配影响了港口辐射功能发挥。

(二) 金融及贸易服务能力与发展需求不匹配

从港口物流岛发展情况看,大多数港口信息服务体系建设整体设计规划不足,信息系统相互分割,金融、商贸等服务中介机构服务能力与需求存在距离。以浙江省及其梅山岛为例,浙江省提出要构建大宗商品交易平台、海陆联动集疏运网络、金融和信息服务支撑系统等三位一体的港航物流服务体系,在石油化工、矿石、建材、工业原材料、船舶等临港工业交易带来便利化的同时,也提升了港口供应链管理能力,催生出新的融资机构、金融衍生品以及新的金融管理服务模式,这些新的服务模式需要传统金融机构以及贸易主体具有创新服务模式。

专栏 5.1　中国浙江梅山岛

发展概况:作为浙江省类金融产业落户企业数量最多、资产管理规模最大、金融业态最丰富的区域,梅山保税港区"海洋金融小镇"总规划面积约 3.5 平方千米,项目总用地面积 280 亩。梅山岛重点发展航运金融业务,发起设立海洋主题产业基金、海洋专业银行,集聚引进涉海私募股权、债权、创投、对冲与并购重组等新兴海洋特色金融业态,探索建立海洋产权综合交易平台,推动银行、保险、信托、期货、证券等机构涉海金融业务创新。

存在问题:"不匹配"体现为"金融机构多,融资难;国际资本多,落地难"现象。第一,金融机构多,融资难。体现在现有金融机构众多,但是海岛的企业进行融资比较困难,现有机构服务能力与港口物流岛建设需求存在差距。第二,国际资本多,落地难。梅山岛注册的境内外"千亿级"资本很难参与到本岛及北仑周边的港口经济、航运物流以及海洋战略新兴产业发展中。

(三) 港口信息与物流业产业链及人才层次不高

港口物流岛的临港产业链及层次不高影响了港域价值增值链条的延伸。中国国内港口物流业主要承担运输、转运和储存的功能,技术含量低,现代化的信息技术并没有得到充分运用。同时,港口物流业发展的集聚度低,价值增值链条比较短,离现代化的港口物流业要求还有很大差距,迫切需要在装卸、中转换装、运输组织等基础上,深化加工、配送、贸易等功能,拓展信息、保税等功能，延伸物流产业链。例如舟山港口物流业目前依然处于简单的中转发展阶段，传统的以周转运输为主的物流模式，形成了舟山现有物流发展利润来源单一、物流产业链较短，主要依赖装卸费收入的现状，与国际物流枢纽岛距离尚远。同时，中高端物流管理人才和信息化领域的专业技术人才层次不高，已成为制约中国各个国际物流岛的建设、运营和管理的主要瓶颈之一。

四、港口物流岛开发模式创新思路与举措

港口物流岛开发模式也是一项系统工程，必须考虑海岛的资源禀赋、区位优势与综合管理能力等条件，具体而言：

第一，有效管控。通过统筹规划岸线尤其是深水岸线、航道和锚地等开发与利用，坚持深水深用与节约使用，保护与合理利用港口资源，做到"绝对控制"。对于利用方向尚无明确的岸线，应予以预留，避免盲目投资建设以及深水浅用、多占少用等不合理情况。在海岛综合管理能力上，要建立完善船舶溢油事故等海洋污染应急预案，强化船舶溢油事故、化学品泄漏或爆炸事故等动态监测，并建立应急处理与求助机制。

第二，政策突破。港口物流岛建设及作用发挥必须依托港口进行对外开放政策的"先行先试"，例如跨境电商的便利化、贸易便利化、投融资便利化等。港口物流岛建设需要在财税、金融、土地、科技、人才、贸易、投资、海关等方面的政策支持。应立足区域基础设施及资源禀赋，逐步扩大各个港口物流岛的开放范围和领域（见附录2）。

第三，平台搭建。着力构建大宗商品交易以及国际航运和物流平台。以舟山港口物流岛为例，长三角各港口间的同质化竞争比较激烈，长江流域乃至整个西部地区早已是苏、沪和长江以及连云港乃至华北各港口的"经营范围"，腹地资源争夺激烈。但浙江舟山江海联运服务中心就是很好的平台搭建，其设立可以有效形成海运与江运联运机制，对舟山港口物流海岛具有很强的平台溢出效应，同时舟山港和宁波港合并，也是通过搭建新的平台激活港口活力。

第四，港口物流岛需要坚持"以港带航，港航融合，港岛联动，多式联运"。具体而言：要重点构建包括集疏运网络、大宗商品交易平台、金融和信息支撑系统"三位一体"的港航物流服务体系，以舟山—宁波港为例，宁波舟山港国际联运业务，通过"渝甬班列＋渝新欧班列"的联运模式，将业务首次延伸到德国，分别新开了西安、湖州、钱清至宁波舟山港3条班列，有力推动了海铁联运业务的井喷式增长。据宁波—舟山港口统计，2019年一季度宁波舟山港累计完成集装箱海铁联运业务量17.5万标准箱，同比增长45.4%。

五、港口物流岛典型案例——舟山群岛

（一）具备港口物流岛发展的优良条件

第一，舟山群岛的自然资源丰富，概括为"岸线长、吃水深、航道好、锚地多"。从舟山群岛的岸线来看，港域内适宜开放建港的深水岸线54处，总长282千米。从舟山群岛的吃水深度来看，舟山群岛的水深大于15米的岸线长198.3千米，水深大于20米的岸线长107.9千米。从舟山群岛的航道来看，舟山群岛港域双向航路总计99条，可通航15万吨级船舶航道13条，通航30万吨级船舶航道3条。从舟山群岛的锚地多来看，舟山群岛拥有锚地50处。

第二，舟山群岛区域位置重要且腹地经济发展前景广阔。2016年底，中国国家交通运输部和浙江省政府联合批准《宁波—舟山港总体规划（2014—2030年）》，规划全港为"一港四核[①]"空间格局，将宁波—舟山港划分为19个港区[②]，据Wind上市公司公布数据显示，宁波舟山港全球港口排名实现"十连冠"；年集装箱吞吐量首超2 600万标准箱，首次跻身世界港口排名"前三强"，跃居全国港口"第二位"。从腹地经济来看，舟山群岛2018年全年地区生产总值（GDP）为1 316.7亿元，同比增长6.7%。但是2018年宁波市实现地区生产总值10 746亿元，跻身万亿GDP城市行列，仅用全国0.1%的陆域面积创造了全国1.19%的GDP，这为港口经济和海岛经济发展提供了广阔的腹地经济优势。

第三，舟山群岛临港产业特色鲜明。舟山群岛主动对接"长三角"地区区域经济的快速发展，中石化、中石油、中化、宝钢、武钢等大宗货主码头先后落户到舟山，有力推动舟山港口的开发建设，在海洋战略新兴产业以及具有传统优势的临港工业及其服务业上初步形成特色。据2018年舟山市

---

① "一港四核"具体为：六横、梅山及穿山核心发展区，北仑、金塘、大榭、岑港核心发展区，白泉、岱山大长涂核心发展区，洋山及衢山核心发展区。

② "19个港区"为：北仑、洋山、六横、衢山、穿山、金塘、大榭、岑港、梅山、嵊泗、岱山、镇海、白泉、马岙、定海、石浦、象山、甬江、沈家门。

政府工作报告显示，海洋电子信息、新能源、新材料等新兴产业发展迅速，中船工业集团等一批央企和行业龙头企业已在舟山注册落户。2018 全年港口货物吞吐量达 4.58 亿吨，占宁波舟山港的 45%；金塘港区集装箱吞吐量突破 100 万标箱；普陀山机场旅客吞吐量首破 100 万人次。实现旅游总收入 807 亿元，增长 21.9%。全市渔业总产值达 159 亿元，增长 7.4%；远洋渔业占渔业总产值的比重提升到 32%。2018 年全年舟山口岸进出口货运量 13 945 万吨，比上年增长 6.3%。其中，进口货运量 13 284 万吨，增长 5.8%；出口货运量 660 万吨，增长 18.4%。

（二）港口物流岛的建设目标

舟山的港口物流岛是在以舟山群岛新区先行先试政策为依托，成"一个系统、两个中心、两个基地"的发展格局，定位通达四海的国际物流中心，建成亚太地区重要的物流枢纽以及上海国际航运中心的重要组成部分和大宗商品储运中转加工交易中心以及浙江省港航物流服务体系的重要载体。

（三）国际物流岛基本布局

舟山国际物流岛基本布局概括为"672"布局，即"六个储运基地 + 七个物流园区 + 两个功能区"。具体而言，"六个储运基地"包括：石油港区群、铁矿石港区群、煤炭港区群、粮油港区群、化工品港区群、集装箱港区群。"七大物流园区"包括：六横港区综合物流园区、舟山本岛西北部油品贸易物流园区、老塘山国际粮油储运加工物流园区、金塘综合物流园区、舟山本岛北部临港产业物流园区、岱山木材建材加工物流园区、洋山港区综合物流园区。"两个功能区"包括：大宗商品保税港区和港航综合服务区，主要在于构建大宗商品的现代交易体系，配置相应的交易、仓储、物流、金融、信息等经营和服务设施。

（四）存在的主要问题

舟山群岛新区的港口物流岛仍处于简单的中转发展阶段，以周转运输的物流模式为主，尚不能提供加工、配送、贸易、信息、咨询、金融等一体化、高附加值的物流服务。具体而言体现在：第一，港口物流岛的港区布局分散，海岛公共码头不足。长期以来由于受自身实力限制，舟山港域的港口项目大多采取的是招商开发模式。港区布局分散，岸线利用凌乱，各作业区自成系统，形成港区分割。第二，集疏运网络不健全，港区联动发展不足。港口物流岛的"水水中转"仍是舟山主要的集疏运方式，航空运输所占比重极小,还没有建起公铁两用的跨海大桥,现有公路、铁路设施与港口发展的需求不适应。第三,人才短缺,港口服务能力不足。由于中高端物流管理人才和专业技术人才短缺,港区内金融机构少、业务规模小、金融人才缺乏,各部门信息系统仍相对独立,至今尚未建成统一的港口物流公共信息平台,没有一个完善的金融开放和监管体系,海岛辐射范围和服务功能将受到限制。

六、港口物流岛发展模式创新

港口物流岛以综合性枢纽港为依托,具备装卸仓储、中转换装、运输配送、信息服务、金融服务、保税、旅游和国家战略物资储备等多种功能岛屿。港口物流岛发展模式创新主要在于供应链管理创新(见图5-11),从发展模式的内涵上来看应包括以下四个方面:

第一,从空间形态上看,港口物流岛一定依托综合性枢纽港,没有港口的辐射带动作用,港口物流岛的建设意义不大。

第二,从政策效应及辐射范围上看,港口物流岛必须具有保税以及全球供应链管理与国际物流资源配置核心节点功能。

第三,从服务功能上看,港口物流岛提供的服务不是港口物流、仓储堆场等功能的简单叠加,而是依托不断创新的增值服务,形成完善的物流产业链条与供应链。

第四,从产业形态上看,港口物流岛是以国际物流为主导,高度融合国际化的物流、人流、商流、信息流和资金流等产业链,是产城融合的重要载体。

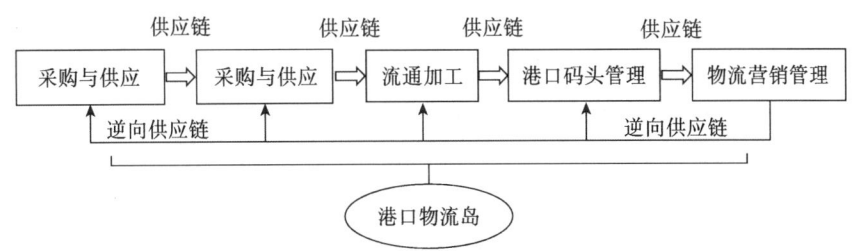

图5-11 基于供应链管理的港口物流岛发展模式

第十节 临港工业岛开发模式及创新

一、临港工业岛内涵与发展条件

临港工业岛是指地理区位相对独立，具有较好的建港条件和充裕的后方腹地经济空间，以临港型的石油化工产业、船舶修造产业、重型装备制造业、大宗商品和能源物资加工、液体化工品仓储中转和交易等临港产业为主导，兼备临港产业的生产和生活服务配套功能的海岛。此类海岛一般为沿海港口群中的重要港区所在地，且已具备较好临港工业优势和优质的深水码头岸线资源。

二、临港工业岛发展的方向与创新思路

（一）发展方向

临港工业岛主要发挥毗邻港口的区位优势，以传统优势主导产业以及战略性新兴产业为发展方向，以临港产业集聚区、临港工业园区等平台为依托，突出船舶及海工装备制造、海洋新能源等临港工业的比较优势、产业特色，发展具有较强港口指向性的重化工业，形成发展布局合理、带动后方经济腹地发展，实现海岛"宜居宜业"的社会、经济、环境的可持续发展。

（二）创新思路

临港工业岛的开发和建设坚持"增量控制，存量生态，集约使用，产业联动，跟踪评估"原则，严格约束发展临港工业岛，对现有临港工业岛要求生态发展，集约化使用现有土地资源，延展现有临港工业的产业链，长期跟踪评估海岛生态发展动态，推动临港工业岛高质量发展。具体而言：

第一，因地制宜，突出"产业联动"。通过优化临港产业结构，重点发展优势临港的"高精尖"产业，大力发展关联性强的临港产业，提高产业层次与亩均效益。以金属簇类产业为例，临港金属簇类产业在行业内部、行业之间、产业共生体系、社会循环等层面都表现出较强的产业联动。从金属制品业到黑色冶炼及压延业超过金属制品业成为该簇产业的第一大行业，金属类产业由后端的制品业向上游的压延和冶炼环节延伸的趋势，随着上游冶

炼压延环节的引入以及后端加工制品的持续扩张，金属切割和配送物流环节的重要性日益凸现出来。

第二，结构优化，凸显"产业集群"。以临港化工产业为例，现代化学工业具有强烈的基地化和集群化特征和倾向。国外如美国休斯敦、日本关东地区、德国路德维希和比利时安特卫普等，国内有南京沿江化工区和上海漕河泾等，这些化工区普遍带有产品项目、公用工程、物流传输、环境保护和管理服务等方面的"垂直一体化"特征，其形成与发展有着内在海岛经济上的驱动力，也得益于海岛经济发展的专业性和系统性的规划。具体集群发展路径：不要放弃"源头"，积极争取；寻找和培育下游的产业增长点，如发展与汽配、模具、电子等优势产业匹配的新材料产业；考虑发展天然气化工等。

第三，统筹安排，强化"循环经济"。统筹安排海岛资源开发利用与保护，加强海岛临港工业发展规划引导，完善基础设施与公共服务平台。通过多产业主体之间物质和能量的交换和梯级利用、基础设施共享等构建产业共生循环体系，复制生态系统中"生产者—消费者—分解者"的功能体系。例如，临港工业岛的电厂粉煤灰和脱硫石膏可供给水泥厂，浆纸的蒸汽可供给石化加工企业，水厂中水可回用于钢铁、电厂和石化企业等。这些链接尚比较脆弱，需要产业的整体调度和优化，缺乏更大空间尺度的"生态化"演进。

三、临港工业岛发展的典型案例——宁波大榭岛

（一）基本情况

大榭岛位于浙江省宁波市东部，隶属宁波北仑区，面积 30.84 平方千米，平地 16.6 平方千米，处于中国经济最具活力和发展潜力的长江三角洲地区，毗邻杭州和上海，离上海海上距离不到 100 海里，现有公铁两用跨海大桥与大陆相连，处于上海 2 小时交通辐射圈内。1993 年，经国务院批准设立大榭开发区，享受国家级经济技术开发区政策，2003 年，大榭口岸被批准为国家一类口岸正式对外开放。大榭岛开发前原是宁波市北仑区的一个乡镇，曾有一句顺口溜生动地形容了开发前的大榭岛实情，"穿山隔壁大榭山、过海隔江顶外乖，囡生千千万、勿嫁大榭山"。开发前大榭拥有 2 万多人，主要从事农业和渔业。大榭岛基本形成了"临港石化 + 港口物流 + 商贸服务"三大支柱产业，成为浙江省第一个财政收入超百亿元的开发区，

也是浙江省亩均产值最高的开发区之一。大榭岛定位为"宁波港口经济圈的核心示范区、改革开放的先行先试区"。

（二）发展优势

第一，海岛地理位置及自然条件适宜。大榭岛位于中国大陆海岸线中段、宁波东部沿海深水港区、长江三角洲南翼，大陆沿海经济带和长江经济带的T形交汇点，毗邻杭州和上海，是长江三角洲南翼的海上门户，具有得天独厚的地理区位优势，适合建设大型中转港口和临港工业基地。据《宁波日报》2018年11月对大榭开发区建设25周年纪事报道，大榭全岛森林覆盖率已达39.6%，绿地覆盖率达32.7%，PM2.5监测浓度常年保持宁波市最低，区域空气质量优良率达到90.1%[①]。同时，据《中国海岛生态系统评价》显示，大榭岛属于基岩岛和沿岸岛，属于亚热带季风湿润气候，温度适中，年均气温16.3度，年均降水量1 297毫米。

第二，海岛建港条件优越。大榭岛全岛海岸线总长26.14千米，离岸100米水深即达20~30米。海岛四周有舟山群岛和穿山半岛作为天然屏障，风平浪小，常年不冻不淤，港口作业条件优越，是中国东部沿海建立大型中转港口和临港工业基地的最佳选择之一。大榭岛濒临国际深水航道，水域宽广，45万吨级船舶可自由进出，海岛港口资源有利于布局海岛临港工业。

第三，交通便利通畅。大榭岛海上运输发达，已建原油、液体化工、液化石油气、集装箱等各类泊位40个，向外辐射世界90多个国家地区500多个港口，开通国内外集装箱航线40余条，相邻的宁波北仑港已开辟228条集装箱航线。海岛周边有宁波栎社、杭州萧山、上海虹桥、上海浦东四大国际机场，最远不超过2.5小时车程。同时，已形成"一环二射"的主路网结构，通过2座跨海大桥直接连通宁波疏港高速，并与沪杭甬高速、甬金高速、沈海高速、甬台温高速相通，无缝接驳宁波市轨道交通1号线，连接火车站、汽车站、机场等重要交通枢纽。

第四，经济腹地有支撑。长江三角洲地区是中国经济总量规模最大、市场体系最完善、最具有发展潜力的区域。大榭所在的北仑区是宁波进行港口经济圈建设的核心区，具有发展临港工业资源禀赋。据《2018年宁波市北仑区国民经济统计公报》数据显示，2018年北仑区（包括宁波保税区和大

---

① 见2018年11月21日《宁波日报》专题报道《大浪淘沙始现金，砥砺前行筑荣光——大榭开发区开发建设25周年纪事》。

榭开发区）实现地区生产总值（GDP）1 618.39 亿元，同比增长 7.1%。分产业看，第一产业实现增加值 8.07 亿元，比上年增长 1.0%；第二产业实现增加值 972.75 亿元，增长 5.6%，其中，工业增加值 919.21 亿元，增长 5.7%；第三产业实现增加值 637.57 亿元，增长 9.6%，三次产业结构比为 0.5∶60.1∶39.4。按户籍人口计算，2018 年北仑区人均地区生产总值达到 386 302 元。

（三）发展现状

大榭岛形成了以临港产业为主导、以龙头企业为引领、以科技创新为动力的产业发展体系。2018 年，大榭完成工业产值 666.8 亿元，实现产值增长 11.1%。全年完成综合能源 264.4 万吨标煤，同比下降 2.4%。完成工业投资 27.3 亿元，同比增长 195.7%。全年实现进出口总额 337.4 亿元，同比增长 17.5%。其中，出口 109.6 亿元，同比增长 3.9%；进口 227.8 亿元，同比增长 25.5%。

第一，着力打造临港石化主导产业。以香港招商局、韩国韩华、德国林德、中海石油、万华化学、东华能源等为代表的大型企业密集进驻大榭岛，拥有万华工业园、中海油大榭石化生产基地、三菱化学产业园、榭北新材料产业园等四大产业园区，初步形成了以中海油大榭石化产业园为主导的油品全产业链、以万华工业园为主导的绿色循环经济产业链和以东华能源新材料产业园为主导的液化石油气全产业链。其中：临港石化产业实现产值占大榭全岛工业总产值的九成以上，同时，保险箱、缸套、节能灯等地方传统产业的产量也占据全国同行业的约三成。

第二，重点发展港口物流业。据大榭岛开发区公布的统计数据，已建成原油、燃料油、液化石油气、液体化工品和集装箱等各类泊位 40 个，其中万吨级以上码头泊位 21 个，年设计吞吐能力达 9 388 万吨，中石化 45 万吨级原油码头、中石油燃料油 30 万吨级油码头、关外 5 万吨级液化码头、招商国际集装箱码头均为全国同类最大型码头之一；中石化原油中转基地、中石油燃料油储运基地、中海油油品仓储基地相继建成。2018 年实现港口货物吞吐量 9 747 万吨，其中集装箱吞吐量 345 万标箱，已跻身全国大中型港口行列。

第三，培育发展临港商贸服务业。大榭岛先后引进了三江购物、远大物产、中海油贸易、分众传媒等一批现代临港服务业企业，初步建成集行政办公、口岸、金融、商务、酒店功能齐全的行政商务区以及宜居宜业的居民生活区。据大榭管委会公布的统计数据，2017年大榭岛现代服务业营业收入超过2 300亿元，纳税额占开发区财政总收入的1/3。

（四）发展方向

大榭岛按照"产业提质、平台提升、新城提速、保障提标、激情提振"五大专项行动，全力打造具有大榭特色的"中国裕廊岛"，争创浙江省海洋经济标杆示范区与宁波改革开放先行先试区，积极建设成为"国际一流的临港产业基地、国家重要的能源中转基地与华东片大宗商品国际贸易基地"，全面实施"千百十亿"行动，力争通过三至五年的不懈努力，推动大榭成为"产业领先、综合协调、特色鲜明、生态宜居"的"海上新城"。

四、临港工业岛发展模式创新

临港工业岛发展模式选择必须坚持"增量控制，存量生态，集约使用，产业联动，跟踪评估"原则，首先考虑"高精尖"和"绿色环保"的临港产业布局，重点以临港型的石油精化工产业、高端船舶修造产业、重型优质装备制造业、大宗能源物资加工、液体化工品仓储中转和交易等产业为主。其次，在区位优势上，需要良好的深水码头、航道以及产业发展的土地空间作为临港产业的有力支撑（见图5-12）。

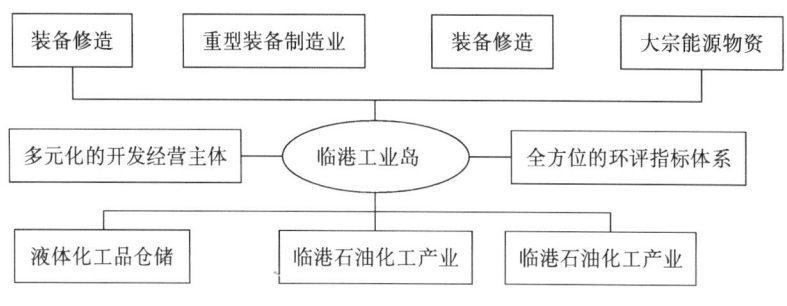

图5-12 基于产业组合的港口工业岛发展模式

第六章

海岛经济发展模式建设的思路与政策举措

在"一带一路"倡议及大开放背景下,海岛需要发挥在大开放战略中的纽带作用。本章本着"兼顾各方利益、互利共赢,构建开放、包容、均衡、普惠的区域经济合作架构"的原则,围绕全球海岛普适性的发展目标,从国内外视角分别提出了中国海岛经济发展的思路与对策举措。在国际上,重点可率先与22个小岛国一起发起全球蓝色海岛经济发展倡议,统一思想,达成共识,打造互联互通的世界级海岛2.0版本。在国内,重点针对有居民海岛,通过国家海洋经济发展示范区建设,搭建合作平台,在海岛集中立法基础上实施海岛经济发展的"一岛一策",形成相互协同的海岛经济管理体制,并出台精准的财税、金融、人才、产业、用海用地等政策,为中国海岛经济可持续发展提供有力支撑。

第一节 发起蓝色海岛经济发展的全球倡议

一、国际理念相通

海岛经济体国家及地区可结合中国提出的"一带一路"倡议,尊重各自的发展道路,围绕海岛经济发展,共享共建"一带一路"建设经验与成果,加强政治互信,强化合作对话,坚持和平共处、力求兼容并包,打造共生共荣的海洋经济发展态势。在遵循"尊重各国主权和领土完整、互不侵犯、互不干涉内政、平等互利和平共处"五项原则前提下，共同遵循海洋经济发展的市场规律、市场运作，共同致力于亚欧非大陆及附近海岛经济的互联互通，构建以海岛为单位的互联互通海洋经济交流和合作网络，实现"一带一路"沿线各岛国及地区经贸与投资互利互惠。要兼顾各方利益、互利共赢，寻求利益与合作的契合点，施展各方所长，各尽所能，发挥各方优势与潜力，体现各方智慧与创意相通的国际理念。

二、国际政策沟通

在海岛经济发展政策上，各参与国需沟通海岛经济政策及生态保护政策尺度，深化利益交融，促进政策互信，为共建海岛发展命运共同体打下坚实的政治基础，共同制定推进区域开放合作，协商对话解决合作中出现的外经贸分歧问题，为各项大型项目投资开展提供有力的政策支撑。中国在"一带一路"倡议体系中，与其他各国的海岛发展战略密切沟通，例如印度尼西亚"全球海洋支点发展规划"、马来西亚"经济转型计划"等与21世纪海上丝绸之路紧密相连，全球未来经济的发展态势要求我们，必须加强合作，完善双边与多边对话机制。具体如中国已与沿线20多个国家签订了"一带一路"备忘录或政府间协议，在21世纪海上丝绸之路建设中，需要同更多的沿线岛屿经济体加强对话，实现对接，使沿线各国能更加精准地把握此次发展机遇，最大限度地实现海岛经济发展，实现区域合作的跨越性发展。

三、基础设施畅通

基础设施畅通是"一带一路"倡议下连接海岛经济体国家的桥梁，尤其是港口航运与客航联通。要畅通海空联运通道，打通区域贸易物流航线，培育和增进岛屿地区经贸与投资网络机制和战略联盟，增加区域内外贸易和投资机会，加速融入全球经济一体化。随着经济全球化和区域一体化的发展，以海岛为载体的交通、市场、技术、信息、文化等交流与合作日益紧密，基础设施相通在海岛经济全球化的地位越来越显著。21世纪海上丝绸之路沿线各国要借助基础设施相通的通道，做到基础设施联通，才能发挥海岛资源及区位优势。基础设施联通是实现海岛经济开发发展的前提与基础。中国近年来一直在追求海岛经济的发展与突破，不断加强优良海岛港口建设与开发，例如浙江的舟山港、宁波港、福建的泉州港等一批优良港口的建设

第六章 海岛经济发展模式建设的思路与政策举措

取得可喜成绩,为中国与印度尼西亚、马来西亚、缅甸、斯里兰卡、巴基斯坦等国开展海港基础设施合作与发展配套产业打下坚实基础。

四、海岛产能互通

海岛产能畅通可以实现各海岛国之间的资源互补与产业分工协作。在"一带一路"倡议下,要对海岛经济体国家的产业特点规律的认识不断加深,海岛产业在国际范围内形成产业价值链延伸与市场精细化细分的合作。海岛更应该成为海岛产能合作发展服务保障的港口前沿阵地,为开辟海上丝绸之路航线提供天然的"避风港"与"中转服务港"。国际产能合作具有地域分布广泛、合作领域多元、主体结构改善、双赢效果显著等特征,并逐步具备了开展更高层次、更宽领域国际产能合作的基本条件。要坚持在保护中开发,在开发中保护,全球海岛经济国家及地区,要因地制宜,在调整产业,科技援助,修复整治等方面增加海岛产能的国合作,要将海岛自身拥有的优势与合理的开发战略相结合,通过签订国际投资保护的双边协定、区域协定和多边协定,与"一带一路"沿线海岛经济体国家及地区,特别是一些重点国家建立多双边的高层会务机制,推动产能国际合作及企业"走出去"。要在21世纪海上丝绸之路经济带上,打造连接性强,优势互补,合作共赢的海岛经济生态发展与合作的新模式。

五、海岛能源连通

全球海岛经济体国家存在着大量的资源宝藏需要去发现、探索、开发及应用。例如巴布亚新几内亚岛的金矿、铬、镍、铝矾土、海底天然气和石油等资源、几内亚比绍的铝矾土、美和普林西比以及特立尼达和多巴哥的石油资源,这些丰富的资源需要进行国际合作开采与精细化加工,此外在海洋能、水电、核电、风电、太阳能、潮汐能、波浪能等清洁、可再生能源的技术领域合作,均有双边或多边合作的空间。海岛能源穿通是"一带一路"倡议建设中海岛经济发展的重要内容,是海上经济合作的"生命线",要巩固并扩大全球海岛经济体国家及地区的能源合作,实现全球能源多元化,确保岛上与陆上、海上能源运输的安全便利以及定价机制的合理化。发展外向型海岛经济,快速融入各区域合作共享的经济体,形成一个能穿通海底并链接各区域经济体能源的"供求模式"。但海岛能源开发难度大,投入高,要将海岛所开发出的能源、资源同陆地发展经济相连通,做到资源的有效利用。在海岛经济建设发展过程中,要建立建设资源与能源开发共享机制,形成海岛能源开发市场,给海上丝路沿线各国、各岛区域经济的发展提供有力的能源支持。

六、海岛资金融通

经济发展,金融先行。在"一带一路"倡议下,海岛资金融通是全球海岛经济发展与建设中的关键。海岛经济发展,尤其是海岛基础设施建设,旅游等公共设施建设资金缺口大,外部依赖性强,需要在金融与资本账户下建立投融资便利化机制,扩大沿线海岛经济体国家或地区双边本币互换、结算的范围与规模。要推动各参与海岛国的货币支付结算、货币互换、投融资、个人企业信用及税收信息互换等一揽子金融基础设施建设,充分发挥亚洲基础设施投资银行、丝绸之路基金等国际金融机构在海岛建设与经济发展中的关键作用。要以离岸金融海岛与国际避税岛为平台,推动国际债券、国际信托及跨境平行基金等合作,支持企业赴境外进行 IPO,支持信用等级较高的企业以及金融机构在中国境内发行人民币债券,对符合条件的中国境内金融机构和企业鼓励在境外发行人民币债券和外币债券。通过举办高峰论坛或海岛经济国际洽谈会等形式,推动海岛经济体国家联盟内的银企对接,鼓励以国际银团贷款、国际福费廷、国际保理、国际进出口押汇、海运保险等方式开展多边金融合作。推动签署双边金融监管合作谅解备忘录,逐步在区域内建立高效金融监管协调机制。

七、人文交流贯通

"一带一路"倡议下的人文交流贯通是海岛民心相通的关键,以"人文先行",疏通民心,为其他领域的合作打下坚实的民意基础,推动互利共赢的"利益共同体"和共同繁荣的"命运共同体"的形成,发掘各海岛经济体国家及地区深厚的人文资源。我们要搭建海岛人文桥梁,传承和弘扬友好合作精神,广泛开展各类人文交流合作,增进海岛联盟各国人民的人文交流与文明互鉴,促进海岛经济体国家合作复兴。各参与国要相互尊重、平等对待,强化"一带一路"文化相似性、增强文化认同感,构建共享价值观体系,为深化双多边合作奠定坚实的民意基础。在人文交流方面,要从海岛历史、科研、教育、海岛文化等多方面开展交流互通。探索建立多元化文化交流平台,设立常设管理机构,完善相关交流机制,打破交流障碍与门槛。中国作为主要倡议国，会积极创造条件，打通中国国内丝路省、市、地区之间交流合作的任脉，构筑各类丝路交流合作联盟，以国内合作促国际合作，形成内外联动的人文交流与旅游合作新格局，统筹省、市、地区各类丝路文化资源，互补互签、整合联动，打造各类交流合作品牌，激发"一带一路"人文交流与旅游合作活力。以重点项目建设为抓手，以载体建设为切入点，大力实施多极多点支撑发展战略，夯实人文交流与旅游合作内容。

八、海岛旅游链通

随着"一带一路"沿线海岛经济体的旅游产业不断发展，旅游公共基础设施以及交通不断完善，海岛多元异情文化内涵不断丰富，以海岛旅游为主题的旅游景点备受青睐，已成为众多海岛国的支柱产业。海岛旅游链通首先要在海岛经济体国家内具有高品质的旅游线路、便利的交通条件、完善的服务设施、风情的海岛文化、精致的民宿酒店等；在办理签证上，最好能实施落地免签政策，提高沿线各国游客出境旅游的便利化水平。在岛与岛之间不断进行跨国合作，以豪华邮轮或游艇为载体，推出具有市场需求的岛岛优质旅游产品，要积极支持开展如国际海岛旅游博览会等交流活动，支持申办游艇、皮划艇、帆船等重大国际体育赛事。在"一带一路"倡议下海岛旅游链通有助于推动海岛经济生态可持续发展的重中之重，要将"海岛旅游+"产业培育成为各国相互交流中不可或缺的主题，要丰富各国海岛旅游的文化内涵。

第二节 搭建蓝色海岛经济交流平台

一、牵头发起全球海岛发展与保护联盟

遵循《联合国海洋法公约》以及联合国制定的《2030年可持续发展议程》基本原则，在深化海岛经济体国家政治互信的基础上，构建以全球海岛经济体国家或地区为中心的友好合作关系，逐步形成基于海洋合作的蓝色伙伴关系为出发点，以合理有序推进海岛经济体或地区经济可持续发展为目标的国际合作框架。率先联合瓦努阿图等23个海岛经济体国家，以蓝色经济生态海岛为主题，发起组建国际海岛发展联盟（简称"联盟"）。该联盟旨在"21世纪海上丝绸之路"总体愿景与行动框架下推进，秉持"和平合作、开放包容、互学互鉴、互利共赢"的丝绸之路精神，遵循"求同存异，凝聚共识；开放合作，包容发展；市场运作，多方参与；共商共建，利益共享"原则，积极吸纳新海岛经济体国际或地区成员进入"朋友圈"，致力于推动联合国制定的《2030年可持续发展议程》，并在经贸、投资、文化、旅游、教育、交通等国际合作上落实，以此促进中国海岛地区经济社会与海岛经济体国家或地区之间开放合作。

二、设立全球海岛研究智库联盟

依托全球海岛发展联盟，针对海岛经济可持续发展、海岛生态保护、海岛投融资政策等，充分借力世界自然保护联盟、国际海洋学院、环印度洋联盟、联合国政府间海洋学委员会、东亚海环境合作伙伴以及国内外海岛经济研究比较突出的高校的影响力，形成21世纪海上丝绸之路的全球海岛研究之路联盟，推动沿线海岛经济体国家智库对话交流，合作开展海岛战略、政策对接研究，共同发起重大倡议，继续围绕海岛经济基础理论和应用研究、海岛经济管理与政策支撑、海岛经济咨询服务等方向，做好海岛经济分会的各项工作，扎实推进海岛经济示范区以及MPAs建设，引导境内外资本支持海岛经济发展，完善海岛经济运行监测评估工作体系并提高监测评估能力，通过积极举办海岛经济学术会议和相关论坛，为海岛经济发展提供信息服务和专家库支撑，并充分利用海岛经济分会的科研、交流与合作这一平台，拓展蓝色经济研究的国际合作。

三、举办全球海岛经济交流论坛

借鉴海洽会的办会做法，重点围绕"聚集海内外人才、技术及投融资项目，服务全球蓝色海岛经济发展"会议主题，积极对接"一带一路"倡议和海洋经济发展国家战略，搭建全球海岛经济体的高端人才、技术、投资项目等交流对接平台。同时，在办会方式、办会模式上积极创新：一是积极创新办会方式，采用与联盟会员国以及国内海岛经济发展较好的地方政府动态办会形式。二是积极创新办会模式，摒弃"统一时间、集中办会"的办会模式，实行集中办会与分散办会相结合、线上办会与线下办会相结合模式，提升海岛论坛的国际影响力。三是创新办会理念，引入专业组织负责专

第六章 海岛经济发展模式建设的思路与政策举措

项活动的承办策划、组织布展等工作,"让专业的人做专业的事"。四是创新论坛项目内容。可举办高校科研院所海岛创新创业项目洽谈会、中外海岛技术技能合作培养恳谈会、全球海岛创业创新项目路演、全球海岛国际产能合作、全球海岛国际金融合作、全球海岛高端人才交流等活动,使交流论坛活动内容更加丰富。

四、启动海岛经济发展示范建设

按照《全国海洋经济发展"十三五"规划》及《全国海岛保护工作"十三五"规划》思路,主动对接海洋经济发展示范区建设任务,以破解阻碍海岛经济发展的体制机制问题为准绳,在海岛生态保护的前提下,着力推进海岛领域供给侧结构性改革,启动国家级海岛经济发展示范区建设。重点针对综合利用岛、港口物流岛、临港工业岛、清洁能源岛、滨海旅游岛、现代渔业岛、海洋科教岛、海洋生态岛、群岛、自由贸易岛 10 种不同类型的海岛,根据其生产总值、亩均产值、人口规模、地理区位、资源禀赋、产业结构、开放政策以及海陆统筹等综合评估情况,合理提出可以引领中国海岛经济发展不同类型的"十大示范岛",并对列入"示范岛"的海岛,实施由国家部委统筹,省市级政府具体负责实施的"一岛一策"及"先行先试"政策。科学规划沿海岛经济发展,按照"大岛建,小岛迁"思路,优化示范区海岛产业结构,淘汰高污染、高排放、高能耗企业,实施海岛经济发展的新旧动能转换,打造海岛经济发展新动能,促进海岛传统优势海洋产业转型升级,支持海洋新兴产业发展。按照统筹规划、合理布局、适度超前、安全便捷的要求,加快海岛的海洋运输、海堤防灾、渔业港口、能源通信等基础设施体系建设,提高海岛经济综合开发保障能力。

第三节 构建蓝色海岛经济管理体制

一、提出国际海岛经济发展行为标准

依托国际海岛经济发展联盟,以拓展海岛国际合作与交流为主要方向,通过定期召开海岛经济体国家的部长会议或不定期召开海岛经济发展联盟下多边协调会议，提出国际海岛经济发展行为标准，做到海岛经济发展的政策沟通、设施联通、贸易畅通、资金融通、民心相通。具体而言：在针对海岛经济发展的政策上，要以"人岛和谐、蓝色经济、生态海岛"为主题，建立全球"人岛和谐"的海岛经济发展行为标准。以国际海岛开发投资项目合作为导向，尝试多国参与的海岛科技研发、生态保护、矿产资源开发、海岛旅游合作、文化交流的实例。

二、完善国内海岛综合开发管理体制

贯彻《全国海洋经济主体功能区规划》及《全国海岛保护工作"十三五"规划》，针对不同功能的海岛，渤海区、北黄海区、南黄海区、东海大陆架区、台湾海峡西岸区、南海北部大陆架区、海南岛区和三沙区等8个分区，建议实施分类分区管理，逐步形成由国家部委进行大区管理领导下的省、市与县三级政府具体负责实施的海岛综合管理体制。在管理规则上，坚持"集中立法与分散立法"相结合的立法方式，对列入国家示范海岛项目的海岛、具有特殊功能的海岛以及边远海岛，采取"一岛一策"管理模式。在管理体制宏观导向上，要以推进海岛供给侧结构改革及制度建设为重点，以生态政治修复及海岛经济发展为导向，提升海岛综合管理及开发能力。在管理方式上要继续推进海岛业务体系建设，全面提升海岛科学化管理水平，借鉴亚速尔群岛等海岛做法，通过海岛社区化管理模式，逐步形成社区参与的海岛保护与开发管理制度，并建立海岛保护名录。

三、优化全国有居民海岛的空间布局

坚持"大岛建，小岛迁"发展思路，做到"以陆促岛、以海带岛、人岛和谐"，构建陆海岛统筹开发空间格局，促进海岛经济发展。按照《全国海岛保护工作"十三五"规划》总体要求，以渤海区、北黄海区、南黄海区、东海大陆架区、台湾海峡西岸区、南海北部大陆架区、海南岛区和三沙区等8个分区的有居民海岛为对象，以陆海岛基础设施对接为突破口，整体优化提升海岛全国布局。在具体做法上：一是要以海岛生态文明为导向，根据海岛资源禀赋及区位优势，合理确定海岛主体功能，根据功能定位的内部差异，明确海岛区域的空间结构，进一步明确海岛经济规划的核心区、建设引导区及生态恢复区。二是对每个分区的近岸海岛，实施"组团式"的"一盘棋"发展，明确海岛主导产业，构建与大湾区经济对接的"点、线、面"结合的近岸海岛空间管控体系,将海岛经济发展落实到具体空间。三是对如浙江舟山群岛新区、福建平潭综合实验区和广东横琴岛等重点海岛群的开发建设,按照"一事一议"做法,整体规划,统筹开发。四是借鉴日本、韩国等国做法,明确主导政策,按照"一岛一策"原则,支持边远海岛发展。

四、完善国内海岛经济统计调查体系

在遵循自然资源部发布的《海岛统计调查制度》以及《统计法》和《海岛保护法》的前提下,针对全国除了港澳台及海南岛之外的有居民海岛与无居民海岛,从海岛生态保护、海岛开发利用、海岛人居环境、特殊用途海岛保护和海岛管理5个方面,梳理海岛生态修复情况、海岛开发利用情况、海岛地区经济发展情况、海岛淡水和电力情况、涉及海岛的保护区建设情况、海岛行政管理情况等核心指标数据。继续编制和发布《海岛统计调查公报》,开展大数据背景下的海岛统计信息分析技术研究,强化统计调查数据的深度分析。重点围绕生态岛礁工程以及美丽海岛建设生态保护监视监测系统建设,研究制订一批标准规范,完成标准规范制修订,突破一批关键技术、装备,开展集成和应用。采用分区统计与分类统计相结合,海岛县(区)与重点海岛相结合。具体而言,重点针对渤海区、北黄海区、南黄海区、东海大陆架区、台湾海峡西岸区、南海北部大陆架区、海南岛区和三沙区等8个分区进行分大区统计;针对综合利用岛、港口物流岛、临港工业岛、清洁能源岛、滨海旅游岛、现代渔业岛、海洋科教岛、海洋生态岛、群岛、自由贸易岛10种不同类型进行分类统计;针对主要海岛县(区),从经济总量、人口规模、产业结构、金融水平、交通物流、人均可支配收入等方面进行统计;针对边远海岛、孤岛或具有特殊功能的重点海岛进行统计。各省市区要结合本地实际需求,开展区域性特色指标、内容的设计与统计调查,加强海岛基础调查与数据收集,开展海岛生态系统结构、功能、过程与服务以及海岛脆弱性形成机制、人类活动对海岛生态系统的影响及机理研究。

五、推广应用海岛经济评价指标体系

针对有居民海岛,选取海岛经济发展较好的案例,应用构建的海岛可持续发展评价体系,采取直觉模糊评价方法,对不同海岛经济发展模式的海岛进行综合评价（见表2-1），形成异质性海岛经济可持续发展报告。重点坚持测评与评价体系完善相结合的方式，选择合适海岛进行评价体系的测评，并完善海岛经济评价指标体系，通过组织学习与研讨，推广应用海岛经济评价指标体系，以此加强海洋经济监测评估，提升海洋经济管理的能力和水平。同时，结合海岛中心联合海洋一所、信息中心和技术中心等单位共同编制完成并发布的《海岛生态指数及发展指数评价研究报告》中提到的海岛生态指数和海岛发展指数两个"指数"评价结果，比较海岛经济评价指标体系的有效性。

第四节 财税政策保障

一、继续加大财政支持力度

继续争取中央财政对海岛开发建设及海岛生态保护等方面的财政预算支出，将海域使用金、海岛使用金上缴中央财政部分，以转移支付或其他形式支持国家海岛经济示范区海岛经济发展，重点支持列入"示范岛工程"的海岛在海岛整治与修复、海洋管理、海洋生态保护和海岛基础性设施建设。对取得国家海岛经济发展示范区的省市财政，要求每年配套安排海岛经济的推进经费，由地方政府的经济综合管理部门统筹安排，用于海岛经济调查研究、规划编制、项目前期、平台搭建等推进工作。在省市级政府层面，鼓励设立区域性海岛经济发展专项资金，在整合优化现有海岛保护和开发的财政专项资金基础上，重点支持海岛基础设施、海岛战略新兴产业培育、海岛公益性设施平台建设、海岛科技创新体系建设和海岛生态环境保护等海岛经济重点和薄弱领域。对具有国家战略的边远海岛及生态保护的海岛，鼓励采取创新财政支持方式，具体如：财政补贴、财政贴息、财政担保以及政府采购等方式。

二、继续加大税收支持力度

继续加大对海岛经济发展的税收政策支持。一是对海岛经济发展示范区的功能型海岛。引导海岛因地制宜，合理功能定位与产业定位，发展海岛战略新兴产业，以此带动社会资本海岛投资。重点支持清洁能源岛、滨海旅游岛、港口物流岛、临港工业岛、海洋科教岛、生态保护岛、自由贸易岛、现代渔业岛等海岛基础设施建设。海岛创业投资企业从事符合条件的创业投资，可按投资额的一定比例抵扣应纳税所得额。二是对自贸区、保税区等开放型近岸海岛。重点落实离岸金融业的税收支持，海岛金融机构农户小额贷款的利息收入免征营业税，在计算应纳税所得额时，按90%计入收入总额；海岛纳入全国中小企业信用担保体系试点范围的非营利性中小企业信贷担保、再担保机构，从事中小企业信用担保或再担保取得的担保业务收入，免征营业税。

三、尝试海岛绿色税收改革

对列入国家示范岛工程项目的海岛，建议推进以绿色生产与环境保护为目的的海岛绿色税收改革试点，具体而言：在碳排放税改革方向，可考虑按照环境损害程度来设计税率，对于可能对环境产生破坏的产品实施差别化税率，区别于生态环保类的产品。对能够促进资源节约并能保护生态环境的产品给予优惠税率。在增值税改革方向，逐步试点消费型增值税，重点支持高新技术企业生产的产品消费，对企业销售使用过的能产生环境污染的设备，取消免税或低税征求的规定。通过差别化税率以及免税、抵扣、补贴等手段，合理拉开利用再生资源和资源综合利用与原生原料之间的税赋差距。在资源税改革方面，扩大海岛资源的征税范围，提高征税标准，使其能充分反映海岛资源稀缺性及不可再生性和环境保护的成本。在国家税收优惠层面，在中央集中制定税收优惠政策的基础上，适当赋予地方部分财税权力，鼓励对环保技术的研究开发、引进和使用。尝试实行费改税制度，政府通过颁发排污许可证确定环境容许污染物的总排放量，让市场自行确定污染物总排放水平。

第五节 金融政策保障

一、牵头设立全球海岛保护及绿色开发基金

建议在丝绸基金旗下，通过吸引海岛经济体国家主权资金，共同发起全球海岛经济开发基金,该基金采用"阶段参股+跟进投资+直接投资"结构化策略,50%比例用于"阶段参股",重点吸引各海岛经济体国家或地区的资金,发起设立海岛经济发展子基金;30%比例用于"跟进投资",主要用于海岛经济发展子基金的项目投资;20%比例用于全球海岛联盟的海岛经济体国家或地区的海岛基础设施、海岛新兴产业、海岛高科技项目、海岛生态保护、海岛资源开发以及海岛整体建设等的"直接投资"。在基金运行模式上,考虑到基金跨度多个海岛经济体国家或地区,建议考虑以两个方案进行推进:一是考虑资本金换汇存在困难的情况下,采用"1对N"的平行基金模式;二是若不存在换汇困难,建议通过全球海岛经济发展联盟的海岛经济体国家或地区,率先开展国际金融合作,探索推行QFLP及QFGP政策,解决基金的募资、投资、管理及退出等涉及换汇的问题。

二、设立国内海岛经济绿色发展引导及补偿基金

针对列入重点示范岛工程项目的海岛,建议整合现有涉岛财政资金,以拨款、补贴等传统扶持方式转变到股权投资方式,按照"政府引导、市场运作,科学决策、规范管理"的原则,设立海岛开发引导及补偿基金,委托专业化国有背景的投资公司作为GP管理,采取"阶段参股+跟进投资+风险补偿"策略,吸引社会资本参与海岛经济发展,重点支持国家海岛经济示范区功能型海岛的海岛基础设施、海岛新兴产业、海岛高科技项目、海岛生态保护、海岛资源开发以及海岛整体建设等项目。在基金运作模式上,采用结构化设计,50%比例用于阶段参股省市区政府的各类海岛开发基金;30%比例用于省市区政府的各类海岛开发基金投资项目跟投;20%比例用于与省市区政府基金、项目投资共同按照2:4:4比例承担损失风险。基金退出收益主要用于风险补偿基金增资及基金管理团队的激励。

三、鼓励金融机构创新服务模式

联合"一行两会",举办各类金融机构服务海岛经济的对洽会,积极搭建政银企合作平台,建立海洋融资项目信息库和信息共享平台,引导银行业金融机构采取项目贷款、银团贷款等多种模式,优先满足海洋新兴产业、临港先进制造业、港口物流业等的资金需求。在金融服务实体经济模式以及业务开展上给予先行先试政策,重点支持列入国家海岛经济发展示范区或列入国家海岛示范工程项目的海岛企业。针对涉海企业,推动政府引导基金、创

投基金、并购基金、天使基金、科技银行、政策性担保、租赁等专业化金融机构有力结合并支持涉海企业做精做尖，鼓励开展"投、贷、债、租、证、保"联动的产品与服务模式创新。根据海岛功能定位，对重点功能型海岛，建立绿色通道，支持符合条件的海岛企业充分利用发行企业债、公司债、可转换债、短期融资券、中期票据等融资工具，筹措发展资金。对有居民的海岛，扩容纳入第二批移动电子商务金融科技服务创新试点区域，重点完成城市移动金融安全可信公共服务平台建设以及支付便利化。

四、建立健全海岛生态补偿机制

坚持"以岛养岛，生态保护，项目运作，适当补偿"原则，鼓励地方政府或海岛县（区）探索科学合理的"以岛养岛"的海岛生态补偿机制指标体系和补偿方式，引导地方政府设立海岛产业补偿基金或在现有海岛产业基金基础上增加海岛生态补偿功能，探索不同功能的海岛的补偿机制，如经济补偿、政策补偿、智力补偿、资源投资补偿等多元化补偿方式，从而提高海岛生态补偿机制的科学性与合理性。对具有生态利益上下游关系的海岛，以海岛湿地、海岛渔业资源、生物多样性保护以及海岛保护区建设等生态利益显著的领域开展"以岛养岛"试点工作。对列入国家海岛经济发展示范区或列入重点示范海岛工程项目的海岛，探索合理的财政转移性制度，实施政府宏观调控为主体的补偿模式和以私人自愿协调为主体的补偿模式，重点在海岛保护专项资金以及海域使用金等进行生态补偿的转移支付上先行先试。同时，在具有特殊地理位置与拥有海水流向的海岛，在政府引导下实现一定区域内的上下流域补偿机制。在市场交易机制设计上，积极促进生态利益共享和责任分担机制形成并完善海岛生态环境价格机制与交易机制，建立以海岛环境修复为重点的生态补偿保证金制度，计划使用海域的企业上缴一定数量的保证金方可以取得开发许可。

五、鼓励采用吸引民营资本参与开发模式

在列入国家海岛经济示范区或重点示范海岛项目的海岛，鼓励在不破坏海岛生态环境的底线下，支持民营资本参与海岛开发中。在具体做法上：针对海岛基础设施及围垦特殊项目，可借鉴舟山六横岛"投资＋EPS"引入民营资本参与围垦项目开发建设，基本做法是：政府的投资公司与社会资本设立合资项目公司，投资公司将部分土地提供给项目公司，由项目公司作为主

体向金融机构融资,由项目公司办理登机抵押手续,并由社会融资方提供担保,投资公司若有土地出让收益,向社会合作方支付工程建设费用。针对清洁新能源岛、综合利用岛以及群岛出现的资金规模大、建设周期长的项目,建议设立海岛PPP基金吸引民营资本参与开发。针对海岛优势特色产业发展,建议设立海岛产业基金支持产业发展,在处于自贸区中的海岛,在基金模式上可以尝试平行基金或者"QFLP+直接投资"模式。

第六节 人才政策保障

一、支持高校增设海岛专业及学科

充分挖掘现有涉海高校的教学研究优势,研究组建海岛研究联盟或联合协同研究中心,结合国家海岛海洋经济发展需要,有计划整合涉海高等教育资源,改革应用型硕士研究生培养模式,探索校地联合培养,鼓励企业在职员工修读高校海洋专业工程硕士,根据海岛产业发展趋势及对人才需求预测,按需确定海岛类专业研究生招生规模。强化国内高校与国外知名高校在海岛研究上的交流与合作,尤其是与全球海岛发展联盟的海岛经济体国家的高校开展国际交流与合作。加大海岛类专业教师的培养力度,增加海岛专业教师公派出国进修名额,尤其是全球海岛发展联盟的海岛经济体国家公派出国。充分引导地方政府在海岛专业设置上的导向作用,建立以社会需求为导向的专业论证制度。增加海岛能源、航运物流、航运金融、海洋生物、海洋工程、海洋深海养殖等涉海领域相关专业设置。探索在海岛经济专业领域实行定向招生制度,进一步扩大面向中职学生的招生比例,支持优秀中职毕业生进入海洋类本科院校学习。

二、支持开展海岛行业综合职业教育

针对海岛经济发展的现实需求,结合不同类型的功能性海岛,合理定位,通过政产学研结合的海岛职业人才培养模式改革,鼓励有条件的地区创办海岛职业教育,通过行业综合职业教育,培育海岛经济企业亟需的蓝领人才。在国家海岛经济发展示范区,积极尝试促进高校与政府、社会、企业等

部门合作，探索建立政府、企业共同参与的高校管理体制及办学模式。发展海岛类继续教育、成人教育及在线教育，举办各类海岛类人才培训活动，重点深入开展海岛行业岗位培训、预备劳动力培训和成人"双证制"教育培训，例如渔民职业技能和船员培训，提高涉海涉岛的人员综合素质；在海岛规划、调查、检测、评估、生态建设方面提高海岛从业人员的专业技术性。

三、制订科学合理的海岛人口管理政策

对借鉴日本离岛及韩国独岛等国家海岛人口管理做法，重点对有居民海岛比较密集的海岛地区，开展海岛人口调查与分析行动计划，包括海岛户籍人口数量、人口结构、基础医疗、学校、企业从业人员、流动人口规模等，以现实问题为导向，针对具体问题，建议按照不同功能的海岛，制定"有保有压、动态平衡"的精细化海岛户籍人口管理政策。具体而言：一是对人口数量在逐步减少、老龄化比较严重的海岛，制订鼓励海岛定居的有关政策，重点鼓励边远海岛居民守岛、护岛，如驻岛补贴政策、不同于大陆地区医疗政策、教育政策以及生育补贴政策等。对有意在海岛地区发展的企业，户籍管理通过税收、土地、房地产价格等经济杠杆适当调节，放开入户边远海岛的条件，增加流向边远海岛的人口数量。二是对人口数量增加比较快的海岛地区，在充分评估海岛人口、资源与环境和谐的最大人口承载量的基础上，制订约束性海岛定居的有关政策，重点适度约束过多人口聚集海岛，导致对海岛环境的过度透支。三是对人口数量相对稳定的海岛地区，采取"平衡型"的人口政策，重点在于鼓励高端人口以及海岛蓝领人才的引进，提高驻岛居民综合素质。

第七节　产业政策保障

一、调整优化海岛传统产业

落实党的十九大提出的"高质量发展"战略部署，围绕中国制造业2025、工业4.0、"互联网＋"等战略，建议由国家发改委与国家海洋局共同研究并发布的《关于促进中国海岛传统产业转型升级的若干意见》，引导

海岛传统产业走向"高精尖"优势产业发展。具体而言：一是针对海岛渔业，建议建设"高质量的海洋牧场+深精加工产业"。结合国家建设海洋牧场契机，注重通过海岛牧场升级海洋渔业，控制海岛周边渔业捕捞强度，实行捕捞产量负增长政策。推进以海洋牧场建设为主要形式的海洋渔业岛开发，鼓励远洋渔业企业通过兼并重组做大做强，大力发展海岛周边的深海养殖，构建现代化深海良种繁育体系，规范深海养殖饲料和药物的生产与使用。同时，在海岛渔业养殖基础上，重点支持以海洋渔业为产品的深精加工产业，形成海洋渔业产业链价值延伸，提升渔业产品附加值。二是针对具有丰富海岛资源的海岛，如拥有潮汐能、风能等清洁能源，海岛周边海域具有石油等，适度选择可开发的海岛，推进海岛周边海域油气勘探开发，支持深远海油气勘探开发，推动深远海油气合作开发，加强沿海 LNG 接卸能力建设，规划建设清洁能源岛对海岛油气业进行升级。三是针对具有海工装备及船舶工业等产业基础的海岛，建议用临港工业岛规划推进海岛企业兼并重组与转型转产，淘汰落后产能，提升高技术船舶的自主设计建造能力，引导和支持重点骨干企业建设在国内具有影响力的研发中心，推进军民船舶装备科研生产融合发展和成果共享，促进船舶配套业由设备加工制造向系统集成转变。四是推动海岛海运企业转型升级，建议用港口物流岛规划，优化海运船队结构，统筹协调各港口的发展规模，优化调整各港口的发展方向和功能定位，建设区域港口联盟，优先发展公用码头，集约利用港口岸线、土地、海域等资源，发展以港口为枢纽的物流体系，加快建设港口信息公共服务平台。五是严格控制有居民海岛增量发展精细化工升级石化产业，对现有以石化产业为主导的海岛经济发展模式进行排摸与生态监测，积极开发海藻化工新产品，推进石化产业结构调整和优化升级，倡导建设安全、绿色的石化基地。

二、培育壮大海岛新兴产业

针对有居民海岛，选择合适地理位置及区位条件的海岛，可借鉴浙江大学与舟山市政府共建的国内首个"海洋科技岛"摘箬山岛的做法，结合不同功能海岛划分以及生态保护要求，重点发展海岛海工装备制造、生物医药、海水淡化、新能源、电子与信息等绿色环保型产业为主要方向的"高精尖"产业。具体而言：一是海岛装备制造业，开展海岛关键共性技术和海岛工程设备的自主设计与制造，重点突破浮式钻井生产储卸装置、液化天然气浮式生产储卸装置、浮式液化天然气储存和再气化装置等装备的研发设计和建造技术，提升海工装备设计和建造能力，推动海岛工程装备测试基地、海上试验场建设，加强大功率海岛风电设备研制，提升海岛潮汐能、波浪能及潮流能施工安装与发电装备的研发和制造能力，建设海岛海水淡化装备制造基地。二是海岛生物与医药，重点支持具有自主知识产权、市场前景广阔的、健康安全的创新药物，开发绿色、安全、高效的新型生物功能制品，发展生物来源的医学组织工程材料，在具备发展基础的海岛组建产学研相结合的创新战略联盟。三是海岛海水淡化，积极开展海水淡化试点海岛的示范推广，推动海岛海水冷却技术在沿海电力、化工、石化、冶金、核电等高用水行业的规模化应用，加快海岛海水提取钾、溴、镁等系列化产品开发。四是海岛新能源，鼓励在深远海建设离岸式海上风电场，加快海洋能、风能、太阳能、潮汐能、波浪能等清洁能源开发应用示范岛，建设海岛多能互补示范电力工程项目，重点加强山东庙岛群岛区海洋能试验区、浙江舟山群岛潮流能潮汐能示范区、广东岱山关山岛潮流能波浪能示范区、南海群岛海洋能综合利用示范基地等示范点建设。

三、延展提升海岛服务业

针对综合利用岛等10种不同类型的海岛，重点发展海岛旅游业、海岛科技、海岛航运服务、海岛文化、海岛金融、海岛公共服务等海岛服务业，延展提升海岛服务业。具体而言：一是海岛旅游业，发展集"观光、度假、休闲、娱乐、体育"为一体的海岛旅游，统筹规划海岛邮轮码头建设，支持沿海地区开发建设各具特色的海岛主题公园。二是海岛航运服务业，加快国际航运中心建设与布局，推进航运交易信息共享和服务平台建设，引进海岛行业组织、中介机构、高等院校、科研机构等，推进船舶和航运经纪、海事仲裁等业态发展。三是海岛文化产业，建立一批海岛科普与教育示范基地，挖掘具有地域特色的海岛文化，发展海岛文化创意产业，重点推进"21世纪海上丝绸之路"海岛特色文化产业走廊建设。四是海岛金融保险服务业。鼓励各类金融机构发展海岛经济金融业务，鼓励金融机构探索发展以海域使用权、海产品仓单等为抵（质）押担保的海岛融资产品，壮大海岛船舶、海洋工程装备融资租赁，探索与境外保险公司开展海运保险服务。五是海岛公共服务业，推进信息资源的统筹利用和共享，提升海岛环境专项预报水平，以特色信息岛为连接点，完善海上搜救应急服务。

四、促进海岛群产业聚集发展

以渤海区、北黄海区、南黄海区、东海大陆架区、台湾海峡西岸区、南海北部大陆架区、海南岛区和三沙区等 8 个分区为重点聚集区域，按照"创新、协调、绿色、开发、共享"的发展理念，坚持"一岛一策""一岛一模式"，优先布局海岛旅游业、海岛清洁能源业、海洋生物医药、现代海洋渔业等绿色生态环保产业，适度发展临港工业、海岛综合利用型及海岛航运服务海岛。

具体而言：第一，海岛旅游型海岛连片发展：推进上海、天津、深圳、青岛建设"中国邮轮旅游发展实验区"，大力发展邮轮产业，构建中国—东盟海洋旅游合作圈；以美丽海岛建设为抓手，推进海岛旅游业聚集连片发展。第二，清洁能源型海岛：依托资源优势和技术能力，重点建设山东庙岛群岛、浙江舟山群岛、宁波南田岛高塘岛、青岛大关岛、广东岱山关山岛、广西涠洲岛、南海群岛等海洋能制造装备基地、清洁能源试验场及示范区，布局清洁能源岛。第三，现代海洋渔业岛及海洋生物医药产业聚集海岛，继续支持大连獐子岛、烟台芙蓉岛、青岛田横岛、宁波渔山列岛、舟山中街山列岛、嵊泗马鞍列岛、温州平阳南麂列岛、广东龟龄岛等沿海海岛适宜地区建设海洋牧场，依托大连、威海、福建、广西、宁波、舟山等海岛发展水产品加工业、发展海洋产业集群，依托大连、福州、北海、宁波、舟山等海岛发展远洋渔业集群；在有条件海洋，重点布局发展海洋生物医药、海洋生物制品、海洋生物材料，建设以上海、青岛、厦门、广州为中心的海洋生物技术和海洋药物研究中心。第四，适度支持有条件海岛发展海岛海工装备制造、海岛船舶工业等临港工业，加快推进海洋装备产业发展，重点建设以大连、天津、烟台、青岛为主的环渤海地区，以上海、苏中地区、浙东地区为主的长江三角洲地区，以广州、深圳、珠海为主的珠江三角洲地区三大海洋工程装备制造业集群；优化海洋船舶产业产品结构，支持海洋高端船舶发展，重点打造以大连、青岛为主的环渤海地区，以上海、苏中地区、舟山地区为主的长江三角洲地区和以广州为主的珠江三角洲地区三大造船基地；以天津、上海、深圳、广西、海南为依托，推进海洋油气开发"绿色基地"建设，构建"生态环保"的海洋油气资源开发带和油气产业集群。第五，海岛航运服务。重点推进上海、天津、大连、厦门、宁波—舟山等国际航运中心建设，把广西北部湾港建成面向东盟的区域性国际海岛航运枢纽。

第六章 海岛经济发展模式建设的思路与政策举措

第八节 开放政策保障

一、进一步扩大现有海岛开放力度

海岛开发力度决定着海岛经济兴衰。具体而言：一是设立国家海岛经济发展示范区，并赋予示范区海岛开发综合配套改革的权利，重点深化以海岛开放促开发的体制机制改革，推动海岛综合管理创新。适度扩大重点海岛的开放口岸，扩大海岛开放范围，推动建立高水平的海岛型保税区，选择有条件的国家海岛经济发展示范区的海岛建设偏于监管的保税岛或自由贸易区，把开放政策延伸到待发展的重点区域。在福建、浙江等地探索设立对台免税海岛贸易区，使之成为对台海上直航、旅游、合作、农产品的特色贸易基地。二是进一步加大沿海海岛开放程度，简化审批程序，下放审批权限，统筹兼顾口岸开放与国防建设，在符合国家口岸开放规划的前提下，开放区域范围经部队同意后，由省政府审批并组织验收。三是科学利用低空资源，在保证军事设施安全的前提下，适当放开海岛低空航空权，以适应海岛旅游的发展。四是对于海岛相对分散的群岛地区，按岛设置口岸监管机构，支持加强口岸查验配套设施建设，支持多途径解决查验机构编制不足制约，充分运用现代信息技术，探索建立适合海岛特色的口岸开放与监管模式。

二、进一步丰富现有海岛开放内容

一是在"一带一路"倡议下，优先鼓励海岛经济发展示范区有条件并适合开发的海岛，支持设立中意临港工业岛、中德清洁能源岛、中瑞海洋科教岛、中韩现代渔业岛等具有区域特色并能"人岛和谐"的海岛综合体，在开发模式、管理体制、生态保护、产业布局、公共设施、港口码头、交通物流、金融创新、对外开放以及专业人才培育方面积累经验，并在海岛综合体的对外招商引资上给予先行先试政策。二是优先支持列入国家海岛经济发展示范区或者列入国家示范海岛工程项目的海岛新设出口加工区、保税物流园区等海关特殊监管区，通过设立海岛海关特殊监管区，促进海岛吸引外商投资，推动加工贸易、高新技术产业以及海岛临港产业发展。三是重点支持自贸区、保税港区、保税区的海岛设立离岸金融试点，探索与全球海岛发展联盟的海岛经济体国家的投融资便利化，重点试点 QFLP、QFGP 的国民待遇政策，全面推行跨境贸易人民币结算试点，重点力推具有国际国内航运运费网上支付试点，提升海岛在国家"一带一路"建设背景下的对外开放的作用。四是重点支持滨海旅游岛以及美丽海岛，在小额商品贸易、游轮直航等方面给予便利，支持与全球海岛发展联盟的海岛经济体国家全面实施"落地免签"政策。

三、进一步完善海岛开放政策监管体系

借鉴上海自贸区"负面清单"管理方式，以国家海岛经济发展示范区为平台，重点梳理现有及新设的海岛开放分类政策以及海岛对外开放的管理政策，以问题为导向，有保有压，进一步完善海岛开放政策的监管体系，具体而言：一是海岛对外开放的分类政策体系的建立，该体系属于技术层面问题，是一种技术性的指标体系，体现为相关海岛开放政策的研究报告，对影响海岛对外开放政策的因素进行分析，并对因素进行评价，建立指标体系，以确定是否适宜开放以及如何开放。二是海岛对外的管理政策，体现为海岛开放的政策文件、法律以及法规，在海岛立法中，不仅要考虑海岛生态保护与开放利用内容，更需要体现对外开放的法律内容，还有在法规、部委及地方政策文件上，体现不同海岛对外开放政策的差异性，并涉及海岛经济对外开放及合作各个层面，更重要的是，需要根据不同海岛的资源禀赋、区域优势、产业基础、人文环境、外商投资、外籍人士出入及居住等综合因素，针对不同功能类型的海岛，制定相应的海岛对外开放管理政策，在国家海岛经济发展示范区平台，尝试"一岛一策"推进海岛对外开放。

第九节　用海用地政策保障

一、明确海岛滩涂、海域与土地的法律边界

在法律法规层面，进一步明确海岛滩涂、海域以及海岛土地的法律边界。除了已法定确权为土地的以外，如海域被批为围垦，国家海洋行政主管

部门发布的海岸线以下的滨海滩涂均属于海域。而海岸滩涂规定为沿海平均大潮高潮位的痕迹线与低潮位之间的海浸地带，为潜在土地，具有双重功能。海岸线是海域和土地管理的分界线，海岸线向海一侧属于海域管理范畴，海岸线向陆地一侧属于土地管理范畴，一般海岸线的认定都是以平均大潮高潮线为界。同时，要尊重和确认传统海岛岛民开发利用滩涂的历史性权利，明确规定将海岛岛民已开发利用的滩涂的使用权确权给当地农村集体经济组织，由其承包用于渔业养殖或生产，对尚没有开发利用的海岛滩涂，按照海岛适度开发和生态保护并重原则，在符合海岛功能区规划的前提下，将适农、适渔海岛滩涂的使用权赋予当地岛民。

二、支持科学的用海用地及用岛

按照"宜粮则粮、宜林则林、宜草则草、宜港则港"原则，支持人岛和谐的科学用海用地。具体而言：一是按照"大岛建、小岛迁"原则，推动退渔转产、退渔还湿、退渔还水等工作，严格控制重点养殖区和捕捞区的建设用海和围填海。二是重点支持海岛经济发展示范区的海岛海域使用权与土地使用权转换以及共同享有用益物权方面的试点，搭建海域使用权储备交易平台，逐步推行海域使用权招拍挂制度。三是加强海岛功能区划与土地利用总体规划修编衔接，创新海岛围填海造地项目审批、供地方式和申请办理国有土地使用权证的联动办法。四是根据国家海岛经济发展示范区规定和要求，合理对海岛海域进行适度围垦，优先保障综合利用岛、临港工业岛、港口物流岛、清洁能源岛、滨海旅游岛、自由贸易岛、现代渔业岛等具有明显海岛经济功能的海岛项目建设用海，对列入国家重点建设项目，开辟用海用地审批绿色通道，简化用海用地用岛审批。

三、推进海岛土地供给侧改革试点

以海岛供给侧改革为准绳，在国家海岛经济发展示范区的海岛尝试各类海岛土地改革。具体而言：一是重点支持发展示范区的海岛开展"渔耕平衡"试点，优化海岛用地布局和用地方式，在保护海涂湿地生态环境基础上，科学控制海岛建设用地规模与开发强度。二是推进海岛与湾区经济结合的"飞地模式"试点，支持跨区域平衡、省内异地平衡、"缓补"或"挂账"等耕地占补平衡和基本农田补划的途径，鼓励试点海岛与湾区经济结合的"飞地模式"，探索通过高标准海岛海域养殖塘建设实施耕地占补平衡办法，实行差别化海岛土地供应政策，推进"征转分离、先征后转"的土地征收审批改革。三是加快海岛渔村宅基地置换流转改革试点，减少审批环节和规费，保障海岛宅基地用益物权，加强海岛土地节约集约利用和批后监管工作，加大对转而未供土地消化利用和闲置土地清理处置力度，建立健全评价考核和奖惩激励机制。四是适当调减国家海岛经济发展示范区的基本农田保护任务与耕地保有量，适当增加新增建设海岛用地规模，在示范区率先探索重大建设项目补充耕地的国家统筹办法、海岛土地利用年度计划差别化管理办法以及推进海岛土地利用总体规划管理办法等试点。编制示范区的海岛土地利用总体规划，探索海岛低丘缓坡综合开发模式，提高海岛土地集约利用水平。

参考文献

[1] Adrianto L, Matsuda Y. Study on assessing economic vulnerability of small island regions. Environment, Development and Sustainability. 2004, 6 (3): 317-336.

[2] David B Weaver. Ecotourism in the small island Caribbean. GeoJournal. 1993, 31 (4): 457-465.

[3] Maria Bargh. A blue economy for Aotearoa New Zealand? Environment, Development and Sustainability. 2014, 16 (3): 459-470.

[4] Roland Artle. Planning and growth—A simple model of an island economy: Honolulu, Hawaii. Papers of the Regional Science Association. 1965, 15 (1): 29-44.

[5] Xing Y, Dangerfield B. Modelling the sustainability of mass tourism in island tourist economies. Journal of the Operational Research Society. 2011, 62 (9): 1742-1752.

[6] Bettencourt S. et al. The impacts of climate change in Pacific Island economics: policy and development implications. Asia Pacific Journal on Environment and Development. 2002 (9): 142-165.

[7] Mandal S, Satpati L N, Choudhury B U, Sadhu S. Climate change vulnerability to agrarian ecosystem of small Island: evidence from Sagar Island, India. Theoretical and Applied Climatology. 2017: 1-14.

[8] Ioana Herbel, Adina-Eliza Croitoru. The impact of heat waves on surface urban heat island and local economy in Cluj-Napoca city, Romania. Theoretical and Applied Climatology. 2017 (24): 1-15.

[9] Alex Julca, Oliver Paddison. Vulnerabilities and migration in Small Is-

land Developing States in the context of climate change. Natural Hazards. 2010, 55 (3): 717 - 728.

[10] Bater J H. Sustainable development of small island economics. Annals of Tourism Research. 1997, 24 (1): 255 - 256.

[11] Crawford M J. Sustainable development in the Pacific island nations. Environmental Science Technology. 1993, 27 (12): 2286 - 2290.

[12] Griffith M D, Ashe J. Sustainable development of coastal and marine areas in small island developing states: A basis for integrated coastal management. Ocean Coastal Management, 1993, 21 (1 - 3): 269 - 284.

[13] Henley D. Population, economy and environment in island Southeast Asia: An historical view with special reference to northern Sulawesi. Singapore Journal of Tropical Geography, 2002, 23 (2): 167 - 206.

[14] Koonjul J. The special case of small island developing states for sustainable development. Natural Resources Forum, 2004, 28 (2): 155 - 156.

[15] Siaosi F, Huang H W, Chuang C T. Fisheries development strategy for developing Pacific island countries: case study of Tuvalu. Ocean and Coastal Management, 2012 (66): 28 - 35.

[16] Dika I R, Anicic B, Krklec K, et al. Cultural landscape evaluation and possibilities for future development: A case study of the island of Krk (Croatia). Acta Geographica Slovenica-Geografski Zbornik. 2011, 51 (1): 129 - 142.

[17] Peng Z B, Jiang J S, Huang J L. Construction of tropical ecological agriculture in Hainan International Tourism Island. Disaster Advances. 2012 (5): 109 - 111.

[18] Mc Elroy J L, Hamma P E. SITEs revisited: Socioeconomic and demographic contours of small island tourist economies. Asia Pacific Viewpoint. 2010, 51 (1): 36 - 46.

[19] Royle S A. The economics of small island tourism: International demand and country risk analysis. Tourism Management, 2010, 31 (2): 291 - 292.

[20] Shareef R. Small island tourism economies: A bird's eye view. MODSIM 2003: International Congress on Modelling and Simulation. Townsville,

Australia: July 14 – 17.

[21] Taylor J E, Hardner J, Stewart M. Ecotourism and economic growth in the Galapagos: An island economy – wide analysis. Environment and Development Economics, 2009, 14: 139 – 162.

[22] Goddard M. Urbanisation in the iisland Pacific: towards sustainable development. Oceania. 2006, 76 (2): 204 – 205.

[23] Storey D. Urbanisation in the island Pacific: towards sustainable development? Urban Studies. 2004, 41 (7): 1409 – 1411.

[24] Douglas C H. Small island states and territories: Sustainable development issues and strategies: Challenges for changing islands in a changing world. Sustainable Development. 2006, 14 (2): 75 – 80.

[25] Seetanah B. Assessing the dynamic economic impact of tourism for island economies. Annals of Tourism Research. 2011, 38 (1): 291 – 308.

[26] Baldacchino G. Surfers of the ocean waves: Change management, intersectoral migration and the economic development of small island states. Asia Pacific Viewpoint. 2011, 52 (3): 236 – 246.

[27] Tsai C H, Chen C W. An earthquake disaster management mechanism based on risk assessment information for the tourism industry: A case study from the island of Taiwan. Tourism Management. 2010, 31 (4): 470 – 481.

[28] Limburg K E, Jansson A M, Zucchetto J. A coastal ecosystem fisheries minimodel for the Island of Gotland, Sweden. Ecological Modelling. 1982, 17 (3 – 4): 271 – 295.

[29] Mc Elroy J K. A workable policy for Falkland Island fisheries. Marine Policy. 1983, 7 (3): 215 – 218.

[30] Dressler W, Pulhin J. The shifting ground of swidden agriculture on Palawan Island, the Philippines. Agriculture and Human Values. 2010, 27 (4): 445 – 459.

[31] Tang C S, Sun W H, Toma M, et al. Evaluation of agriculture-based phytoremediation in Pacific island ecosystems using trisector planters. International Journal of Phytoremediation, 2004, 6 (1): 17 – 33.

[32] Dealbuquerque K, Mcelroy J L. Caribbean small-island tourism styles and sustainable strategies. Environmental Management. 1992, 16 (5): 619

-632.

[33] Dahl C. Tourism development on the Island of Pohnpei (Federated States of Micronesia): Sacredness, control and autonomy. Ocean Coastal Management. 1993, 20 (3): 241-265.

[34] Ritchie B W. Bicycle tourism in the South Island of New Zealand: Planning and management issues. Tourism Management. 1998, 19 (6): 567-582.

[35] Chung J Y, Whang T. The impact of low cost carriers on Korean Island tourism. Journal of Transport Geography. 2011, 19 (6): 1335-1340.

[36] Lovelock B, Lovelock K, Normann O. The big catch: Negotiating the transition from commercial fisher to tourism entrepreneur in island environments. Asia Pacific Journal of Tourism Research. 2010, 15 (3): 267-283.

[37] Carrigan A. Postcolonial tourism, island specificity, and literary representation: Observations on Derek Walcott's Omeros. Space and Culture, 2010, 13 (2): 154-163.

[38] Xie P F. Developing ethnic tourism in a diaspora community: The Indonesian village on Hainan Island, China. Asia Pacific Journal of Tourism Research. 2010, 15 (3): 367-382.

[39] Richards E, Haynes D. Solid waste management in Pacific Island countries and territories. Springer Singapore. 2014, 8 (4): 255-279.

[40] Dias R A et al. Prospects for domestic and feral cat management on an inhabited tropical island. Biological Invasions, 2017: 1-15.

[41] Jemali NJNB, Shiba M, Zawawi AA. Strategic Forest Management Options for Small-Scale Timber Harvesting on Okinawa Island, Japan. Small-scale Forestry, 2015, 14 (3): 1-12.

[42] Ramjeawon T. Water quality management for sustainable development of small island states: Case study of the Island of Mauritius. The Stockholm Water Symposium. Stockholm: 1994, August 10-14.

[43] White I, Falkland T. Integrated Management of Urban Water Supply and Water Quality in Developing Pacific Island Countries. Springer Netherlands, 2015.

[44] Jatoe J B D, Yiridoe E K, Weersink A, et al. Economic and environ-

mental impacts of introducing land use policies and rotations on Prince Edward Island potato farms. Land Use Policy, 2008, 25 (3): 309 – 319.

[45] Kaffashi S, Yavari M. Land-use planning of Minoo Island, Iran, towards sustainable land – use management. International Journal of Sustainable Development and World Ecology, 2011, 18 (4): 304 – 315.

[46] Lagabrielle E, Botta A, Dare W, et al.. Modelling with stakeholders to integrate biodiversity into land-use planning: Lessons learned in Réunion Island (Western Indian Ocean). Environmental Modelling Software, 2010, 25 (11): 1413 – 1427.

[47] Stratigea A, Katsoni V. A strategic policy scenario analysis framework for the sustainable tourist development of peripheral small island areas-the case of Lefkada-Greece Island. European Journal of Futures Research, 2015, 3 (1): 1 – 17.

[48] 顾朝林. 论海岛经济开发系统设计 [J]. 地域研究与开发, 1989, 8 (2): 1 – 4.

[49] 黄远略, 陈升忠. 粤东海岛经济开发的构思 [J]. 经济地理, 1991, 11 (2): 16 – 19.

[50] 李永实. 福建沿海乡级海岛经济发展研究 [J]. 福建师范大学学报: 哲学社会科学版, 1994 (4): 61 – 69.

[51] 王明舜. 我国海岛经济发展的基本模式与选择策略 [J]. 中国海洋大学学报: 社会科学版, 2009 (4): 43 – 48.

[52] 张耀光. 中国北方海岛县经济区及其划分的初步研究 [J]. 地理研究, 1998, 17 (3): 279 – 288.

[53] 张耀光. 中国海岛县经济测度与综合实力演变 [J]. 海洋经济, 2012, 2 (1): 34 – 41.

[54] 张耀光. 中国海岛县产业结构新演进与发展模式 [J]. 海洋经济, 2011, 1 (5): 1 – 7.

[55] 王淼. 21 世纪我国海洋经济发展的 1410 战略思考 [J]. 中国软科学, 2003 (11): 27 – 32.

[56] 杨荫凯. 21 世纪初我国海洋经济发展的基本思路 [J]. 宏观经济研究, 2002 (2): 35 – 38.

[57] 张耀光, 王圣云, 宋欣茹. 上海利用海岛岸线发展海洋经济的前

景 [J]. 经济地理, 2004, 24 (6): 780-783.

[58] 陈新军, 周应祺. 蓝色国土资源与我国海洋经济的可持续发展 [J]. 经济地理, 2001, 21 (1): 15-20.

[59] 狄乾斌, 韩增林, 孙迎. 海洋经济可持续发展能力评价及其在辽宁省的应用 [J]. 资源科学, 2009, 31 (2): 288-294.

[60] 王长征, 刘毅. 论中国海洋经济的可持续发展 [J]. 资源科学, 2003, 25 (4): 73-78.

[61] 曹忠祥, 任东明, 王文瑞等. 区域海洋经济发展的结构性演进特征分析 [J]. 人文地理, 2005, 20 (6): 29-33.

[62] 韩增林, 许旭. 中国海洋经济地域差异及演化过程分析 [J]. 地理研究, 2008a, 27 (3): 613-622.

[63] 韩增林, 许旭. 中国海洋经济发展空间差异分析 [J]. 人文地理, 2008b, 23 (2): 106-112.

[64] 张耀光, 魏东岚, 王国力, 等. 中国海洋经济省际空间差异与海洋经济强省建设 [J]. 地理研究, 2005, 24 (1): 46-56.

[65] 张耀光, 韩增林, 刘锴等. 海岸带利用结构与海岸带海洋经济区域差异: 以辽宁省为例 [J]. 地理研究, 2010, 29 (1): 24-34.

[66] 张耀光, 崔立军. 辽宁区域海洋经济布局机理与可持续发展研究 [J]. 地理研究, 2001, 20 (3): 338-346.

[67] 王丹, 张耀光, 陈爽. 辽宁省海洋经济产业结构及空间模式演变 [J]. 经济地理, 2010, 30 (3): 443-448.

[68] 栾维新, 王海壮. 长山群岛区域发展的地理基础与差异因素研究 [J]. 地理科学, 2005, 25 (5): 544-550.

[69] 张婧, 沈玉芳, 殷为华. 海岛产业发展定位及布局研究: 以长岛县为例 [J]. 国土与自然资源研究, 2010 (5): 4-6.

[70] 楼东, 谷树忠, 朱兵见, 等. 海岛地区产业演替及资源基础分析: 以舟山群岛为例 [J]. 经济地理, 2005, 25 (4): 483-487.

[71] 吝涛, 李新虎, 张国钦, 等. 厦门岛城市空间扩张特征及其影响因素分析 [J]. 地理学报, 2010, 65 (6): 715-726.

[72] 佘丽敏, 许学强, 程川生. 海岛国家 (地区) 的经济增长速度与增长易变性研究 [J]. 世界地理研究, 2006, 15 (2): 1-9.

[73] 柯丽娜, 王权明, 宫国伟. 海岛可持续发展理论及其评价研究

[J]. 资源科学, 2011, 33 (7): 1304-1309.

[74] 柯丽娜, 王权明, 李永化, 等. 基于可变模糊集理论的海岛可持续发展评价模型——以辽宁省长海县为例 [J]. 自然资源学报, 2013, 28 (5): 832-843.

[75] 郭惠丽, 陈东景, 吴桑云. 我国海岛可持续发展评价指标体系的构建 [J]. 全国商情 (理论研究), 2009 (24): 17-19.

[76] 徐丽雯, 柯丽娜. 海岛可持续发展评价指标体系的建立与探讨 [J]. 河南科技, 2013 (15): 54-57.

[77] 李金克, 王广成. 海岛可持续发展评价指标体系的建立与探讨 [J]. 海洋环境科学, 2004, 23 (1): 54-57.

[78] 王震, 李宜良. 海岛经济可持续发展模式探究——以浙江省六横岛经济建设为例 [J]. 中国渔业经济, 2011, 29 (4): 151-155.

[79] 黄民生. 福建海岛脆弱环境特征与可持续发展对策 [J]. 海南师范学院学报 (自然科学版), 2002, 15 (3): 9-11.

[80] 崔凤军, 杨永慎. 泰山旅游环境承载力及其时空分异特征与利用强度研究 [J]. 地理研究, 1997, 16 (4): 47-55.

[81] 郭静, 张树夫. 南京东郊风景区旅游环境承载力初步研究 [J]. 旅游资源, 2003, 19 (4): 262-263.

[82] 白玉翠. 基于生态足迹的长山群岛土地承载力分析 [J]. 中国科技信息, 2009 (14): 19-21.

[83] 闫淑君, 洪伟, 吴承祯. 闽江口琅岐岛生态足迹分析 [J]. 福建农林大学学报: 自然科学版, 2010, 39 (4): 421-425.

[84] Cao J, Zhang J, Ma S Q. The Analysis of waterresource ecological carrying capacity of hainan international Island. Ecosystem Assessment and Fuzzy Systems Management, 2014, 254: 63-71.

[85] 程静跃. 舟山群岛发展产业生态系统的生态承载力研究 [D]. 杭州: 浙江工业大学, 2009.

[86] 张志卫, 丰爱平, 李培英, 等. 基于能值分析的无居民海岛承载力: 以青岛市大岛为例 [J]. 海洋环境科学, 2012, 31 (4): 572-575.

[87] 郭丽. 我国海洋资源承载力变化趋势研究: 基于对海洋资源供给能力的分析 [J]. 中国渔业经济, 2013, 31 (4): 168-171.

[88] 任光超, 杨德利, 管红波. 主成分分析法在我国海洋资源承载力

变化趋势研究中的应用 [J]. 海洋通报, 2012, 31 (1): 21 – 25.

[89] 闫海, 宝丽. 无居民海岛可持续发展的法制保障研究 [J]. 广东海洋大学学报, 2011, 31 (5): 11 – 15.

[90] 彭超, 文艳, 韩立民. 构筑海岛可持续发展的保障体系 [J]. 中国海洋大学学报 (社会科学版), 2005 (2): 10 – 13.

[91] 张耀光, 韩增林, 刘锴, 等. 海岛海域生物资源利用与海洋农牧化生产布局新发展的研究: 以长山群岛为例 [J]. 自然资源学报, 2009a, 24 (6): 945 – 955.

[92] 张耀光, 刘锴, 刘桂春. 海洋渔业产业发展模式研究: 以大连獐子岛渔业集团为例 [J]. 经济地理, 2009b, 29 (2): 244 – 248.

[93] 李靖宇, 吴超, 孙蕾. 关于长海县域创建 "海洋牧场" 的战略推进取向: 为全国建制海岛经济开发建设提供示范基地 [J]. 中国软科学, 2011 (6): 10 – 23.

[94] 李泽, 孙才志, 邹玮. 中国海岛县旅游资源开发潜力评价 [J]. 资源科学, 2011, 33 (7): 1408 – 1417.

[95] 马丽卿. 海岛型旅游目的地的特征及开发模式选择: 以舟山群岛为例 [J]. 经济地理, 2011, 31 (10): 1740 – 1744.

[96] 骆茜, 黄少辉, 陈波, 等. 我国海岛型旅游地土地空间形态研究 [J]. 热带地理, 2010, 30 (4): 435 – 439.

[97] 林华山. 海岛旅游小镇规划方法与路径: 以东山岛铜陵镇控制性详细规划为例 [J]. 规划师, 2012, 28 (2): 39 – 43.

[98] 江海旭, 李悦铮, 李鑫. 长山群岛与塞浦路斯休闲旅游业合作探讨 [J]. 世界地理研究, 2010, 19 (1): 130 – 137.

[99] 赵鹏军. 基于港口经济的海岛型城镇发展战略研究: 以洋山港近域海岛为例 [J]. 经济地理, 2005, 25 (2): 206 – 210.

[100] 孔志国. 现代条件下的屯海模式研究 [D]. 济南: 山东大学. 2009.

[101] 朱德洲. 中国海岛县生态经济协调开发模式研究 [J]. 海洋开发与管理, 2012, 29 (1): 116 – 124.

[102] 刘书英. 河北省海岛保护性开发模式探析——以唐山湾三岛为例 [J]. 河北学刊, 2012, 32 (5): 229 – 232.

[103] 胡啸, 何云, 徐慧娟, 等. 生态文明视角下的海岛开发对策——

日本屋久岛做法对青岛市的启示 [J]. 中国环境管理干部学院学报, 2015 (3): 43 - 46.

[104] 李想姣. 国内外海岛经济发展模式研究 [J]. 中国国土资源经济, 2016 (6): 50 - 53.

[105] 王圣云, 沈玉芳, 张耀光. 海岛港口地域组合形成演化模式与机制——基于长山群岛港口形成演变过程的分析 [J]. 人文地理, 2009 (5): 71 - 75.

[106] 田彦苹. 周边国家海岛法律制度研究 [D]. 青岛: 中国海洋大学, 2010.

[107] 哈斯. 中日海岛生态环境保护法律制度比较研究 [D]. 大连: 大连海事大学, 2011.

[108] 齐连明, 张祥国, 李晓冬. 国内外海岛保护与利用政策比较研究 [M]. 北京: 海洋出版社, 2013.

[109] 肖一亮. 中外离岛免税购物政策比较研究 [D]. 海口: 海南大学, 2014.

[110] 高洋. 中外海岛管理制度比较研究 [D]. 青岛: 中国海洋大学. 2013.

[111] 黄义国, 谷尚莉, 洪海凌. 试论海南省周边海岛开发利用存在的问题和对策 [J]. 环境科学与管理, 2012, 37 (2): 8 - 10.

[112] 李广敏. 关于当前我国海岛管理出现的若干问题探讨 [J]. 城市建设理论研究, 2014 (10).

[113] 郝新建, 王健. 连云港市海岛开发管理存在的问题及对策 [J]. 海洋开发与管理, 2013, 30 (6): 56 - 58.

[114] 李德潮. 中国海岛开发的战略选择 [J]. 海洋开发与管理, 1999 (4): 22 - 26.

[115] 郭院, 吴莉婧, 谢新英. 中国海岛自然保护区法律制度初探 [J]. 中国海洋大学学报 (社会科学版), 2005 (3): 14 - 18.

[116] 夏淇波, 翁里. 试论海岛开发利用与法制保障——以浙江省依法开发舟山群岛为例 [J]. 西南政法大学学报, 2012, 14 (1): 37 - 43.

[117] 石蕊. 我国海岛环境资源法律保护制度研究 [D]. 石家庄: 石家庄经济学院, 2013.

[118] 陈娟, 刘阳. 中国海岛旅游生态行政管理初探 [J]. 中国渔业经

济，2013，31（2）：59-64.

［119］窦晓燕. 我国海岛生态保护立法研究［D］. 长沙：湖南师范大学，2014.

［120］张国斌. 浅析海岛法律体系的现状及完善［J］. 海洋开发与管理，2016，33（2）：24-27.

附表1 中国海洋发展指数（ODI）评价指标体系

一级指标	二级指标	三级指标	单位
经济发展 (A_1)	经济增长 (B_1)	海洋生产总值占国内生产总值比重 (C_1)	%
		海洋生产总值增长速度 (C_2)	%
	结构优化 (B_2)	海洋第三产业增加值占海洋生产总值比重 (C_3)	%
		海洋新兴产业增加值占海洋生产总值比重 (C_4)	%
	发展质量 (B_3)	海洋劳动生产率 (C_5)	万元/人
社会民生 (A_2)	就业与收入 (B_4)	涉海就业人数 (C_6)	万人
		沿海城市城镇居民人均可支配收入 (C_7)	元
		沿海地区渔民人均收入 (C_8)	元
	生活质量提升 (B_5)	人均海洋水产品供应量 (C_9)	千克
		滨海国内旅游人数 (C_{10})	万人次
	教育水平 (B_6)	接受大专及以上学历教育的海洋专业在校生数量 (C_{11})	人
		海洋科普与海洋意识教育基地数量 (C_{12})	个
资源支撑 (A_3)	空间资源 (B_7)	近岸海域利用率 (C_{13})	%
	生物资源 (B_8)	近岸海水养殖及捕捞产量 (C_{14})	吨
		海洋药物和生物制品业增加值 (C_{15})	亿元
	矿产资源 (B_9)	海洋油气产量 (C_{16})	万吨
		海滨砂矿开采量 (C_{17})	万吨
	可再生资源 (B_{10})	海水可利用业增加值 (C_{18})	亿元
		海洋可再生能源累计装机容量 (C_{19})	兆瓦
环境生态 (A_4)	环境压力 (B_{11})	近岸海域海水环境质量 (C_{20})	—
		主要河流污染物入海总量 (C_{21})	万吨
	生态健康 (B_{12})	健康类海洋生态监控区比重 (C_{22})	%
		海洋保护区面积占管辖海域面积比重 (C_{23})	%
	治理修复 (B_{13})	沿海城市污水处理率 (C_{24})	%
		海洋生态修复面积 (C_{25})	平方千米
科技创新 (A_5)	科技投入 (B_{14})	海洋研究与试验发展经费占海洋生产总值比重 (C_{26})	%
		海洋科技人员数 (C_{27})	人
	科技产出 (B_{15})	海洋科技项目获国家、省部级科技成果奖系数 (C_{28})	—
		海洋专利授权数 (C_{29})	项

续表

一级指标	二级指标	三级指标	单位
管理保障（A_6）	法制规则（B_{16}）	海洋法律法规健全度（C_{30}）	—
		海洋政策规划完备度（C_{31}）	—
	公共服务（B_{17}）	海上救助能力（C_{32}）	—
		海洋公益服务能力（C_{33}）	—
	保障能力（B_{18}）	大学本科及以上学历的海洋管理人数（C_{34}）	人
		海洋执法船舶总吨位（C_{35}）	吨

注：ODI是由国家海洋信息中心编制并于2016年11月24日发布，该指数以2010年为基期，基期指数设定为100。

附表2 海岛生态指数（IEI）评价指标体系

一级指标	二级指标	三级指标	指标含义
生态环境	植被	植被覆盖率	反映海岛植被覆盖情况
	岸线	自然岸线保有率	反映海岛岸线保护欲利用情况
	水质	海岛周边海域水质达标率	反映海岛周边海域水质质量
生态利用	利用强度	岛陆建设用地面积比例	反映海岛开发利用强度
	环境治理	污水处理率	反映海岛污水处理水平
		垃圾处理率	反映海岛垃圾处理水平
生态管理	规划管理	海岛保护与利用规划制定及实施情况	是否指定海岛保护与利用规划并实施，反映海岛综合管理和保护力度
其他指标	特色保护	珍稀濒危物种及栖息地、古树名木、自然和历史人文遗迹等保护情况	正向指标，是否采取了有效保护珍稀濒危物种及栖息地、古树名木、自然和历史人文遗迹的措施等
	违法行为	存在违法用海用地、用岛行为	负向指标，当发生违法填海连岛、在海岛周边海域进行违法开发利用活动、未经允许在沙滩上建造建筑物或者设施等违法用海、用岛行为时，对综合指标值减分处理
	生态损害	发生污染、非法采捕、乱砍乱伐等损害事故	负向指标，当指标内容发生时，对综合指标值减分处理

注：参阅丰爱平，张志卫.海岛生态指数和发展指数评价指标体系设计与验证［M］.北京：海洋出版社，2019.

附表3 海岛发展指数（IDI）评价指标体系

一级指标	二级指标	三级指标	指标含义
经济发展	经济实力	单位面积财政收入	反映海岛经济、产业发展水平
		居民人均可支配收入	居民家庭全部收入能用于安排家庭日常生活的部分，反映海岛居民收入水平
生态环境	环境支撑	植被覆盖率	反映海岛植被覆盖情况
		自然岸线保有率	反映海岛岸线保护与利用情况
	环境压力	岛陆建设用地面积比例	反映海岛开发利用强度
	环境质量	海岛周边海域水质达标率	反映海岛周边海域水质质量
		污水处理率	反映海岛污水处理水平
		垃圾处理率	反映海岛垃圾处理水平
社会民生	基础设施条件	基础设施完备状况	海岛供电、供水等设施的完备情况
		防灾减灾设施	城镇建成区防潮堤达标情况
		对外交通条件	海岛与大陆的交通互联程度，反映海岛对外交通条件
	公共服务能力	每千名常住人口公共卫生人员数	反映海岛卫生保障水平
		社会保障情况	反映海岛居民享受医疗、养老、就业等社会保障情况
文化建设	教育水平	教育设施情况	反映海岛教育水平
	文化建设水平	人均拥有公共文化体育设施面积	反映体育文化发展情况
社区治理	管理水平	规划管理	反映海岛综合管理和保护力度
		村规民约建设	反映海岛社会民主水平
		警务机构和社会治安满意度	反映海岛治安管理能力和效果

续表

一级指标	二级指标	三级指标	指标含义
综合成效		海岛品牌建设	获得省级以上荣誉,如国家3A级以上旅游景区、省级文明乡镇（村）或工业园区等
		资源循环利用	具有水回用、废弃物循环利用的海岛
		自然和历史人文遗迹保护	有省级以上文物保护单位或省级以上非物质文化遗产且保护有力的;有典型自然和人文历史遗迹,且保护较好的
		珍稀濒危物种及栖息地、古树名木等保护情况	是否采取了保护措施,包括保护标志的设置、保护区域的划定等
		其他	发生刑事案件、重大污染事故、安全事故等,按照规定减分

注:参阅丰爱平,张志卫. 海岛生态指数和发展指数评价指标体系设计与验证［M］. 北京:海洋出版社,2019.

附表4　中国重点有居民海岛发展主要特征及模式选择

序号	名称	隶属	气候带	面积/平方千米	人口/人	海岛类型	发展模式
1	大鹿岛	辽宁省	南温带	3.69	2 957	基岩岛、沿岸岛	滨海旅游岛、港口物流岛、现代渔业岛
2	大长山岛	辽宁省	南温带	25.69	23 982	基岩岛、近岸岛	滨海旅游岛、港口物流岛、现代渔业岛
3	菊花岛	辽宁省	南温带	11.71	2 637	基岩岛、近岸岛	滨海旅游岛、港口物流岛、现代渔业岛
4	獐子岛	辽宁省	南温带	14.95	15 000	基岩岛、近岸岛	现代渔业岛
5	石臼坨岛	河北省	南温带	3.42	48	沙泥岛、沿岸岛	滨海旅游岛
6	南长山岛	山东省	南温带	10.42	16 082	基岩岛、沿岸岛	滨海旅游岛、港口物流岛、现代渔业岛

续表

序号	名 称	隶 属	气候带	面积/平方千米	人口/人	海岛类型	发展模式
7	刘公岛	山东省	南温带	1.85	195	基岩岛、近岸岛	滨海旅游岛、现代渔业岛
8	东西连岛	江苏省	南温带	5.4	5 090	基岩岛、陆连岛	滨海旅游岛、港口物流岛
9	兴隆沙	江苏省	北亚热带	36.63	3 348	沙泥岛、沿岸岛	现代渔业岛
10	崇明岛	上海市	北亚热带	1 225	633 000	沙泥岛、沿岸岛	生态保护岛、现代渔业岛、临港工业岛
11	嵊山岛	浙江省	北亚热带	4.47	10 802	基岩岛、近岸岛	现代渔业岛
12	大洋山岛	浙江省	北亚热带	6.56	9 256	基岩岛、近岸岛	综合利用岛、现代渔业岛、临港工业岛
13	舟山岛	浙江省	北亚热带	502.6	440 000	基岩岛、近岸岛	综合利用岛、现代渔业岛、临港工业岛
14	普陀山岛	浙江省	北亚热带	16.03	4 263	基岩岛、近岸岛	滨海旅游岛
15	大榭岛	浙江省	北亚热带	28.37	23 278	基岩岛、沿岸岛	临港工业岛
16	梅山岛	浙江省	北亚热带	32.8	18 000	基岩岛、近岸岛	港口物流岛
17	南田岛	浙江省	北亚热带	87.59	35 000	基岩岛、沿岸岛	清洁能源岛
18	高塘岛	浙江省	北亚热带	40.37	20 500	基岩岛、沿岸岛	清洁能源岛
19	朱家尖岛	浙江省	北亚热带	75.84	26 406	基岩岛、沿岸岛	滨海旅游岛
20	白石山岛	浙江省	中亚热带	1.135	60	基岩岛、沿岸岛	滨海旅游岛、现代渔业岛
21	渔山列岛	浙江省	中亚热带	12	331	基岩岛、近岸岛	滨海旅游岛、现代渔业岛

续表

序号	名称	隶属	气候带	面积/平方千米	人口/人	海岛类型	发展模式
22	大陈列岛	浙江省	中亚热带	17.5	5 256	基岩岛、近岸岛	滨海旅游岛、现代渔业岛
23	玉环岛	浙江省	中亚热带	174.27	208 644	基岩岛、沿岸岛	综合利用岛、滨海旅游岛、现代渔业岛
24	南麂列岛	浙江省	中亚热带	12	1 950	基岩岛、近岸岛	生态保护岛、滨海旅游岛、现代渔业岛
25	摘箬山岛	浙江省	中亚热带	2.34	120	基岩岛、近岸岛	海洋科教岛
26	六横岛	浙江省	中亚热带	93	100 000	基岩岛、近岸岛	综合利用岛、临港工业岛
27	小嵛山岛	福建省	中亚热带	3.32	136	基岩岛、沿岸岛	滨海旅游岛、现代渔业岛
28	三都岛	福建省	中亚热带	24.71	9 180	基岩岛、沿岸岛	现代渔业岛
29	琅岐岛	福建省	中亚热带	72	66 699	基岩岛、沿岸岛	滨海旅游岛、现代渔业岛、港口物流岛
30	湄洲岛	福建省	南亚热带	46.99	32 156	基岩岛、沿岸岛	滨海旅游岛、现代渔业岛
31	紫泥岛	福建省	南亚热带	46.99	50 925	沙泥岛、沿岸岛	生态保护岛、滨海旅游岛、现代渔业岛
32	厦门岛	福建省	南亚热带	129.51	350 100	基岩岛、陆连岛	生态保护岛、滨海旅游岛
33	南澳岛	广东省	南亚热带	105.24	64 372	基岩岛、近岸岛	滨海旅游岛、现代渔业岛
34	桂山岛	广东省	南亚热带	3.6	879	基岩岛、近岸岛	滨海旅游岛、现代渔业岛
35	横琴岛	广东省	南亚热带	106.46	35 802	基岩岛、近岸岛	自由贸易岛
36	上川岛	广东省	南亚热带	137.17	14 934	基岩岛、近岸岛	滨海旅游岛、现代渔业岛

续表

序号	名称	隶属	气候带	面积/平方千米	人口/人	海岛类型	发展模式
37	特呈岛	广东省	南亚热带	3.15	3 540	基岩岛、近岸岛	滨海旅游岛、现代渔业岛
38	江平三岛	广西区	南亚热带	20.8	8 770	沙泥岛、陆连岛	滨海旅游岛
39	涠洲岛	广西区	南亚热带	24.98	15 620	基岩岛、近岸岛	生态保护岛、滨海旅游岛
40	东屿岛	海南省	热带	1.72	641	冲泥岛、沿岸岛	滨海旅游岛
41	大洲岛	海南省	热带	4.42	60	基岩岛、沿岸岛	生态保护岛、现代渔业岛
42	牛奇洲	海南省	热带	1.05	3	基岩岛、沿岸岛	滨海旅游岛、现代渔业岛
43	西瑁洲	海南省	热带	2.12	2 631	基岩岛、沿岸岛	现代渔业岛
44	永兴岛	海南省	热带	2.00	243	珊瑚岛、远岸岛	滨海旅游岛

注：发展模式主要根据生态保护岛、滨海旅游岛、海洋科教岛、自由贸易岛、现代渔业岛、综合利用岛、群岛、清洁能源岛、港口物流岛与临港工业岛归类。资料根据马志远等著的《中国海岛生态系统评价》、省市区海洋经济"十三五"规划、《海岛志》以及调研材料汇编而成。

附录 1

案例：浙江舟山六横岛
——打造综合利用岛

一、海岛基本情况

六横位于舟山群岛南部海域，属普陀区行政区划范围，辖区内包含六横、佛渡、悬山、对面山、凉潭 5 个住人岛，以及 30 个无人岛、80 个岛礁，陆域面积 141 平方千米（含小郭巨二期围垦区），是舟山群岛第三大岛。整个区域辖 27 个渔农村社区、5 个城市社区，户籍人口约 6.5 万人，常住人口约 10 万人。六横是新区五大经济功能区之一，也是全省首批小城市培育试点乡镇之一。近年来，舟山市委、市政府把加快六横岛的开发建设作为推进新区建设的重要产业支撑平台，重点扶持，率先发展，2008 年成立舟山市六横开发建设管理委员会，赋予相关市级经济管理权限和县级社会行政管理权限。2013 年，舟山新区成立后，改名为浙江舟山群岛新区六横管理委员会，形成"一镇一管委会"的行政管理体制模式。管委会作为舟山群岛新区管理委员会的派出机构，委托普陀区管理，全面负责六横区域内的经济发展、项目建设等事宜，同时六横镇由普陀区委托六横管委会管理区域内的社会事业、民生改善以及社会稳定。

二、发展优势和基础

六横抢抓新区建设机遇，依托经济功能区、省级小城市培育两大平台，充分发挥港口岸线、区位条件等方面的优势，经济社会实现了跨越式发展。2018 年实现地区生产总值同比增长 6.5%；限额以上固定资产投资同比下降 4.5%；规模以上工业总产值同比增长 7.2%；财政总收入 12.9 亿元，同比下降 0.9%，其中地方财政收入 8.9 亿元，同比增长 8.1%；港口货物吞吐量完成 8 095.2 万吨，同比增长 5%。

（一）发展优势

六横作为海岛城镇，具备独特的区位资源禀赋。一是区域位置优越。六横位于长江和钱塘江入海口附近，处于中国大陆架东沿，南、北海岸的中心位置，是我国东部沿海极为重要的战略要冲。特别是受长三角内部、杭州湾、甬温地区的经济辐射，六横已进入宁波 1 小时经济圈，上海、杭州 3 小时经济圈。二是平原腹地广阔。六横陆域面积 121 平方千米，其中 64% 为平原。目前正在实施的小郭巨围垦工程，将新增平原腹地 20 多平方千米，岸线 10 千米（-10 米以上岸线 3.5 千米），这是浙江省一次性围填海面积最大的一个项目，也是不占用耕地指标、建成后可直接作为建设用地的大型围垦项目。三是深水岸线绵长。六横是宁波舟山港的核心港区，港域开阔，岸线绵长，海岸线总长 85 千米，其中 -10 米以上并且有一定腹地配套的深水岸线长 36 千米，占整个舟山市可用深水岸线的 22%。四是通航条件便捷。境内可通航水道 11 条，岛西北的双屿水道、汀子港水道是我国沿海南北航线的主要航道，岛东北的虾峙门航道是宁波舟山港的主要国际航道，可通行 30 万~50 万吨级大型船舶。

（二）发展基础

第一，三大百亿元产业初具规模。做强船舶修造百亿元产业集群，六横通过深挖修船企业产能，加快现代化生产车间改造，构建国际绿色修船标准体系，逐步向大吨位船舶、特种船舶等高附加值船型修理转型；鼓励中远海运重工突破修造技术难题，打造国内重要的国际豪华邮轮修造基地；引领东鹏造船转型升级，立足特种船研制，进军军民融合项目；鼓励企业深入开展外籍船舶保税维修服务，全面开展主机等船舶动力机械的保税维修更换业务，成功打造国际一流的船舶修造基地，可以为进出自贸区的船舶提供更加高效的船舶修理服务。壮大新能源百亿元产业集群，六横通过深化浙能六横电厂开展火力发电、分布式光伏发电、供冷供热等技术研究，加大综合能源开发利用，促成国投集团开发与绿色石化产业相配套的生物燃料乙醇项目；加快中奥能源扩建、清洁能源生产、LNG 综合利用等项目进程，建成集热能、风能、太阳能、生物质能以及油品于一体的综合能源产业体系。培育风电智造百亿元产业集群，六横立足海上风电产业，以智能制造和绿色制造为方向，突出海上风电全产业链招商，形成大功率海上风机、叶片和配套件制造，海上风电场地质勘察设计，海上风机基础施工和安装及海上风电场运维等全产业链，打造集聚风电全产业链的海上风电智造产业园。

第二，大宗物资储运中转能力优势明显。凭借着六横独特的资源优势，吸引了浙能煤电一体化、武港铁矿石中转码头、和润油品储运、中奥油品储运等重大物资储运中转项目落户六横，提高了六横煤炭、铁矿砂等大宗物资的储运中转能力，以浙能煤炭码头为依托，打造华东地区最大的煤炭超市，逐步形成进口煤六横指数；2018 年六横港口货物吞吐量达到 8 095.2 万吨，同比增长 5%，其中煤炭进出口约 2 000 万吨，铁矿砂进出口约 3 000 万吨，油品进出口约 630 万吨。同时保税油加注业务不断提升，通过导入具有经营资质企业在六横港区开展保税燃料油储运加工业务，充分发挥六横外轮修理集中优势、现有保税油库的优势，积极推动国际船舶靠泊加油业务，真正融入自贸试验区油品全产业链建设中去。

第三，龙头企业集聚。六横现有注册企业 1 186 家，其中重点国有企业包括中远集团、中石油、国电集团、武钢集团、吉化集团、中船重工、浙能集团等企业，重点民营企业包括和润集团、中奥集团、鑫亚公司、龙山船厂、东鹏船舶等企业，形成了以船舶修造、港口物流、大宗物资加工、海洋新能源、海洋资源综合利用等为主体的产业格局。

第四，交通基础设施日渐完善。以 40 千米一级公路、15 千米二级公路为框架的"一环、三纵"的岛内交通网络已基本建成。未来建成的宁波—舟山港六横公路大桥可快速连接宁波城区。

第五，要素保障不断强化。用水方面：海水淡化一、二期工程已经建设完工，日供水能力达到 3 万吨；用电方面：六横岛电力主要由华东电网供应，岛上建有 220 千伏、110 千伏变电站，浙能六横电厂 $2 \times 1 000$ 兆瓦火力发电已建成投产；供气方面：六横 LNG 工程已开工建设，年底可实现天然气供应，能满足六横用气需求；污水处理方面：六横污水处理厂最大日处理量 1.8 万吨，并留有扩建余地。

(三) 产业发展布局

根据新区发展规划，六横功能区的功能定位是现代化临港产业岛，重点发展高端特种船舶、港口物流、大宗商品加工等临港产业和海水淡化、深水远程补给装备、海洋新能源等海洋新兴产业。结合《六横岛总体发展规划（见规划图）》，重点打造北部、东北部、南部、西南部（小郭巨区块）、佛渡五大发展区块作为功能区产业发展的载体。北部发展区：规划面积 8 平方

附录1 案例：浙江舟山六横岛——打造综合利用岛

千米，海岸线总长10.7千米，可用土地约4.5平方千米，后方规划设置船舶配件产业园，目前已布局中远、鑫亚、龙山、东鹏、船舶配件等工业企业。东北部发展区：规划面积10平方千米，海岸线长12千米，可用土地面积9.3平方千米，可用岸线长9千米，主要布局大型物流中转及能源项目。海岛已布局浙能煤炭中转码头、六横电厂等项目，尚预留双塘9.3平方千米、5 400米的岸线作为集装箱码头及物流区块。南部发展区：规划面积约29.7平方千米，海岸线长36.8千米，拥有丰富的海洋旅游资源，规划为海洋休闲旅游区。该区块重点集聚人气，完善配套基础设施，提升城市宜居水平，目前已布局有海岛世界旅游度假区、假日岛等项目。西南部发展区：主要依托小郭巨围垦区，总规划可用面积37.65平方千米，其中小郭巨一期8平方千米围垦工程已经完工；二期围垦工程15.1平方千米；农村居民点用地0.76平方千米，其余为农田、池塘和山林。可建10万～30万吨级泊位岸线为3.5千米，可建10万吨级以下泊位岸线约7千米。根据编制中的《六横岛产业发展规划》，该区域作为六横最具发展潜力的增长空间，按照大平台、大产业、大项目、大企业的"四大"原则，初步考虑在该区域布局钢铁、临港大型装备制造（如海洋能装备制造）、战略物资储运等3～4个重特大临港产业项目，并引进与之相配套的关联企业。同时，将服务设施与峧头城区对接，形成港城相及、产城联动的发展格局。佛渡发展区：佛渡岛位于六横本岛西北侧，与本岛之间仅隔双屿国际水道，距国家级保税港区——梅山仅3.15千米，区域规划可用面积7.85平方千米，可围垦面积3平方千米，可用等深线在-25米以上的深水岸线约10千米。该区域为预留发展区块，目前无项目入驻。

六横岛产业规划图

附录 2

案例：宁波梅山岛参与"一带一路"建设行动纲要

一、指导思想

坚持以"创新、协调、绿色、开放、共享"的新发展理念为统领，坚定不移地贯彻落实习近平总书记系列重要讲话精神，秉承"和平合作、开放包容、互学互鉴、互利共赢"的丝路精神，以"政策沟通、设施联通、贸易畅通、资金融通、民心相通"等"五通"为重点，以"国际港航物流枢纽、贸易枢纽、产能合作枢纽、新金融服务枢纽和人文科教交流枢纽"建设为途径，通过深化大改革、搭建大平台、推进大项目，落实"一带一路"专项行动，努力把梅山建设成为我省乃至全国"一带一路"综合试验区的先行区。

二、基本要求

梅山参与"一带一路"建设，既要立足梅山的现实基础，更要着眼于国家的宏观政策指引；既要总结和提升梅山已有的经验，更要吸收和引进兄弟城市的先进做法；既要立足于梅山的特色优势，又要着眼于整合全市乃至全省的资源。在实际工作中，必须牢牢把握以下几点。

（一）必须坚持服从服务于国家战略

积极响应"一带一路"倡议，贯彻落实国家"一带一路"建设总体部署，以"一带一路"国际合作高峰论坛精神为指引，把服务国家战略、浙江省和宁波市自身发展有机结合起来，推动"一带一路"建设取得更多成果。

（二）必须坚持立足于梅山优势条件

发挥作为港航物流枢纽的禀赋优势、体制机制创新高地优势、生态环境资源优势以及潜力巨大的新兴产业、民营金融、体育旅游优势，重点加强在物流、贸易、产业、人文、旅游等优势领域的合作，形成多领域、全方位的合作格局。

（三）必须坚持聚焦重点体现特色

坚持差异化对接，率先在重点国别、重点线路、重点领域取得突破。以中东欧等重点地区为突破口，加强港航物流、跨境贸易、先进制造等优势领域产业合作，以点带面，带动与沿线其他国家（地区）更广领域、更高水平合作。

（四）必须坚持共商共建合作共赢

秉承和弘扬以"和平合作、开放包容、互学互鉴、互利共赢"为核心的丝路精神，推进与沿线国家（地区）务实合作，深化投资贸易便利化、国际双向产能合作、民营金融市场化等领域改革，不断拓展合作的深度和广度，实现共同繁荣。

三、功能定位

根据梅山的区位条件、产业基础和人文底蕴，按照浙江省和宁波市建设"一带一路"综合试验区明确地以梅山作为"一带一路"综合试验区核心承载区的总体要求，梅山参与"一带一路"建设的功能定位是：宁波"一带一路"综合试验区核心区，具体承担"一岛五区"的职能。其中，"一岛"是指自由贸易岛先行试验区，"五区"是指国际供应链创新示范区、新金融发展创新区、绿色低碳发展示范区、海洋产业科技合作引领区、人文科教交流门户区。

四、建设目标

根据浙江省十四次党代会确定的建设"五大枢纽"战略目标，按照梅山参与"一带一路"建设的功能定位，"十二五"乃至"十四五"期间梅山参与"一带一路"建设的总体目标是：

——国际港航物流枢纽中心地位牢固确立。江海联运、海铁联运等多式联运体系进一步完善；以港口开放合作为主线，依托梅山保税港区，形成与"一带一路"沿线国家和中国中西部地区的多元、立体、快速、智能的综合

——国际贸易枢纽中心地位进一步提升。国际贸易的供应链枢纽地位显著增强，国际供应链创新示范效应进一步凸显；大宗商品等为主的全球资源配置中心的地位初步确立；海外仓、跨境购等国际贸易新业态、新模式进一步涌现，跨境电子商务综合试验区的建设成效显著。

——国际产能合作枢纽地位得到确立。以"中国制造2025"试点示范城市、国家创新型试点城市和科技成果转移转化示范区建设为契机，依托国际海洋生态科技城载体建设，创新国际产能合作的新模式，本地企业"走出去"服务体系和风险防范机制进一步健全；以智能经济为引领的国际产业园建设取得积极成效。

——新金融服务枢纽地位进一步增强。金融主体的引进和培育取得新成效，以民间财团为主导的跨国并购、跨国重组得到有效推进；以市场化为主导的各类产业基金得到有效运作；金融保险创新力度进一步加大，金融保险创新服务的示范区地位进一步巩固；离岸金融、人民币国际化的水平显著提升。

——人文科教交流枢纽地位得到确立。以梅山特色的港口文化、海洋文化等为纽带，加强民间和政府间交流，吸纳集聚高端智力要素，不断提升与沿线国家（地区）的文化科技交流水平，"一带一路"沿线国家（地区）重要的人文科技交流门户区的地位初步确立。

五、行动纲要

（一）自由贸易岛先行实验行动

"一带一路"沿线国家和地区之间实现贸易畅通对提升中国开放发展水平意义重大。加快推进保税港区先行实验、创建自由贸易岛是实现"一带一路"贸易畅通的重要突破方向。自由贸易岛的核心在于"极小空间，极大自由，突破税制，转口贸易，金融创新，监管便利"。梅山具备建设自由贸易岛的优势条件和现实基础。区域条件适宜，岛域面积36平方千米，便于全域封闭监管；港口条件优越，集装箱码头、疏港道路设施齐全，口岸监管体系完善。梅山推进自由贸易岛的先行实验，重点落实三个方面的基础性工作：一是创新政策沟通的渠道，搭建政策创新的平台；二是培育一批立足梅山、特色鲜明、功能突出的自由贸易推进载体；三是大力推进梅山自由贸易岛贸易便利化体制机制改革创新。按照自由贸易岛的要求,通过在政策沟通、贸易便利化和口岸便利化等方面的先行先试,使梅山真正成为能够承载"万商云集"的商品汇集地、"商通天下"的流通集散地、"便捷舒适"的商品采购地、"繁华繁荣"的交易目的地、"线上线下"的贸易引领地等功能的国际贸易枢纽中心,争取为全国"一带一路"的开放发展提供梅山标准和样本,成为引领全国对外开放发展的先行者。

自由贸易岛先行试验行动的支撑项目:一是筹办中国—中东欧博览会国际港航物流论坛。积极推进以"自由贸易岛"建设为核心议题的政策沟通,不断提升层次,丰富活动内涵,形成"一会一展一坛"的新架构;建立中国—中东欧港航物流企业联盟,努力推进与中东欧港口城市和港航企业微观合作;建设"一带一路"国际商会联盟,构建常态化的政策交流合作机制和专业服务平台。二是建设梅山自由贸易岛能源交易中心。依托梅山自由贸易岛的资源禀赋和功能辐射,以服务港航物流和综合利用清洁能源为特色,积极开展自由贸易岛范围内的清洁能源综合利用和免税油品加注业务;三是重点建设一批服务国际自由贸易的贸易中心和平台,放大梅山在商品保税、跨境电商、国际采购等自由贸易领域的功能承载优势;四是推进贸易便利化的改革试点,积极复制和借鉴各地离岸金融、单一窗口、后报检通关等管理模式创新,加快实现贸易便利化体制机制创新的示范和推广。

重点项目:国际港航物流论坛、中国—中东欧港航物流企业联盟、"一带一路"国际商会联盟、能源交易中心、"国际中转+转口贸易"、保税商品展示交易中心、国际采购中心、汽车口岸贸易物流大平台、跨境电子商务产业园、贸易便利化整体提升改革试点等。

(二) 新金融创新发展行动

资金融通是实现"一带一路"建设的重要金融要素保障。"一带一路"沿线国家多为发展中国家,基础设施等重大项目面临着资金短缺等问题,迫切需要各方资金融通。梅山作为中国新金融业态、机构的区域性集聚中心,有条件、有基础在"一带一路"建设的资金融通方面,承担更为重大的使命。梅山重点要在高端平台、体制创新和主体培育等方面加快创新发展的推进步伐。通过争取国家在重大金融平台建设等关键金融政策创新上的支持,实现国家级国际金融机构创立的突破;依托梅山现有的新金融、类金融机构集聚发展的优势,引领新金融创新开放、绿色发展的方向,服务"一带一路"金融服务需求;为国内外各类金融资本和产业资本融合发展提供平台支撑,特别是为民营资本参与"一带一路"开辟便利通道。争取通过梅山新金融服务枢纽中心的建设,实现深度参与国家"一带一路"建设、服务"资金畅通"的发展目标。

新金融创新发展行动的支撑项目:一是积极争取国家在梅山设立"海上丝绸之路基金"。积极对接国家"一带一路"金融发展要求,依托宁波在海上丝绸之路贸易和金融现有的优势,引导各类金融资本进入"海丝"沿线国家的投融资领域,助推国内优势产能集群式走向"海丝"市场;二是举办"丝路"新金融发展论坛。依托梅山集聚和发展新金融业态的优势条件,召集国内外新金融领域的权威部门、专家学者和经营团队,定期开展高水平的政策和理论研讨;三是打造梅山离岸金融中心。积极争取持有离岸金融业务的金融机构落户梅山,在梅山布局离岸金融机构和业务;四是培育民营金融财团。依托浙江省民营经济的优势,大力提升民营金融对"一带一路"建设的积极作用。引进民营资本入驻梅山,为民营经济涉足金融领域,搭建平台,提供保障,成为全国民营金融创新的先行示范区;五是重点建设企业上市培育基地、金融信息服务平台等项目。大力提升梅山金融产业链的服务功能,创造优质的金融保障环境,促进产业资本与金融资本的有机融合;六是创新构建具有梅山区域特色的绿色金融体系。依托梅山独有的蓝色海湾、绿色岸线等优势生态资源,通过碳排放交易平台、低碳产业示范园、低碳示范社区、近零碳排放区示范工程等项目抓手,大力发展以低碳科技、产品和产业为依托的绿色金融。

重点项目:海上丝绸之路基金、"丝路"新金融发展论坛、离岸金融中心、民营金融财团引进培育、企业上市培育基地、金融信息服务平台、绿色金融体系建设等。

(三) 海洋产业科技合作行动

海洋产业和科技合作是"一带一路"建设的重要内容。深化海洋产业和科技合作,对于推进中国与"一带一路"沿线国家之间的产能合作和协同发展具有重大的意义。梅山拥有良好的涉海产业和科技发展的基础,有能力在推进海洋产业和科技国际合作中发挥更大的作用。梅山重点谋划在海洋科技、海洋产业和海洋安全等领域实现跨越式发展。通过加强海洋科技的国际合作和交流,放大海洋生态科技城的载体功能,提升涉海产业技术标准制定的全球话语权,促进海洋科技"引进来、走出去"的国际双向合作,实现科技合作互惠互利的发展目标;通过加强海洋新兴产业的发展,提升涉海产业园区的集聚功能,加快实现以智能经济为引领、军民融合为途径、双向产能合作作为支撑的海工装备、智能装备、仪器仪表、导航系统等高端制造领域的发展,加快实现与"一带一路"沿线国家间海洋新兴产业体系的对接,使梅山成为海洋领域双向产业科技合作的典型示范;通过推进海洋安全建设,深化"一带一路"海洋安全的联治联保、危机应对、生态保护、海洋急救领域的国际合作,为全国提供先行示范。

海洋产业科技合作行动的支撑项目:一是建设"院士港"。以国内国际院士、诺奖得主等顶尖人才的引进为龙头,打造以海洋产业科技创新和合作为特色的人才生态体系。二是引进和培育一批高水平海洋科教机构。重点支持宁波大学海洋研究院、NIT供应链创新学院、河海大学研究生院等一批高水平科研机构的发展,谋划更多国际性、高水平的海洋科研机构落户梅山。三是建设"一带一路"知识产权服务中心。为知识产权保护和市场化转化提供国际化的专业服务。四是建设海工装备产业园。推进海工装备、军民融合和智能制造项目的落地。五是建设中国—中东欧技术转移中心等项目,以梅山为基地,服务中国与中东欧国家间先进科技成果的供求对接。

重点项目:梅山国际"院士港"、宁波大学海洋研究院、NIT供应链创新学院、河海大学研究生院、国际双向产能合作科技园、"一带一路"知识产权服务中心、梅山海工装备产业园、中国—中东欧技术转移中心、梅山通航产业城等。

后 记

海岛作为海陆统筹发展的特殊地理单元，随着全球各国海洋权益意识逐步增强，其战略地位日益凸显。我国先后颁布的《海岛保护法》《全国海岛保护规划》《全国生态岛礁工程"十三五"规划》等法律政策文件反映出海岛保护与海岛经济可持续发展的重要性。国家农业部先后公布了两批共 44 个国家级海洋牧场示范区。之后，《全国海洋经济发展"十三五"规划》肯定了海岛经济发展的作用并提出了"推进重点海岛，合理开发近岸海岛，支持边远海岛，严格海岛资源保护和开发管理"重点任务。2018 年 7 月，中国自然资源部首次发布了《海岛统计调查公报》，再次为海岛统计及海岛经济研究添上了关键一笔。据统计结果显示，中国共有海岛 11 000 余个，海岛面积约占全国陆地面积的 0.8%。浙江、福建和广东海岛数量居前三位。浙江省在 2011 年就出台了《浙江省重要海岛开发利用与保护规划》，强调海岛经济的分类发展。随后，国务院正式批复《浙江海洋经济发展示范区规划》。2018 年 12 月，国家发改委和国家自然资源部联合颁布《关于建设海洋经济发展示范区的通知》，支持建设浙江宁波、浙江温州等 14 个海洋经济发展示范区。从发展趋势来看，海岛经济在海洋经济中的战略地位越来越重要，这就决定着海岛经济的研究需要更加精细化。

本学术专著基于国家海洋局委托的软科学项目"我国海岛经济发展模式研究"成果修改完善而成，由于时间和精力有限，并没有深入研究，体现在三个方面：第一，海岛经济可持续发展的理论架构需要完善。专著虽然提出了海岛可持续发展的模式以及可持续发展的评价体系，也系统归纳了国内外研究文献，但是对海岛可持续发展理论并没有进行系统论述，亟需进一步完善和深化研究。第二，海岛经济可持续发展评价体系需要实践验证。专著虽然构建了自然条件、生态环境、经济发展、社会发展、民生保障及创新

后 记

评价6个二级指标以及包括气候条件、海洋灾害情况等68个操作指标的评价体系,并结合了国家海洋局制定的《海岛统计报表制度》,但还没有应用于实践,后期拟运用构建的海岛可持续发展评价指标体系对重要海岛经济发展情况进行评估。第三,数据及案例的更新和完善。专著写作历经了两年多时间,在写作过程中采用了2016年、2017年以及部分2018年数据,后期数据需要进一步更新。此外,专著中虽然使用了大量浙江海岛案例,也穿插了部分全国海岛案例,但仍需要有更多海岛经济发展案例继续充实。在海岛经济的后续研究中,借用荀子的《劝学》中的一句话:"骐骥一跃,不能十步;驽马十驾,功在不舍。"

"落其实者思其树,饮其流者怀其源"。首先,要感谢浙江大学肖文教授、原宁波市发改委副巡视员陈飞龙主任、浙江大学宁波理工学院丝绸之路研究院执行院长樊丽淑教授以及校丝绸之路研究院团队教师的支持。尤其是陈飞龙主任,陈主任是海洋经济领域的资深专家,长期从事综合经济、区域经济的理论和政策研究及发展规划编制、实际工作协调,组织和参与编制了宁波市"十一五"和"十二五"规划、宁波市海洋经济发展规划等一大批区域规划和专项规划,他独著的《"一带一路"视角下的宁波港口经济圈研究》融合了自身几十年的工作积累,学术研究的精神值得点赞和学习。他的诸多思想对我们在海岛经济中的研究很有启发。他多次参加书稿的框架制定、后续写作及书稿完善等内部讨论会。书稿完成主要基于原国家海洋软科学项目成果,这里重点感谢国家自然资源部海洋战略规划与经济司副司长沈君副司长以及邓康桥博士为课题写作提出了很多宝贵建议。感谢项目评审的几位资深专家,专家的点评让我印象深刻,他们站得高,措辞准,看得远,理解深。他们分别是国家海洋局政策法规和规划司原司长王殿昌、国家海洋信息中心主任何广顺、国家发改委国土资源研究所原所长杨朝光、国家海洋局第三研究所研究员周秋麟、国家发改委地区司副巡视员沈叙建。要对中国财政经济出版社的相关工作人员为本书出版付出的辛劳表示衷心的感谢!对所有为专著的写作提供了帮助的人表示最真诚的感谢!

马翔、宋静静

2019年9月于宁波

后 记

评价6个二级指标以及包括气候条件、海洋灾害情况等68个操作指标的评价体系,并结合了国家海洋局制定的《海岛统计报表制度》,但还没有应用于实践,后期拟运用构建的海岛可持续发展评价指标体系对重要海岛经济发展情况进行评估。第三,数据及案例的更新和完善。专著写作历经了两年多时间,在写作过程中采用了2016年、2017年以及部分2018年数据,后期数据需要进一步更新。此外,专著中虽然使用了大量浙江海岛案例,也穿插了部分全国海岛案例,但仍需要有更多海岛经济发展案例继续充实。在海岛经济的后续研究中,借用荀子的《劝学》中的一句话:"骐骥一跃,不能十步;驽马十驾,功在不舍。"

"落其实者思其树,饮其流者怀其源"。首先,要感谢浙江大学肖文教授、原宁波市发改委副巡视员陈飞龙主任、浙江大学宁波理工学院丝绸之路研究院执行院长樊丽淑教授以及校丝绸之路研究院团队教师的支持。尤其是陈飞龙主任,陈主任是海洋经济领域的资深专家,长期从事综合经济、区域经济的理论和政策研究及发展规划编制、实际工作协调,组织和参与编制了宁波市"十一五"和"十二五"规划、宁波市海洋经济发展规划等一大批区域规划和专项规划,他独著的《"一带一路"视角下的宁波港口经济圈研究》融合了自身几十年的工作积累,学术研究的精神值得点赞和学习。他的诸多思想对我们在海岛经济中的研究很有启发。他多次参加书稿的框架制定、后续写作及书稿完善等内部讨论会。书稿完成主要基于原国家海洋软科学项目成果,这里重点感谢国家自然资源部海洋战略规划与经济司副司长沈君副司长以及邓康桥博士为课题写作提出了很多宝贵建议。感谢项目评审的几位资深专家,专家的点评让我印象深刻,他们站得高,措辞准,看得远,理解深。他们分别是国家海洋局政策法规和规划司原司长王殿昌、国家海洋信息中心主任何广顺、国家发改委国土资源研究所原所长杨朝光、国家海洋局第三研究所研究员周秋麟、国家发改委地区司副巡视员沈叙建。要对中国财政经济出版社的相关工作人员为本书出版付出的辛劳表示衷心的感谢!对所有为专著的写作提供了帮助的人表示最真诚的感谢!

马翔、宋静静

2019年9月于宁波